항공사 승무원이 되기 위한 인터뷰 영어 필독서

스튜어디스 합격 비밀노트

외국
항공사

2012년 9월 4일 개정판 1쇄 발행

지 은 이 김유미
펴 낸 이 이미자
펴 낸 곳 밝은누리
주   소 서울시 금천구 가산동 550-1 롯데 IT 캐슬 2동 1105호
전   화 02)884-8459
팩   스 02)884-8462
홈페이지 http://club.cyworld.com/englishtofly
등   록 제317-2007-000031호(1994. 10. 28)

ISBN 978-89-8100-128-5 13740

파본이나 잘못된 책은 교환해 드립니다.
값은 뒤표지에 있습니다.

이 책은 2009년 발행된 『승무원 합격 비밀노트』의 개정판입니다.

항공사 승무원이 되기 위한 **인터뷰 영어 필독서**

스튜어디스 합격 비밀노트

외국 항공사

김유미 지음

밝은누리

『승무원 합격 비밀노트』의 개정판 『스튜어디스 합격 비밀노트 국내 항공사』에 이어, 이번에 『스튜어디스 합격 비밀노트 외국 항공사』 편을 펴내게 되었습니다. 『승무원 합격 비밀노트』 외국항공사 편은 제겐 첫 책이었던 터라 여러 가지로 큰 아쉬움을 남겼는데, 이번에 아쉬움을 만회할 기회가 생겨 얼마나 기쁜지 모릅니다. 개정판이긴 하지만, 거의 모든 내용을 다시 썼을 만큼 애착을 가지고 열심히 작업했습니다.

먼저, 질문을 재분류해 Unit별로 가장 중요한, 자주 나오는 기출문제 순으로 정리했습니다. 국내 항공사 편과 마찬가지로, 각 외국 항공사별 기출문제를 더해 『스튜어디스 합격 비밀노트』만의 전문성을 살리고자 했습니다. 또한 기존의 '토론을 위한 팁과 기출문제'에 그동안 업그레이드 된 기출문제를 추가하고, 각 기출문제마다 예시답변을 들어 독자가 보다 쉽게 이해할 수 있게 꾸몄습니다. 더불어 책 말미에 에미레이트항공 입사 준비를 하던 무렵의 제 이야기를 실었습니다. '김유미의 합격 풀스토리'라 할 만하니 지원자 여러분에게 부족하나마 도움이 되었으면 합니다.

승무원이 되고자 하는 분들의 꿈과 열정을 누구보다 잘 알기에, 그 꿈을 이루는 노정의 가장 큰 난관인 '영어' 문제를 함께 해결해 보고자 하는 게 이 책을 쓴 저의 목표입니다. 여러분은 『나는 승무원이다!』나 『스튜어디스 합격 비밀노트 국내 항공사』 또는 『스튜어디스 합격 비밀노트 외국 항공사』를 선택해 자신의 영어 실력과 지원 항공사에 맞게 공부할 수 있습니다. 어느 책이 됐든, 책을 처음 펼쳤을 때의 그 마음을 잊지 않고 노력한다면, 좋은 결과를 기대할 수 있을 것입니다.

밝은누리 실장 박인영에게 이번에도 역시 고맙다는 말을 전합니다. 늘 제 심장을 따뜻하게 만들어 주는 사랑하는 가족, 이휘선 씨와 정빈이, 올겨울이면 엄마 아빠 품에 안길 복덩이에게도 고마움을 전하고 싶습니다.

2012년 8월

김유미

Contents

공통 인터뷰

꼬리질문에 답하기,
자기 소개하기

01 Tell me about yourself please.

꼬리질문에 답하기

영어 면접이 어렵게 느껴지는 가장 큰 이유는 '영어로 된 질문' 자체가 아닌, 답변 후 이어지는 꼬리질문 때문일 것입니다. 모든 기출문제에 대한 답변을 준비했다해도 답변 이후 따라나오는 꼬리질문에 대한 준비가 없다면 당황할 수밖에 없습니다. 그러므로 면접 예상 질문 답변을 준비할 때는 그 답변에 이어질 만한 꼬리질문 역시 예상해 보고 그 답을 함께 준비하는 게 현명합니다.

일반적으로 면접관은 지원자의 성품을 확인하고, 답변의 진실성을 파악하거나, 지원자의 답변에 호기심이 생겨 지원자에 대해 좀 더 알고 싶을 때, 아니면 단순히 질문에 당황한 지원자가 어떻게 대처하는지 보기 위해 꼬리질문을 하는 경우가 많습니다.
꼬리질문은 지원자의 처음 답변에 따라 달라지므로 지원자 스스로 알아서 준비할 수밖에 없습니다. 하지만 좌절하기에는 이릅니다. 면접관이 던지는 꼬리질문에는 일정한 공통점이 있기 때문입니다.

꼬리질문에는 크게 5가지 유형이 있습니다.

1. **Why** **Why do you think so?** 왜 그렇게 생각합니까?
Why did you do that? 왜 그렇게 했습니까?

앞선 답변에서 어떤 행위에 대한 언급을 했거나 자신의 생각을 밝혔다면, 왜 그렇게 했는지, 왜 그런 생각을 하는지 반드시 말할 수 있어야 합니다. 그런 선택을 한 이유에 따라 본인의 답이 훨씬 가치 있어 지기도, 그 반대가 되기도 하기 때문입니다.

2. **How** **How did you do it?** 어떻게 했습니까?
How did it work? 어떻게 되었습니까?

이 '어떻게' 에 대한 답변을 처음부터 자세히 설명한다면 그 답변은 장황해지고 면접관을 지루하게 만들 수 있습니다. 첫 질문에는 간략하게 "~일을 했다" 정도만 언급하고, 뒤이어 'How~' 에 대한 꼬리질문이 나오면 그때 자세하게 설명하면 됩니다.

3.

Example

Have you ever ~? ~한 적이 있었습니까?

Do you have such an experience? 그러한 경험이 있습니까?

For example? 예를 들어 주세요.

가장 일반적인 꼬리질문은 지원자의 대답을 뒷받침할 구체적인 예를 묻는 것입니다. 따라서 예상 질문 답변을 준비할 때 반드시 생각해 두어야 합니다. 그 예가 충분하지 않다고 여겨지면 면접관이 다른 예를 요구하기도 하므로, 최소 2개 이상의 예를 준비해 두는 것이 좋습니다.

4.

Definition

What do you mean by that? 그것은 무슨 의미입니까?

What is it? 그것은 무엇입니까?

What is your own definition of ~? ~의 당신만의 정의는 무엇입니까?

지원자의 답변에서 명확하지 않은 부분에 대한 정의를 묻는 꼬리질문입니다. 과연 지원자가 어떤 의미로 그러한 답변을 했는지 궁금한 경우 물어볼 수 있습니다. 예를 들어, "I have good communication skills(저는 의사소통 능력이 좋습니다)."라고 대답한 후, "What is your own definition of communication skill?(의사소통 능력에 대한 당신만의 정의는 무엇입니까?)"라는 꼬리질문에 답변을 하지 못한다면, 그것은 지원자의 답변과는 상관없이 'communication skill'이 없는 것으로 간주되거나, 지원자가 말만 그럴듯하게 꾸며 이야기한다는 인상을 줄 수 있습니다.

5.

Lesson

What did you learn from it? 그것을 통해 무엇을 배웠습니까?

Do you have any changes after that? 그 후 어떤 변화가 있었습니까?

면접에서 면접관이 알고 싶어하는 것은 지원자가 어떤 일을 했는지보다는 그 일을 통해 어떻게 성장하였고, 그 결과 어떤 가능성이나 잠재력을 갖게 되었는가 하는 점입니다.

따라서 이런 질문을 받았을 때는 내적으로 성장한 부분을 말하는 것이 좋습니다. 특히, 성격상 장점으로 내세웠던 부분을 발전시킬 수 있었다고 말한다면, 답변에 일관성을 부여할 수 있어 면접관에게 신뢰감을 심어 줄 수 있습니다.

Tell me about yourself please.

자기 소개를 부탁합니다.

대개 1분 안에 끝나는 자기 소개 질문에 대한 답변은 가족 소개나 사는 곳 등의 불필요한 사실 언급 없이 간결하게 끝냅니다. 자신의 가장 큰 장점과 그 장점을 뒷받침할 수 있는 이력을 어필하는 것이 중요합니다.

예시답변 1 김서영 : 외국 경험이 많은 지원자로 자신의 열린 사고방식을 어필하려 함

Very nice to see you. My name is Kim, Seoyoung. I am a very open-minded person. Since I was younger, my interest has been toward this whole world. That is why I majored in Tourism English and traveled many places in the world. I became more open-minded through having many friends from all different nationalities, and backgrounds. So I always try not to judge people easily and to accept them as they are. I believe my personality is just suitable for this job. Thank you.

만나서 반갑습니다. 제 이름은 김서영입니다. 저는 매우 개방적인 사람입니다. 어려서부터 제 관심은 세계를 향해 있었습니다. 그렇기에 관광 영어를 전공했으며, 세계 많은 곳을 여행했습니다. 각기 다른 국적과 배경을 갖고 있는 많은 친구들을 통해 저는 좀 더 열린 사고를 할 수 있었습니다. 그래서 저는 언제나 사람들을 쉽게 판단하려 하지 않고 그들을 있는 그대로 받아들이려 노력합니다. 저는 이런 제 성격이 이 직업에 딱 맞다고 믿습니다. 감사합니다.

How **How do you accept others as they are?**
어떻게 사람들을 있는 그대로 받아들입니까?

I know it is not easy. Sometimes I realized that I misjudged people without intention, but I always try not to do that. I admit that I'm not always right. So when I meet someone at first, I think she is just different from me, so don't expect her to be like me. It helps me a lot.

쉬운 일이 아니라는 것을 잘 압니다. 때때로 저도 모르게 사람들을 잘못 판단하고 있다는 사실을 깨닫곤 합니다. 하지만 그렇게 하지 않으려고 항상 노력합니다. 저는 제가 늘 옳은 것은 아니라는 사실을 인정합니다. 그래서 사람을 처음 만날 때, 다만 나와 다를 뿐이니, 나와 같기를 기대하지 말자고 생각합니다. 그런 생각은 많은 도움이 됩니다.

Can you give me an example that I can see such a personality?

당신의 그러한 성격을 볼 수 있는 예를 들어 보겠습니까?

Yes. When I was in US as an exchange student, I had to do some projects with my partner. She hardly talked in the class, so everyone thought she didn't want to be together with us. However, I kept trying to make her comfortable being with me, I asked her to go out together. Later, I found out she was just shy and she was very thankful that I approached her first.

네. 제가 교환학생으로 미국에 있을 때, 저는 파트너와 같이 프로젝트를 해야 했습니다. 그녀는 교실에서 거의 말을 하지 않았기 때문에 모두 그녀가 우리와 어울리고 싶어하지 않는다고 생각했습니다. 하지만 저는 그녀가 편안한 느낌을 가질 수 있도록 계속해서 노력했고, 함께 어울리길 권하곤 했습니다. 나중에 저는 그 친구가 단지 부끄럼이 많은 것뿐이라는 사실을 알게 되었고, 그녀는 제가 먼저 다가온 것에 대해 매우 고마워했습니다.

Lesson

What did you learn from the experience?

그 경험을 통해 무엇을 배웠습니까?

It was a good chance to learn how it is important not to judge people easily. Also I learned the first impression is important but it is not everything.

그 일은 사람을 쉽게 판단하지 않는 것이 얼마나 중요한지를 배웠던 좋은 기회였습니다. 또한 첫인상은 중요하지만 그것이 다가 아니라는 사실도 배웠습니다.

Why

Why did you try to become better friends with her even though she seemed she didn't want to?

당신의 파트너는 당신과 친해지고 싶어하지 않아 보였는데, 어째서 당신은 그녀와 더 친해지기 위해 노력을 했습니까?

Because I thought she must have a reason not to talk to us, and later I realized that she was a good listener. She always carefully listened to what others say. I think a good listener knows how to respect others. So I wanted to get closer to her.

왜냐하면 그녀가 우리에게 말을 하지 않은 이유가 있을 것이라 생각했고, 후에 그녀가 다른 사람의 말을 아주 잘 들어준다는 사실을 알았기 때문입니다. 그녀는 항상 다른 사람이 하는 말을 주의 깊게 듣습니다. 저는 남의 말을 잘 들어주는 사람은 타인을 존중하는 법을 알고 있다고 생각합니다. 그래서 그녀와 더 가까워지길 원했습니다

Can you define a 'good listener'?

'굿 리스너'를 어떻게 정의 내리겠습니까?

I think a good listener is someone who gives me a lot of attention when I'm talking, and tries to understand me. I believe a good listener has attitudes and skills for active listening. A good listener is really necessary in team.

굿 리스너란 내가 말할 때 집중해서 잘 들어주고 날 이해하려 노력하는 사람이라고 생각합니다. 굿 리스너는 적극적으로 들어주는 방법과 태도를 갖추고 있다고 믿습니다. 굿 리스너는 팀에서 꼭 필요한 존재입니다.

예시답변 2 박인영 : 봉사 활동 등의 팀워크 경험으로 리더십과 팀워크 스킬을 갖추고 있음을 어필하려 함

First of all, I am honored to be here today. I am Park, Inyoung. I am very cooperative and have good teamwork skills. It is because I have many experiences working as a member of the team. My way to work is to think one step ahead, so I can prepare the next process and finish my job earlier. Then I don't hesitate to help team members. As a flight attendant, it is really important to have good teamwork. I hope I can be a valuable asset in ○○ air.

무엇보다 오늘 이 자리에 있게 되어 영광입니다. 저는 박인영입니다. 저는 매우 협동적이고 좋은 팀워크 스킬을 가지고 있습니다. 그것은 팀의 일원으로 일한 경험이 많기 때문입니다. 저의 일하는 방식은 한 박자 앞서서 생각해 다음 과정을 준비할 수 있고 제 일을 일찍 끝내는 것입니다. 그리고는 저는 동료들을 돕는 일을 망설이지 않습니다. 승무원으로 좋은 팀워크는 매우 중요합니다. 저는 ○○ 항공의 귀중한 자산이 될 수 있기를 희망합니다.

Example

Tell me about your experience working in a team.

팀에서 일한 경험에 대해 말해 보세요.

I was the leader of the volunteer club at school. I visited the nursing home every other week with club members. We cooked and spent time with them. I was responsible for organizing every schedule and managing team members. It was good to learn about leadership.

저는 학교에서 봉사 동아리 리더였습니다. 동아리 회원들과 함께 격주로 양로원을 방문했습니다. 우리는 요리를 하고 노인분들과 시간을 함께 보냈습니다. 모든 스케줄을 짜고 회원들을 관리하는 것이 저의 책임이었습니다. 리더십에 대해 배운 좋은 기회였습니다.

What did you learn from the experience?

그 경험을 통해 무엇을 배웠습니까?

First of all, I learned how it makes me happy to share my time with people who need my help. Also, I learned how it is difficult to work as a good leader. I think I became more mature as a leader through the experience.

무엇보다 저는 제 도움이 필요한 사람들과 시간을 함께 보내는 것이 얼마나 행복한 일인지 깨달았습니다. 또한 저는 좋은 리더로 일하는 것이 얼마나 어려운지도 배웠습니다. 저는 그 경험을 통해 리더로서 더욱 성장했다고 생각합니다.

What is your own definition of leadership?

리더십에 대한 당신만의 정의는 무엇입니까?

For me, leadership means making a difference and creating a positive change. So a leader can visualize a better result for a common purpose, and is able to convince others to join her with full trust.

저에게 리더십은 차이를 만들고 긍정적인 변화를 창조하는 것을 의미합니다. 그래서 리더는 공동의 목적을 위해 더 나은 결과를 보여 줄 수 있고, 깊은 신뢰로 자신과 함께할 수 있도록 사람들을 설득할 수 있는 것입니다.

How would you demonstrate your leadership in ○○ air?

우리 항공사에서 당신의 리더십을 어떻게 발휘하겠습니까?

If I become a flight attendant in your company, I would try to motivate my team members and to have a positive work atmosphere. That is my way to lead people. I believe when team members feel happy, they can make a difference at work.

제가 귀사의 승무원이 된다면, 저는 동료들의 사기를 북돋고 긍정적인 업무 환경을 만들도록 노력할 것입니다. 그것이 제가 사람들을 리드하는 방법입니다. 저는 팀원들이 행복함을 느낄 때, 그들이 일에서 차이를 만들어 낼 수 있다고 믿습니다.

Why do you think so?

그렇게 생각하는 이유는 무엇입니까?

Because happy workers are relaxed and satisfied with their job. So they can minimize conflicts in the team, which means, they can harmonize with each other. Teamwork is the most important thing at work. That is why I believe happy workers can work better with a great teamwork.

왜냐하면 행복하게 일하는 사람들은 일할 때 여유롭고 업무에 만족하기 때문입니다. 그래서 그들은 팀 내에서 갈등을 최소화할 수 있습니다. 즉 그들은 서로서로 잘 어울릴 수 있다는 의미입니다. 팀워크는 일에서 가장 중요한 것입니다. 그렇기에 저는 행복하게 일하는 사람들이 좋은 팀워크를 가지고 더 나은 결과를 만들 수 있다고 믿는 것입니다.

예시답변 3 이명아 : 다양한 서비스 분야의 경험으로 서비스 마인드와 스킬을 강조하려 함

Good morning! I am Lee, Myoungah. I have many years of experience in customer service, so I am confident of providing the very best service to customers. I know how to meet their needs and how to handle them. I got picked as the outstanding staff by customers twice when I worked in the hotel. I really want to have the opportunity to show my passion and potential in ○○ air.

안녕하세요! 이명아입니다. 저는 서비스 분야에서 수년간 일한 경험이 있기에 고객에게 최상의 서비스를 제공하는 데 자신 있습니다. 저는 고객들의 요구를 어떻게 맞춰야 하는지, 그리고 어떻게 다루어야 하는지 알고 있습니다. 호텔에서 일할 때, 저는 고객분들에게 우수 사원으로 두 번 뽑혔습니다. ○○항공에서 저의 열정과 가능성을 보여 줄 수 있는 기회를 정말 갖고 싶습니다.

Example

Please explain about the outstanding staff in more detail.

우수 사원에 대해 좀 더 자세히 설명해 주십시오.

The outstanding staff is normally selected by customers every month. We give out 'Talk to us' paper to customers, and they give it back to us when they leave. They can write the kindest staff's name and the reason on the paper. It is a great honor to be the outstanding staff because there are more than 30 staffs.

우수 사원은 보통 매달 고객들에 의해 뽑힙니다. 우리는 고객들에게 'Talk to us' 종이를 나누어 주고 그분들은 떠날 때 그 종이를 돌려주십니다. 그들은 종이에 가장 친절한 직원과 그 이유를 쓸 수가 있습니다. 직원은 30명이 넘기 때문에 우수 사원이 되는 것은 매우 영광스러운 일입니다.

Why do you think you were picked?

왜 당신이 뽑혔다고 생각합니까?

Because I think I always tried to treat customers from the heart. When I worked in the hotel, I always put myself in the customer's shoes. So I was able to easily notice what they want and how I meet their needs.

그것은 제가 언제나 진심으로 고객들을 대하려 노력했기 때문이라고 생각합니다. 제가 호텔에서 일할 때, 저는 언제나 고객의 입장에서 생각하려 노력했습니다. 그래서 그들이 원하는 것이 무엇인지, 그리고 어떻게 그 요구를 채워드려야 하는지 쉽게 알 수 있었습니다.

What did you learn from it?

그 경험을 통해 무엇을 배웠습니까?

I learned many things from the experience. Above all, I realized it is really important to read customer's mind and try to understand them. Then customers would understand me.

저는 그 경험을 통해 많은 것을 배웠습니다. 무엇보다, 저는 고객의 마음을 읽고 그들을 이해하려 노력하는 것이 얼마나 중요한지를 배웠습니다. 그러면 고객 역시 저를 이해해 줍니다.

OK. What is your own definition of service?

좋습니다. 그렇다면 서비스에 대한 당신만의 정의는 무엇입니까?

My own definition of service is to share my heart with customers. If I offer service to customers more than what I'm supposed to do, they would be touched with my serivce. To offer the better service, I should treat them as I want to be treated.

서비스에 대한 저만의 정의는 고객들과 마음을 나누는 것입니다. 제가 마땅히 해야 할 일보다 더 많은 것을 고객들에게 제공한다면, 그들은 저의 서비스에 감동받을 것입니다. 보다 나은 서비스를 제공하려면, 제가 대접받고 싶은 만큼 고객들을 대접해야 합니다.

How would you contribute to ○○ air reflecting on your working experiences?

당신의 일한 경험으로 미루어 볼 때 ○○항공에 어떻게 공헌할 수 있겠습니까?

I would offer more specialized service to passengers. 'Customer satisfaction' is a must, but I am also able to move the hearts of customers with my service mind and skills. I would like to have a chance to be the outstanding staff in ○○ air.

저는 승객들에게 좀 더 전문화된 서비스를 제공할 수 있습니다. '고객 만족' 은 당연한 것이지만, 저는 저의 서비스 마인드와 기술로 고객 감동 역시 만들 수 있습니다. ○○항공에서 우수 사원이 될 수 있는 기회를 갖고 싶습니다.

이민영 : 복수전공과 다양한 아르바이트 경험을 통해 열정적이고 밝은 성격을 강조하려 함

Hello! My name is Lee, Minyoung. I am very energetic and positive. I am a senior at university with a double major in fashion design and tourism management. It is not easy to do a double major, but it is really enjoyable. I am ready for a challenge and love to try something new. Whenever I worked as a part-timer in the various field, I generally got good feedback from my seniors. They said I was quick to learn. I am sure you will be satisfied with my job in ○○ air. I would like to be a happy flight attendant with a bright smile.

안녕하세요! 제 이름은 이민영입니다. 저는 매우 열정적이고 긍정적입니다. 저는 현재 대학에서 4학년으로 패션 디자인과 관광경영을 복수전공하고 있습니다. 복수전공을 하는 것은 쉬운 일은 아니지만, 정말 즐겁습니다. 저는 도전할 준비가 되어 있고 새로운 것을 시도하는 것을 좋아합니다. 다양한 분야에서 아르바이트를 할 때마다, 저는 상사로부터 대개 좋은 평가를 받았습니다. 그들은 제가 빨리 배운다고 합니다. 제가 ○○항공에서 일하는 것에 분명 만족하실 것입니다. 저는 밝은 미소를 가진 행복한 승무원이 되고 싶습니다.

Why

Why do you do a double major?
복수전공을 선택한 이유는 무엇입니까?

I decided to major in fashion design, because I thought it was creative and challenging. However my interest has been changed through many part time jobs in service sector. I wanted to know more about the service industry. So I do a double major.

저는 패션 디자인이 창조적이고 도전적이라 여겼기에 전공으로 결정하였습니다. 하지만 서비스 분야의 다양한 아르바이트를 통해 제 관심은 바뀌었습니다. 저는 서비스 산업에 대해 좀 더 알길 원했습니다. 그래서 지금 복수전공을 하고 있는 것입니다.

How

Have you ever felt hard to work in service sector?
서비스 분야에서 일할 때 어려움이 있었습니까?

I'm very energetic and love challenging, so there were not many problems. However, it was not easy to satisfy individual customers with same service, because everyone has different taste buds.

저는 매우 열정적이고 도전을 사랑하기에 많은 문제는 없었습니다. 하지만 똑같은 서비스로 모든 고객들을 만족시키기는 쉽지 않았습니다. 왜냐하면 취향은 모두 다르기 때문입니다.

Then, how did you handle the situation when customers have different ideas about your service?

그렇다면, 고객들이 당신의 서비스에 다른 의견들을 갖고 있을 때 어떻게 그 상황을 해결했습니까?

'Variety is the spice of life' is my life motto. First of all, I tried to take the situation positively and not to get stressed. Then, I asked every customer what they wanted, and tried to meet their needs. Also I asked for help to my co-workers if possible.

'다채로운 경험은 인생을 즐겁게 한다' 가 저의 인생철학입니다. 무엇보다 저는 그 상황을 긍정적으로 받아들이고 스트레스를 받지 않으려 노력했습니다. 그리고 각각의 고객에게 무엇을 원하는지 여쭤보고 그들의 요구를 맞춰 주려 노력합니다. 또한 가능하다면 제 동료에게도 도움을 요청했습니다.

What did you learn from the experience?

그 경험을 통해 무엇을 배웠습니까?

Actually, I learned many things from the experience. I realized it was essential to enjoy my job at work. When I enjoy my job, I can work better and happier. I think it was all in the mind. I would like to be a happy flight attendant who really enjoys working on board.

사실 저는 그 경험을 통해 많은 것을 배웠습니다. 저는 직장에서 일을 즐기는 것은 정말 중요하다는 것을 깨달았습니다. 제가 일을 즐길 때 더 잘, 더 행복하게 일할 수 있습니다. 모두 마음먹기에 달려 있다고 생각합니다. 저는 기내에서 일하는 것을 정말 즐기는 행복한 승무원이 되고 싶습니다.

What is your own definition of a happy flight attendant?

행복한 승무원을 당신은 어떻게 정의합니까?

I think a happy flight attendant is a flight attendant who can give passengers the best service from the heart, and take their full trust. Because it makes both of herself and passengers happy. Also a happy flight attendant knows how to be satisfied with her job.

행복한 승무원이란 승객들에게 진심에서 우러나온 최고의 서비스를 제공하고 그들의 신뢰를 얻을 수 있는 승무원이라고 생각합니다. 왜냐하면 그것은 승무원 자신과 승객들 모두 행복하게 만들기 때문입니다. 행복한 승무원은 또한 자신의 직업에 만족하는 법을 아는 사람이라 생각합니다.

　입사 후 5주간 트레이닝을 받을 때, 나를 못 잡아먹어 안달인 교관이 있었다. 딱히 이유도 없었던 터라, '그 교관이 한국인을 싫어한다는 소문이 있다더라' 는, 같은 반 동료들의 위로까지 받는 상황이었다. 교관은 목소리가 작다며 내 목소리를 흉내 냈고, 왜 모두 유미만 보면 웃느냐고 동료들에게 묻기도 했는데……

　어느 날, 비행기 내부구조를 설명하던 교관이 내 쪽을 보며 "이해했니, 유미?"라고 물어 왔다. "네." 일동이 대답했다. 설명은 다음으로 이어졌는데, 수업하는 내내 교관의 "이해했니, 유미?"와 "네."라는 대답이 무슨 장단이라도 맞추는 양 이어졌다. 결국 듣다 못한 교관이 말했다. "난 유미에게 물어본 거야. 왜 녀희가 대답하지?" 나는 더 이상 참지 못하고 맞받아쳤다. "당신은 어째서 내게만 이해했냐고 묻는 거지?" "왜냐하면, 대부분의 한국인과 일본인은 수업 시간엔 다 이해한 척 굴면서 나중에 물어보면 '난 아무것도 몰라요' 라는 반응을 보이기 때문이지." 그의 대답. 나는 말했다. "나는 궁금한 게 있으면 물어보는 성격이다. 내가 묻지 않았다면 그건 다 이해했기 때문이다. 앞으로 내게만 이해했느냐고 묻는 일은 없었으면 한다." 교관은 무안했는지 떨떠름한 웃음을 지으며 알았다고 했다.

　이후 난 그 교관에게 어떤 약점도 잡히지 않으려고 정말 열심히 공부했다. 수업을 마치자마자 치르는 쪽지시험은 물론 각종 기종시험에도 만점을 받으며 반에서 1등을 했고, 이해되지 않는 건 바로바로 질문했다. 트레이닝 기간 내내 늘 웃는 모습으로 동료들과 몰려다니며 '네가 아무리 날 괴롭혀도 난 꿈쩍 않는다' 는 아우라를 뿜어낸 건 물론이다.

　그리고 마지막 기종시험을 치르던 날, 정말 열심히 공부했는데, 그날따라 아무것도 눈에 들어오지 않아 나는 점점 당황하기 시작했다. 시험을 마치고 차례차례 교실을 나가는 친구들, 하지만 난 마지막까지 남아 끙끙댈 뿐이었다. 그때였다. 그 교관이 갑자기 교실 문을 닫고는 다른 감독관에게 이렇게 말하는 게 아닌가. "난 이 친구를 잘 안다. 시험마다 늘 만점을 받고 제일 먼저 나가던 친구다. 하지만 오늘은 뭔가 잘못된 모양이다. 그래도 난 이 친구가 공부를 열심히 했으리라는 걸 믿는다. 그녀를 도와주고 싶다." 그리고 동료 감독관의 동의하에 그는 내 옆에 앉아 나와 함께 문제를 풀기 시작했다. 고마움에 눈물이 쏟아질 것 같았다. 시험은 그가 답을 거의 알려 주다시피 한 덕에 커트라인 80점에 딱 걸려 통과! 나를 그토록 괴롭히던 교관이 보배로 느껴지던 순간이었다.

나, 나와 타인과의 관계 말하기

01 What is your life motto?

인생의 모토는 무엇입니까?

인생의 모토로 그 사람의 삶에 대한 태도를 알 수 있습니다. 솔직하게 답하되 면접관에게 가장 부각시키고 싶은 자신의 성격이나 이력을 드러내는 쪽으로 답변 방향을 잡는 것이 좋습니다.

예시답변 1

My life motto is 'You can if you think you can'. I do believe if you have a strong will, it means you are ready to make it possible. Whenever I feel difficult to do something, I always try to be more confident of what I do. Even now, I feel nervous and daunted a little bit but I keep trying to think 'I can make it because I think I can'. I hope you can see the passion and talent for service field in me.

제 인생의 가치관은 '네가 할 수 있다고 생각한다면 넌 할 수 있다' 입니다. 강한 의지가 있다는 것은 그것을 가능하게 만들 준비가 되어 있는 것이라 믿습니다. 일하며 어려움을 느낄 때마다, 저는 제가 하는 일에 좀 더 자신감을 갖기 위해 언제나 노력합니다. 지금도 전 조금 긴장되고 위축되지만 계속해서 '난 할 수 있다, 왜냐하면 그럴 수 있을 것이라 생각하기 때문에' 라고 생각하려 노력하고 있습니다. 면접관님이 제 안에 있는 이 분야에서의 열정과 재능을 봐 주시길 희망합니다.

What is your talent for this field?
이 분야에서 당신의 재능은 무엇입니까?

I am sure to say I am very qualified in this position. First of all, I have many working experiences in the service field. So I know how to treat customers and what they want quickly. Secondly, I am very open-minded, so I can mix well with any types of people. Lastly, I love this job and I want to know more. I am ready to learn and to fly.

저는 이 직업에 있어 자질이 매우 충분하다고 자신 있게 말할 수 있습니다. 무엇보다 저는 서비스 분야에 많은 경험이 있습니다. 그래서 고객을 대하는 방법과 그들이 원하는 것을 빨리 알 수 있습니다. 두 번째로, 저는 매우 개방적이기에 어떤 유형의 사람과도 잘 어울릴 수 있습니다. 마지막으로 저는 이 직업을 사랑하고 더 많은 것을 알기 원합니다. 저는 배우고 비행할 준비가 되어 있습니다.

'Live the life you've imagined' is a philosophy I live by. I can go confidently in the direction of my dream with this motto. I know I only live once. I don't want to regret not doing what I want. That is why I always choose what I like most, and go for it. I am a happy person, because I know what I want to do and finally I am here to make my dream come true.

'당신이 상상했던 인생을 살아라' 가 제 삶의 신조입니다. 이런 신조로 저는 제 꿈을 향해 자신 있게 나아갈 수 있습니다. 저는 인생은 한 번뿐이라는 것을 압니다. 제가 원하는 것을 하지 않아 후회하고 싶지 않습니다. 그렇기에 언제나 제가 가장 좋아하는 것을 선택하고 그것을 향해 달려갑니다. 저는 행복한 사람입니다. 왜냐하면 제가 원하는 것이 무엇인지 알고 있고, 마침내 그 꿈을 실현시키기 위해 이 자리에 왔기 때문입니다.

꼬리질문 Why is this position your dream?
왜 이 직업이 당신의 꿈입니까?

Being a flight attendant is my dream and goal, because I'm sure this job will satisfy me and I can make a significant contribution in this field. I have a bright personality and can get along well with people from diverse cultures. Also I am always happy to learn something new. That is why working as a flight attendant is my dream.

승무원이 되는 것은 저의 꿈이자 목표입니다. 왜냐하면 저는 이 직업이 저를 만족시켜 줄 것이고 저 역시 이 분야에 큰 공헌을 할 수 있으리라는 확신이 있기 때문입니다. 저는 밝은 성격을 가지고 있고 다양한 문화권의 사람들과 잘 어울립니다. 또한 늘 새로운 걸 배우는 것을 즐깁니다. 그렇기에 승무원으로 일하는 것이 저의 꿈이라 할 수 있는 것입니다.

그 외 가능한 꼬리질문

예시답변 **1** Tell me about your experience that you felt hard to get through.
헤쳐 나가기 어려웠던 경험에 대해 말해 주십시오.

Have you ever made any successful results with your life motto?
당신의 그러한 신조로 성공적인 결과를 만들어 낸 적이 있나요?

예시답변 **2** What else do you want through your life besides being a flight attendant?
승무원이 되는 것 외에 인생에서 원하는 것이 또 있습니까?

Have you regretted your decision even though you really wanted?
정말 원한 것이었음에도 불구하고 당신이 내린 결정을 후회한 적이 있나요?

What would be your weakness to work as a flight attendant?

승무원으로 일하는 데 있어 단점이 될 수 있는 것은 무엇입니까?

승무원으로 일할 때 단점이 될 수 있는 자신의 성격을 들고, 이를 결정적인 단점이 아닌 누구라도 가질 수 있는 단점으로 잘 표현할 필요가 있습니다. 물론 그 단점을 극복하고자 노력하고 있는 점과, 어떻게 노력하고 있는지에 대한 답변 역시 준비해야 합니다.

예시답변 1

I believe I am very suitable for this position. However, I tend to be afraid of making any mistakes specially when I try something new. I think it is because I want to be perfect at work. I know I could learn and improve more when I am ready to accept my mistakes. So I always try to overcome my weakness.

저는 이 직업에 매우 잘 맞는다고 믿습니다. 하지만 특히 새로운 것을 시도할 때는 어떤 실수라도 하게 될까 걱정하는 편입니다. 그것은 제가 일에 있어 완벽해지고자 하기 때문인 것 같습니다. 저는 제 실수를 인정할 준비가 되어 있을 때, 제가 더욱 많이 배우고 성장할 수 있다는 것을 알고 있습니다. 그래서 언제나 저의 단점을 극복하기 위해 노력합니다.

꼬리질문

How do you try to overcome your weakness?
단점을 극복하기 위해 어떻게 노력하고 있습니까?

Whenever I feel afraid of making a mistake, I always think no one is perfect, so that is OK to make a mistake for me. Also when I work something new, I normally tell my senior that this is new to me, so I could make a mistake. Then they give me advice. It is really effective.

실수하는 것이 두려울 때마다 저는 언제나 그 누구도 완벽하지 않으며, 따라서 실수해도 괜찮다고 생각합니다. 또한 새로운 일을 하게 될 때 선배님들에게 이 일은 내게 새로운 것이고 그러니 실수를 할 수도 있다고 말씀드립니다. 그러면 그들은 저에게 조언을 해 줍니다. 그것은 정말 효과적입니다.

예시답변 2 I am very meticulous, which means I don't work very fast. Rather, I have a tendency of working a little late. I think it could be a weakness to work as a flight attendant, because some flights are very hectic and a flight attendant should be ready for it. However I know how to manage myself under any situations. So I believe it wouldn't be a big problem.

저는 매우 꼼꼼합니다, 즉 제가 그렇게 일을 빠르게 하는 것은 아니라는 뜻입니다. 오히려 저는 일을 약간 늦게 하는 경향이 있습니다. 저는 그것이 승무원으로 일하는 데 단점이 될 수 있다고 생각합니다. 왜냐하면 어떤 비행은 매우 정신없이 바쁘고, 승무원은 그것에 준비가 되어 있어야 하기 때문입니다. 하지만 저는 어떤 상황에서라도 제 자신을 관리하는 법을 알고 있습니다. 그래서 그것이 큰 문제가 된다고 생각하지 않습니다.

How would you manage a heavy workload on board?

기내에서의 많은 업무량을 어떻게 해결할 것입니까?

I have my own way to overcome my weakness. In that case, I normally prioritize work tasks, and do it one by one. I don't work fast, but I hardly make a mistake at work because of my attentive personality. So I'm sure I would take my responsibility in time.

저는 제 단점을 극복할 수 있는 저만의 방법이 있습니다. 저는 보통 일의 우선순위를 정해 하나씩 해 나갑니다. 일을 빨리 하지는 못하지만, 꼼꼼한 성격 덕분에 실수는 거의 하지 않습니다. 그래서 시간 안에 제 임무를 다 할 수 있다고 확신합니다.

그 외 가능한 꼬리질문

예시답변 1 Have you ever given up even before you started?

시작도 해 보기 전에 포기해 본 적이 있습니까?

How do you overcome when you feel hard to make it completely?

어떤 일을 완벽하게 해내는 데 어려움을 느낄 때 이를 어떻게 극복합니까?

예시답변 2 How do you manage yourself?

자신을 어떻게 관리하나요?

Have you ever got bad feedback because of your weakness?

당신의 단점으로 좋지 않은 평가를 받았던 적이 있습니까?

03 How do you keep yourself healthy?

승무원에게 체력은 필수 조건입니다. 즐겨하거나 잘하는 운동이 있으면 좋지만, 그렇지 않다 해도 규칙적인 생활이나 스트레스를 받지 않는 것, 혹은 건강에 좋은 음식을 먹는 것 또한 건강 관리에 포함되므로 건강 유지에 힘쓰는 부분을 솔직하게 말하면 됩니다.

예시답변 1

I always try to stay in shape. I have been practicing yoga for 5 years. It is really good for the body and mind. So whenever I feel stressed, I do yoga. Also I am very energetic and fresh every morning. I think it is because I normally have deep sleep. I believe doing yoga and having deep sleep are really helpful to keep myself fit.

저는 언제나 건강한 체력을 유지하려 노력합니다. 저는 5년간 요가를 했습니다. 그것은 심신에 정말 좋은 운동입니다. 그래서 제가 스트레스를 받을 때마다 저는 요가를 합니다. 또한 저는 아침마다 에너지가 넘치고 기분이 상쾌합니다. 그것은 제가 보통 숙면을 취하기 때문이라고 생각합니다. 저는 요가와 숙면이 건강을 유지하는 데 많은 도움이 된다고 믿습니다.

When do you get stressed?
언제 스트레스를 받습니까?

 I'm not the person who gets stressed easily. However I sometimes get stressed when I feel isolated. For example, when I think I'm the only one who doesn't understand the situation, I feel uncomfortable and stressed. In that case, I always try to approach people first and don't hesitate to ask.

저는 스트레스를 쉽게 받는 사람이 아닙니다. 하지만 제가 소외감을 느낄 때는 가끔씩 스트레스를 받습니다. 예를 들어, 저만 그 상황을 이해하지 못하고 있으면 저는 불편해지고 스트레스를 받습니다. 그런 경우 저는 언제나 사람들에게 먼저 다가서려 노력하고 질문하기를 두려워하지 않습니다.

I love walking. If I can't walk, I do stretching at least. That is my way to be healthy. I walk to school, so I walk 2 hours a day on average. I like to watch the world go by during walking. Also I try to have healthy food. I like to eat tofu, fresh vegetables and chicken. Lastly, I always try to have a happy life. This lifestyle makes me fit.

저는 걷는 것을 좋아합니다. 걸을 수 없으면, 적어도 스트레칭을 합니다. 그것이 제가 건강을 유지하는 방법입니다. 저는 학교에 걸어가기에 하루에 평균 2시간은 걷습니다. 저는 걸으면서 사람들을 구경하는 것을 좋아합니다. 또한 건강에 좋은 음식을 먹으려 노력합니다. 저는 두부, 신선한 채소, 치킨을 좋아합니다. 마지막으로 늘 행복한 인생을 살려 노력하고 있습니다. 이런 생활방식이 저를 건강하게 만듭니다.

How do you make a happy life?
어떻게 인생을 행복하게 만듭니까?

It is simple, just find what I like and what I want. I try to spend my time with people I like, don't forget to take an enough rest. Also I always try to put on a happy face and keep moving forward when I have a hard time. This attitude makes me happy.

간단합니다. 그냥 제가 좋아하는 것과 제가 원하는 것을 찾는 것입니다. 저는 제가 좋아하는 사람들과 시간을 보내려 노력하고, 충분한 휴식을 취하는 것을 잊지 않습니다. 또한 힘든 일이 있을 때는 언제나 행복한 얼굴을 하고 계속해서 앞으로 나아가려 노력합니다. 이런 태도가 저를 행복하게 해 줍니다.

그 외 가능한 꼬리질문

Do you have your own way to have deep sleep?
숙면을 취하는 자신만의 방법이 있나요?

You can't do yoga on board. If you get stressed during working in cabin, what would you do?
기내에서는 요가를 할 수 없습니다. 기내에서 일하는 동안 스트레스를 받으면, 어떻게 하겠습니까?

Do you cook well? If yes, can you tell me any of recipes including tofu, vegetables or chicken?
요리를 잘하십니까? 그렇다면, 두부나 채소 혹은 치킨이 들어간 레시피 한 가지를 알려 주시겠습니까?

Are you confident of your health?
건강에 자신이 있나요?

What is your relationship with your parents like?

부모님과의 관계는 어떻습니까?

부모님과의 관계를 묻는 질문에는 자신의 장점을 들어 답하는 것이 좋습니다. 부모님과의 관계를 통해 여러 가지 긍정적인 영향을 받아 많은 장점을 갖게 되었음을 어필할 필요가 있습니다.

예시답변 1

I think I have a healthy relationship with my parents. My parents often said children also deserve as human beings. So they always respect what I do, and what I think. I was able to be more independent and to have good manners because of their parenting. My parents are my inspiration as well as my best friend.

저는 부모님과 건강한 관계를 맺고 있다고 생각합니다. 부모님은 어린이도 하나의 인격체로 존중받아야 한다고 자주 말씀하셨습니다. 부모님은 언제나 제가 하는 일과 제 생각을 존중해 주십니다. 이런 양육 방식 덕분에 저는 좀 더 자주적이 될 수 있었고 예의를 갖출 수 있었습니다. 부모님은 제게 영감을 주는 것뿐만 아니라 저의 가장 친한 친구입니다.

What did they say about your dream?

당신의 꿈에 대해 부모님은 뭐라고 말씀하셨습니까?

As I said, they respected my decision. Actually, they were really happy with my dream. Because they thought this job could really suit me reflecting on my personality and foreign experiences. If I become a flight attendant in ○○ air, I believe they will be really happy.

제가 말씀드렸듯 부모님은 제 의견을 존중해 주셨습니다. 사실 제 꿈에 대해 매우 기뻐하셨습니다. 왜냐하면 이 직업이 제 성격이나 외국 경험으로 비추어 봤을 때 제게 딱 맞는 직업이라고 생각하셨기 때문입니다. 만약 제가 ○○항공의 승무원이 된다면 부모님은 정말 행복해 하실 것이라고 믿습니다.

I love my parents. My parents are my heroes. My parents' unwavering love for one another and me and my siblings povided me the strength which overcomes any difficulty. I became stronger and better in their love. Of course, sometimes we have conflict, but we know how to handle the problem. That is how our relationship goes like.

저는 부모님을 사랑합니다. 부모님은 제 영웅입니다. 부모님의 서로를 향한 변함 없는 사랑, 그리고 저와 제 형제들을 향한 사랑은 제게 어떤 어려움도 이길 수 있는 힘이 되었습니다. 저는 그 사랑 안에서 더욱 강해지고 더 나은 사람이 되었습니다. 물론 때때로 갈등을 겪기도 하지만 우리는 그 문제를 어떻게 해결해야 하는지 알고 있습니다. 이것이 바로 부모님과 저의 관계입니다.

When you have a problem with your parents, how do you solve it?

부모님과 문제가 생겼을 때 어떻게 해결합니까?

I think communication is the key for conflict in any relationships. When the conflict is created between myself and my parents, we don't hesitate to talk about the issue, of course with respect for each other. Sometimes I write a letter to them or vice versa.

저는 어떤 인간관계에서든 대화가 갈등을 해결하는 열쇠라고 생각합니다. 저와 부모님 사이에 갈등이 생겼을 때, 우리는 그 문제에 대해 말하기를 주저하지 않습니다. 물론 서로를 존중합니다. 때때로 부모님께 편지를 쓰거나, 혹은 부모님이 편지를 써 주시거나 하기도 합니다.

그 외 가능한 꼬리질문

Could you tell me the specific episode that you felt respected?

존중받는다고 느꼈던 구체적인 사례를 말해 보겠습니까?

Have you ever had any conflict with your parents?

부모님과 갈등을 겪어 본 적이 있습니까?

Tell me one of conflicts you had with your parents.

부모님과 겪은 갈등 중 한 가지를 말씀해 주십시오.

What do you mean 'you became stronger and better'?

'더 강해지고 나은 사람이 되었다' 가 의미하는 것은 무엇입니까?

05 Tell me about one of your best friends.

가장 친한 친구에 대해 말해 보십시오.

이 질문 역시 가족 소개와 같은 방식으로 답변하면 좋습니다. 즉 친구 소개만 할 것이 아니라 친구와의 관계를 통해 자신의 장점이나 강조하고 싶은 이력을 함께 드러내는 것입니다.

예시답변 1

One of my best friends' name is Ji Eunhee. She is teaching English at school. I met her in the volunteer club. We volunteered at the hospice care. She is really calm and warm-hearted. I learned many things from her. She also told me that she is happy to be with me because I always smile and highly motivated. We are always rooting for each other.

저의 가장 친한 친구 중 한 명은 지은희입니다. 그녀는 학교에서 영어를 가르칩니다. 저는 그 친구를 봉사 활동을 통해 만났습니다. 우리는 호스피스 병동에서 봉사 활동을 했습니다. 그 친구는 정말 차분하고 마음이 따뜻합니다. 저는 그녀에게 참 많은 것을 배웠습니다. 그녀 또한 제게 항상 미소 짓고 의욕이 넘치는 사람이라 함께 있고 싶다 말합니다. 우리는 언제나 서로를 응원하고 있습니다.

꼬리질문

What made you want to volunteer at the hospice care?
호스피스 병동에서 봉사 활동을 한 이유는 무엇입니까?

My grandmother had terminal illness. When she was in the hospice care, I was so touched with their service. My grandmother had a kind of happy and comfortable death there. After her death, I wanted to do something for people in hospice care. That is why I volunteered at the hospice care even it was so hard to see the death of someone.

할머니께서 말기암 환자셨습니다. 할머니가 호스피스 병동에 계셨을 때, 저는 그들의 서비스에 정말 감동했습니다. 할머니께서는 행복하고 편안하게 돌아가신 편입니다. 할머니가 돌아가신 후, 저는 호스피스 병동 사람들을 위해 무언가 하고 싶었습니다. 그 때문에 비록 누군가의 죽음을 마주하는 게 힘들었어도 호스피스 병동에서 봉사 활동을 했던 것입니다.

예시답변 2

Her name is Kim Minyoung. We've known each other since junior high school. We have a lot in common. Both of us are very considerate and attentive. Also we love Korean movies, ice cream and walking. That is why we have built up good relationships for a long time without any conflicts. I love her as she is.

제 친구의 이름은 김민영입니다. 우리는 중학교 때부터 알고 지낸 사이입니다. 우리는 공통점이 많습니다. 둘 다 매우 사려 깊고 꼼꼼한 성격입니다. 또한 우리는 한국영화, 아이스크림, 걷는 것을 좋아합니다. 때문에 그 어떤 갈등 없이 오랫동안 좋은 관계를 쌓아 올 수 있었습니다. 저는 그녀를 있는 그대로 사랑합니다.

Do you normally hang out with people who are similar to you?

당신은 보통 당신과 비슷한 사람들과 어울리는 편입니까?

Not really. I have a wide range of people around me, but I feel a bit more comfortable with friends who are similar to me. Because we can understand each other more easily. On the other hand, I can have a lot of fun and learn something new when I meet friends who are different from me. So I like both of them.

꼭 그렇지는 않습니다. 제 주변에는 다양한 사람들이 있습니다. 하지만 저는 저와 비슷한 친구들과 있을 때 좀 더 편안함을 느낍니다. 왜냐하면 우리는 서로 더 쉽게 이해할 수 있으니까요. 반면 저와 다른 친구들을 만나면 새로운 것을 배우고 많은 즐거움도 생깁니다. 그래서 저는 둘 다 좋습니다.

그 외 가능한 꼬리질문

예시답변 1

What did you learn from your friend?

친구에게 배운 것은 무엇입니까?

What does she say about your plan to be a flight attendant?

승무원이 되고자 하는 당신의 계획에 친구는 무엇이라 말합니까?

예시답변 2

Have you never had any conflicts with her, not even once?

친구와 어떤 갈등도 없었습니까? 단 한 번도요?

What do you mean 'you love her as she is'?

'그 친구를 있는 그대로 사랑한다' 는 것은 어떤 의미입니까?

Have you ever had a conflict with your co-worker?

동료와 갈등을 겪은 적이 있습니까?

이 질문에 답할 때는 상대를 일방적인 가해자로, 자신을 일방적인 피해자로 묘사하기보다, 서로의 잘못이나 실수를 인정하고 노력으로 문제를 해결해, 그 과정을 통해 많이 발전할 수 있었다고 말하는 쪽으로 방향을 잡는 게 좋습니다.

예시답변 1

I'm not the person who often makes a problem with co-workers. However I did have a conflict with my co-workers for a few times. When I worked in ○○ hotel as a waitress, I had a conflict with one of my co-workers. It was one of the most hectic days, so everyone became sensitive and exhausted. She was upset because she thought I was lazy. Actually I had a bad condition, so I couldn't work fast. There was no time to excuse while working. We were just not very nice to each other. After working, we had a talk, and we understood each other.

저는 동료들과 문제를 자주 일으키는 사람은 아닙니다. 하지만 두세 번 정도 동료와 갈등이 있었던 적이 있습니다. 제가 ○○호텔에서 웨이트리스로 일할 때, 동료 중 한 사람과 갈등이 있었습니다. 그 날은 가장 바쁜 날 중 하루여서 모두가 예민해지고 피곤했습니다. 그녀는 제가 게으르다고 생각했기 때문에 화가 났지만 사실 저는 몸이 좋지 않아 일을 빨리 할 수 없었습니다. 일하는 동안 설명할 시간이 없었고, 우리는 서로에게 친절하지 못했습니다. 일이 끝나고, 우리는 대화를 통해 서로를 이해할 수 있었습니다.

What did you learn from the conflict?
갈등을 통해 무엇을 배웠습니까?

I learned many things. Above all, I learned how it is important to have an enough conversation. If I told her that my condition was bad, she would understand me better. Secondly, I learned I have to keep myself healthy at work. Otherwise it could make others feel unfair because I could work less. Since then, I always try to keep myself fit to work and to have an enough conversation with my co-workers.

많은 것을 배웠습니다. 무엇보다 저는 충분한 대화를 하는 것이 얼마나 중요한지를 배웠습니다. 만약 제가 그녀에게 제 컨디션이 좋지 않다는 것을 말했다면, 그녀는 좀 더 잘 이해해 주었을 것입니다. 둘째로 직장에서 컨디션 관리를 잘 해야 한다는 것을 알았습니다. 그렇지 않으면 제가 일을 덜 할 수도 있기 때문에 다른 동료들이 불공평하다고 느낄 수 있을 것입니다. 이후 저는 언제나 직장에서 좋은 컨디션을 유지하고 동료와 충분한 대화를 갖도록 노력하고 있습니다.

예시답변 2

I love to hang out with my co-workers, but sometimes I have conflicts. For example, I had a small argument with my co-worker recently. It wasn't a big issue, just we had a different idea of setting priorities. However I didn't like her way to talk, it was quite bossy. So I became more stubborn. I made up with her later, but it took some time to get used to each other.

저는 동료들과 어울리는 것을 좋아하지만 가끔 갈등을 겪습니다. 예를 들어, 최근 동료와 작은 논쟁을 벌였습니다. 큰 문제도 아니었고 단지 일의 우선순위를 두는 것에 이견이 있었던 것뿐이었습니다. 하지만 저는 그녀의 말하는 방식이 마음에 들지 않았고 상당히 거만하다고 느꼈습니다. 그래서 저는 더 고집을 부리게 되었습니다. 나중에 화해를 했지만 서로 익숙해지기까지 시간이 조금 걸렸습니다.

꼬리질문

How did you two make up?

어떻게 화해했습니까?

We had a break for a while. After chill out, we had a talk. I told her I thought her idea was better, but I just felt bad about her way to talk. She also told me that she was quite in a hurry, so she didn't notice she was quite aggressive. So we made an apology for each other. As time went by, we were getting better.

한동안 떨어져 있었습니다. 진정을 한 후 우리는 대화를 나눴습니다. 저는 그녀의 생각이 낫다고 느꼈지만 그녀의 말하는 방식 때문에 기분이 나빠졌다고 말했고, 그녀 역시 마음이 급해 자신이 공격적으로 말하고 있다는 것을 인식하지 못했다고 했습니다. 그렇게 우리는 서로 사과를 했습니다. 시간이 지나면서 우리 관계는 나아졌습니다.

그 외 가능한 꼬리질문

예시답변 1

How did you make a conversation? 어떻게 대화를 했습니까?

Who do you think was wrong? 누가 잘못했다고 생각합니까?

예시답변 2

What did you learn from the experience? 그 경험을 통해 무엇을 배웠습니까?

Are you stubborn? 당신은 고집이 센 사람입니까?

# Have you ever satisfied your boss with your efforts?

당신의 노력으로 상사를 만족시켰던 적이 있습니까?

지나치게 과장된 내용이나 혹은 반대로 누구나 쉽게 할 수 있는 일은 언급하지 않도록 합니다. 언제, 무슨 일이 있었으며, 그 과정에서 자신이 얼마나 많은 노력을 기울였는지 간략하게 말하는 것이 핵심입니다.

예시답변 1

Yes, I have. When I worked at the trading company, my boss was really satisfied with my efforts. When the company was really busy, my partner suddenly quit the company. My boss was very worried about me working alone, but I did my job done in time without any troubles. I was very exhausted when it was done, but I felt great and fulfilled.

네, 있습니다. 제가 무역회사에서 일할 때, 상사는 저의 노력에 만족했습니다. 회사가 정말 바빴을 때, 제 파트너가 갑자기 일을 그만두었습니다. 상사는 저 혼자 일하는 것을 우려했지만 저는 어떤 문제도 없이 제시간에 일을 모두 해냈습니다. 그 일이 끝났을 때, 저는 무척 지쳤지만 기분이 좋았고 성취감도 느꼈습니다.

 **꼬리질문**

How did you manage your job in a limited time?

한정된 시간에 어떻게 일을 끝낼 수 있었습니까?

I'm very focused. Once I start to work, I don't let my mind wander. Also I prioritize my work, and make a list first. It was really helpful when you want to work effectively. Of course, I worked hard at that time and I think I was quite lucky. Because there was not a big problem when I worked, so I was able to finish my work quickly.

저는 집중력이 매우 좋습니다. 한번 일을 시작하면 딴생각을 하지 않습니다. 또한 저는 일을 시작하기 전에 먼저 일의 우선순위를 정하고 리스트를 만듭니다. 그것은 효과적으로 일하고자 할 때 정말 유용합니다. 물론 그 당시 저는 일을 열심히 했고 운도 꽤 따랐다고 생각합니다. 왜냐하면 일할 때 별다른 문제가 없어 빨리 끝낼 수 있었기 때문입니다.

Yes. I had a part time job in a restaurant. One day, there was a demanding customer. She didn't like whatever we offered, and we couldn't find what she wanted because she was quite fussy. I tried to keep smiling and to be a sympathetic listener. Also, I tried to meet her needs. When she left, she was not a demanding customer any more. I had to be very patient being with her, but my boss was really happy with my job.

네. 저는 레스토랑에서 아르바이트를 했습니다. 하루는 까다로운 손님이 있었습니다. 그녀는 우리가 제공한 것은 무엇이든 좋아하지 않았고 꽤 신경질적이었기에 무엇을 원하는지도 파악하기 어려웠습니다. 저는 미소를 잃지 않으려 노력하면서 그분의 이야기에 공감을 해 주며 잘 들어주었습니다. 또한 그분이 요구하는 것을 들어주려 애썼습니다. 떠날 때 그녀는 더 이상 까다로운 손님이 아니었습니다. 그분과 함께 있을 때 많은 인내심이 요구됐지만, 제 상사는 제 일처리에 아주 만족하셨습니다.

What did you learn from the experience?

그 경험을 통해 무엇을 배웠습니까?

I learned it is really useful to express sympathy when someone is talking to me. Actually, I did nothing special. What I offered her was the thing that everyone could. However she was very happy with me, because I carefully listened to her and tried to understand how she felt.

누군가 나에게 이야기를 할 때 공감을 표현하는 것이 얼마나 유용한지를 배웠습니다. 사실 저는 특별한 것을 하지 않았습니다. 제가 그녀에게 제공한 것은 누구나 할 수 있었던 것입니다. 하지만 그녀의 이야기를 주의 깊게 들어주고 그녀의 기분을 이해하려 노력했기 때문에 그녀는 저에 대해 만족했던 것입니다.

그 외 가능한 꼬리질문

What did you learn from it?

그 경험을 통해 무엇을 배웠습니까?

Don't you think it was unfair that you took charge of everything alone?

모든 것을 혼자 했던 것이 불공평하다고 생각하지 않습니까?

How did you meet her needs?

손님의 요구를 어떻게 들어주었습니까?

What is your own way to express sympathy?

공감을 표현하는 당신만의 방법은 무엇입니까?

08 Are you a leader or a follower?

당신은 리더입니까, 아니면 남을 따르는 편입니까?

둘 중 본인에게 더 가깝다고 생각되는 쪽을 택해 말하되, Leader의 경우에는 독선적으로 보이지 않도록, Follower의 경우에는 수동적으로 보이지 않도록 표현하는 것이 중요합니다. 어떤 성향의 Leader이며 Follower인지 구체적으로 묘사한다면 더욱 좋겠습니다.

예시답변 1

I am experienced in both of positions, so I think I can handle any cases well. However I think I am more like a leader. I am outgoing and passionate, so I don't hesitate to take an initiative. Especially, when there is a problem, I am quite good at solving. In many cases, people want me to be a leader. So I believe I am more like a leader.

저는 두 역할을 모두 경험했기에 어느 쪽이든 잘 해낼 수 있습니다. 하지만 저는 리더에 조금 더 가깝다고 생각합니다. 저는 활발하고 열정적인 성격이라 앞장서는 데 망설임이 없습니다. 특히 어떤 문제에 봉착했을 때, 그 해결 능력이 뛰어난 편입니다. 많은 경우 사람들은 제가 리더가 되길 원합니다. 그래서 저는 제가 리더에 조금 더 가깝다고 여깁니다.

꼬리질문

Have you ever been a successful leader in team?

팀에서 성공적인 리더 역할을 했던 경험이 있습니까?

Yes. Most of times, I've heard I have good leadership skills. Specially, when I was a department representative in university, I planned various events and they were successful. My department was chosen as the best team at games at school. Of course, it was because my team members always trust and support me a lot.

네. 대개의 경우, 저는 리더십 스킬이 좋다는 말을 많이 들었습니다. 특히 대학에서 과대표였을 때, 저는 다양한 행사를 기획했고 이를 성공으로 이끌었습니다. 학교 체육대회에서 우리 과가 최고의 팀으로 뽑히기도 했습니다. 물론 팀원들이 언제나 저를 믿고 많은 지지를 해 주었기 때문에 가능했습니다.

I am a supportive follower. When I worked in ○○ trade company, our team made the highest profits because of the good teamwork. I was an assistant of the leader, so I always tried to anticipate what he needed and brought them before he asked. Also, I tried to motivate rest of team members when we had difficulty. So when I resigned the company, I had good feedback from my team members.

저는 힘이 되는 구성원이라고 생각합니다. ○○무역회사에서 일하던 시절, 저의 팀은 뛰어난 팀워크로 가장 높은 이윤을 기록했습니다. 저는 리더의 보조로서, 리더가 필요로 하는 것을 늘 미리 생각하고 리더가 묻기 전에 준비해 두었습니다. 또한 저희 팀이 어려움에 처했을 때도 다른 구성원들의 사기를 북돋아 주려 애썼습니다. 그래서 제가 회사를 그만둘 때, 팀원들로부터 좋은 평가를 받았습니다.

How did you anticipate what your leader wanted?
리더가 원하는 것을 어떻게 예상했습니까?

It was simple. I just put myself in his situation. It helped me a lot to anticipate what he needed in advance. Also I tried to find what I can do there, then there were always things that I can do for the team.

간단합니다. 리더의 입장에서 생각하는 것입니다. 이는 리더가 원하는 것을 예측하는 데 많은 도움이 되었습니다. 또한 내가 그곳에서 할 수 있는 것을 찾으려 노력했고, 언제나 팀을 위해 내가 할 수 있는 일들이 있었습니다.

그 외 가능한 꼬리질문

Can you tell me any experiences you solved a problem as a leader?
리더로서 문제를 잘 해결했던 경험을 말해 보십시오.

How would you contribute to ○○ air with your leadership?
당신의 리더십으로 ○○항공에 어떻게 기여하겠습니까?

Could you please tell me what you've done for your leader more specifically?
당신이 리더를 위해 한 일을 좀 더 구체적으로 말해 보겠습니까?

How did you motivate your team members?
팀원들의 사기를 어떻게 끌어올렸습니까?

5주간의 힘든 트레이닝을 마치고 드디어 이집트 카이로를 향한 첫 비행에 나설 때의 설레던 기억이 아직도 생생하다.

우아한 모습의 승무원만 알던 내게 그날의 비행은 경악 그 자체였다. 나중에야 알았지만 카이로 비행은 모든 승무원들이 고개를 절레절레 흔드는 악명 높은 비행 중 하나였던 것.

숨 쉬는 것도 잊을 만큼 정신없던 와중에 한국인 승객을 만난 반가운 마음도 잠시, 그 승객은 아들에게 선물하려고 산 장난감과 인형을 짐이 너무 많다는 이유로 카이로 공항에서 버리라고 했다면서 우리 쪽에서 책임지라며 컴플레인을 걸어 왔다.

익숙지 않은 첫 비행에 컴플레인까지……, 정말 울고 싶은 심정이었지만 어쨌거나 일은 일, 최대한 그 승객을 돕기 위해 이코노미 클래스 부사무장과 승객 사이를 발에 땀이 나도록 오가며 통역했고, 안타까운 마음에 시원한 음료와 기내에 있던 인형을 챙겨 드리느라 부산을 떨었다. 애꿎은 나를 향해 소리를 지르는 그 승객이 원망스러웠지만, 외국에서 만난 한국인이라는 이유로 마음이 가는 것은 어쩔 수 없었다.

'상황은 여기서 종료'라고 생각했는데, 사람 인연이란 건 정말 묘하다. 바로 그 승객을 2년쯤 지난 어느 날 서울 행 비행에서 다시 만났으니 말이다.

서울에 도착해 내리는 승객들에게 인사를 하고 있는데, 어찌 좀 낯익다 싶은 아저씨 한 분이 아는 척을 하는 게 아닌가! 그분은 2년 전 정말 고마웠다면서 내게 재차 인사를 건넸다.

비행을 하다 보면, 수많은 승객들을 나는 기억하지 못해도 승객들이 나를 알아보고 인사할 때가 있다. Frequent flyer가 특히 많은 에미레이트항공에서는 그다지 신기한 일 축에도 들지 않는 일이지만, 그때마다 실수한 것은 없었는지 잘못한 것은 없는지 나는 다시 한 번 생각해 보고는 했다.

감정 말하기

① What makes you happy?

당신을 행복하게 만드는 것은 무엇입니까?

굳이 거창한 것을 말할 필요는 없습니다. 사소한 것에도 쉽게 행복을 느끼는 긍정적인 사람임을 어필하는 것이 좋습니다.

예시답변 1

I am very positive, so many things can make me happy. For example, I'm happy when I meet people around me, or when I take a walk with my pet dog. Last weekend, I went to the park with my friends. The weather was perfect, and we kept laughing and laughing. One the way back home, I found out I was so happy and it is not hard at all to be happy.

저는 매우 긍정적이라 많은 것들이 저를 행복하게 해 줍니다. 예를 들어, 저는 제 주변 사람들을 만날 때나 애완견과 산책을 할 때 행복합니다. 지난 주말 저는 친구들과 공원에 갔습니다. 날씨는 완벽했고 우리는 웃고 또 웃었습니다. 돌아오는 길에 저는 제가 참 행복했다는 것과 행복해지는 것은 결코 어려운 일이 아니라는 것을 깨달았습니다.

What is your own definition of 'happiness'?

'행복'에 대한 당신만의 정의는 무엇입니까?

My own definition of happiness is to accept the challenge that life has given me and to trust myself. I believe the challenge could be a chance to change something in my life. If I trust myself and get ready to challenge, I would be always happy to be alive.

저만의 행복에 대한 정의는 인생이 제게 주는 도전을 받아들이고, 자신을 신뢰하는 것입니다. 저는 도전이 인생에서 무언가를 변화시킬 기회가 될 수 있다고 믿습니다. 스스로를 믿고 도전할 준비가 되어 있다면, 저는 살아 있다는 것에 언제나 행복을 느낄 겁니다.

I am the person who is happy with small things. That is why my nickname is 'a happy girl'. I am happy when I do something I like and when I meet people I love. Also I am very happy when I get praised with my efforts. I think my secret to be happy is to love myself and to be satisfied with what I have now.

저는 사소한 것들에 행복해지는 사람입니다. 그래서 제 별명도 '해피 걸' 입니다. 제가 좋아하는 일을 할 때, 제가 사랑하는 사람들을 만날 때 행복합니다. 또한 제 노력을 칭찬받을 때도 무척 행복합니다. 행복해지는 비결은 자신을 사랑하고 현재 제가 가진 것에 만족하는 것이라고 생각합니다.

Have you got praised recently?

최근 칭찬받은 적이 있습니까?

Yes, I have. When I worked in the pub last weekend, it was the busiest day of the week. However, 2 of staff were late about 1 hour, and the boss was really upset. I tried to cover their jobs. I was a senior there, so I knew how to manage all things. After work, the boss appreciated it.

네, 있습니다. 지난주 바에서 아르바이트 할 때, 그날은 일주일 중 가장 바쁜 날이었습니다. 하지만 2명의 직원이 1시간 가량 늦었고 상사는 매우 화가 났습니다. 저는 그들의 일까지 책임지려 노력했습니다. 저는 그곳에서 꽤 선배였기에, 일을 어떻게 처리해야 하는지 알았습니다. 일을 마쳤을 때, 상사는 매우 고마워했습니다.

그 외 가능한 꼬리질문

When was the happiest moment in your life?
인생에서 가장 행복했던 순간은 언제였습니까?

Why do you think it is not hard to be happy?
행복해지는 것이 왜 어려운 일이 아니라고 생각합니까?

What is your way to be satisfied with what you have?
자신이 가진 것에 만족하는 방법은 무엇입니까?

What is your favorite thing to do?
가장 좋아하는 일은 무엇입니까?

02 When do you get annoyed?

당신은 언제 짜증이 납니까?

솔직하게 답하되, '다소', '약간' 그런 감정을 느낀다고 한정할 필요가 있습니다. 부정적인 질문에 답할 때 유용한 방식입니다.

예시답변 1

I get a little bit annoyed when I meet people who have the habit of using verbal abuse. I feel offended and even scared of him sometimes. Specially, when he is verbally abusive to children or the elderly, I get annoyed and angry.

저는 습관적으로 폭언을 하는 사람들을 만날 때면, 다소 짜증이 납니다. 불쾌감을 느끼기도 하고 때때로 그 사람이 무섭기까지 합니다. 특히 아이와 노인들에게 폭언을 하면 정말 짜증나고 화가 치솟습니다.

꼬리질문

When you meet such a person, how do you handle the situation?

그런 사람을 만나면 어떻게 합니까?

I normally try to stop him doing the behavior and to make him calm, but if he becomes violent, I leave him as soon as possible and call the police if necessary. I did it once actually.

대개 저는 그 사람이 폭언을 하는 것을 막고 진정시키려 노력하지만, 만약 그 사람이 폭력적으로 변하면 가능한 한 빨리 자리를 피하고 필요할 땐 경찰에 연락합니다. 사실 그런 적이 한 번 있었습니다.

예시답변 2 I'm quite good at controlling my emotions, but sometimes I get annoyed with people who don't know 'common courtesy'. For example, I get a bit annoyed when I see people who talk loud on their cell phone in public, jump the queue without asking to be excused, and so on. Although this stuff is annoying, I am still happy and smile all the time.

> 저는 꽤 감정을 잘 조절하는 편이지만 때때로 '공공예절'을 모르는 사람을 보면 짜증이 납니다. 예를 들어, 공공장소에서 휴대폰으로 크게 통화하거나 양해도 구하지 않고 새치기를 하거나 하는 사람들을 볼 때면 다소 짜증이 납니다. 이런 것들이 저를 짜증나게 하지만 그래도 전 여전히 행복하고 늘 미소를 짓습니다.

꼬리질문 How do you control your negative emotions?
부정적인 감정이 들 때 어떻게 조절합니까?

I am very positive basically. When I have negative emotions, I try to be relaxed and to find a way to forget such thoughts that get stuck in my head. Also, it is a good way to think about someone or something that makes me happy.

저는 기본적으로 매우 긍정적인 사람입니다. 부정적인 감정이 들 때면 저는 언제나 여유를 갖고 머릿속에 박혀 있는 그런 생각들을 잊기 위한 방법을 찾으려 노력합니다. 또 저를 행복하게 해 주는 어떤 사람이나 일에 대해 생각하는 것도 좋은 방법입니다.

그 외 가능한 꼬리질문

예시답변 1 Have you ever met such a person?
그런 사람을 만난 적이 있습니까?

When you get annoyed or angry, what do you do?
짜증나거나 화가 날 때, 어떻게 합니까?

예시답변 2 What do you do when you meet such a person?
그런 사람을 만나면 어떻게 대응합니까?

Do you always observe common courtesy?
당신은 언제나 공공예절을 잘 지킵니까?

Have you made someone mad at you?

누군가를 화나게 한 적이 있습니까?

한 번도 남을 화나게 한 적이 없었다는 비현실적인 답변보다는 솔직한 경험을 말하고, 상대방에게 사과하고 이후 같은 일이 생기지 않도록 노력했다고 마무리하는 게 좋습니다.

예시답변 1

Unfortunately, I sometimes make my friends mad at me. Recently, myself and my friends went on a trip to Busan. I brought another friend there, and I, of course, asked other friends if it was OK. However I forgot to ask one of them. So she felt ignored and got upset. So I apologized to her.

> 유감스럽지만 가끔씩 친구들을 화나게 합니다. 최근에 저와 제 친구들은 부산으로 여행을 갔습니다. 저는 다른 친구를 그곳에 데려갔는데, 물론 다른 친구들에게 괜찮은지 물어보았습니다. 하지만 그중 한 명에게 물어보는 것을 잊어버려서 그 친구는 무시당했다 느꼈고 화를 냈습니다. 그래서 그녀에게 사과를 했습니다.

How did you apologize to her?

그 친구에게 어떻게 사과를 했습니까?

I frankly spoke to her. I didn't mean to ignore her, I spent hectic days and I was confused. So I thought I already told it to her. Actually, I am very attentive, so it was my first time to make such a mistake. There was an awkward silence between us, but soon later she resolved her emotions. So we were able to have a great trip altogether.

저는 그녀에게 솔직하게 말했습니다. 그 친구를 무시할 의도는 전혀 없었고 정신없이 바쁘게 시간을 보내다 보니 그 친구에게 이미 말한 줄 알고 있었습니다. 사실 저는 매우 꼼꼼해서 그런 실수는 처음이었습니다. 우리 사이에 어색한 침묵이 있었지만, 곧 그 친구는 마음을 풀었습니다. 그래서 우리는 다같이 즐겁게 여행할 수 있었습니다.

I always try to be considerate of others, but sometimes I made a mistake. Last week, one of my friends got me off her chest. It was about troubles in relationships. At that moment, I was very tired, so perhaps, unconsciously, I've done something to offend her. So she was upset, and I felt very sorry to hurt her. I wanted to be a shoulder to cry on, but I couldn't.

저는 언제나 상대방을 배려하려고 노력하지만 가끔씩 실수를 합니다. 지난주, 친구 한 명이 고민을 털어놓았습니다. 그것은 인간관계에서의 문제였습니다. 당시 저는 매우 피곤한 상태였고, 아마 무심결에 그녀를 화나게 한 것 같습니다. 그래서 그 친구는 화가 났고, 저는 상처를 준 것에 매우 미안해졌습니다. 저는 기대어 울 수 있는 어깨가 되어 주고 싶었는데, 그러지 못했습니다.

What did you learn from it?
그 경험으로 무엇을 배웠습니까?

I learned I should be more sincere and careful to listen to someone when she is in the difficult situation. I thought I was always there with a sympathetic ear. However, I was quite careless that day, so I hurt her as a result.

저는 누군가 어려운 상황에 있을 때, 그 사람의 이야기를 더욱 진지하고 주의 깊게 들어야 한다는 것을 배웠습니다. 저는 언제나 상대방의 고민을 기꺼이 들어준다고 생각했습니다. 하지만 그 날은 꽤 부주의했고 결과적으로 그녀에게 상처를 주었습니다.

그 외 가능한 꼬리질문

Why did you skip her to ask?
그녀에게 물어보는 것을 잊어버린 이유가 있습니까?

Did you have any special reason that you wanted to take other friend to the group?
다른 친구를 그룹에 데리고 가길 원한 특별한 이유가 있었습니까?

Why was she upset during conversation?
그 친구는 왜 대화 중 화를 냈습니까?

How did you resolve the problem?
그 문제를 어떻게 해결했습니까?

When is the most disappointed moment in your life?

당신의 인생에서 가장 실망스러웠던 적은 언제입니까?

이 질문의 핵심은 '가장' 이라는 최상급을 사용했다는 데 있습니다. 일상생활에서 흔히 일어나는 일이 아닌, 정말 자신이 실망했던 일을 들고, 그 이유를 설명할 수 있어야 합니다.

예시답변 1 One of the most disappointed moments in my life is to fail to enter the university. So I needed to study another 1 year. The reason I was really disappointed was I studied very hard, and my parents expected a lot. So when I failed, I was really disappointed and sorry for my parents. However, it motivated me a lot to study even harder. So I was able to enter the university I really wanted the next year.

제 인생에서 가장 실망스러웠던 순간은 대학 입학 시험에 떨어진 것입니다. 그래서 저는 1년을 더 공부해야 했습니다. 최선을 다해 공부했고 부모님 또한 기대를 많이 하셨던 터라 정말 실망이 컸습니다. 그래서 시험에 떨어졌을 때 실망과 더불어 부모님께 죄송한 마음이 들었습니다. 하지만 그 실패로 저는 더 열심히 공부를 할 수 있었고, 이듬해 제가 정말 가고 싶어 했던 학교에 입학할 수 있었습니다.

How did you overcome the difficult time?

힘든 순간을 어떻게 극복했습니까?

I was able to get over because of my family and friends. They are my biggest supporters. When I felt loved, I got the power to overcome any difficulties. They always cheered me up, and made me laugh. Also I had a determined goal, so I was able to overcome.

가족과 친구들 덕분에 극복할 수 있었습니다. 그들은 저의 가장 큰 지지자들입니다. 제가 사랑받고 있다고 느꼈을 때, 저는 어떤 어려움도 극복할 힘을 얻었습니다. 그들은 언제나 저를 응원해 주고 절 웃게 합니다. 또한 저는 확고한 목표가 있었기에 극복할 수 있습니다.

The most disappointed moment in my life was when my best friend left me with a silly reason. We have been together for 10 years. I thought I knew her very well. One day we had a small argument, and I haven't seen her after that. None of us offered an olive branch first, and 3 years were passed. Perhaps, she thinks I left her first. That is the most disappointed moment because still I only think to get in touch with her.

제 인생의 가장 실망스러웠던 순간은 가장 친한 친구가 사소한 이유로 절 떠난 것입니다. 우리는 10년을 함께 했습니다. 저는 그녀를 잘 안다고 생각했습니다. 어느 날, 사소한 말다툼을 했고 그 후로 저는 그녀를 보지 않았습니다. 누구도 먼저 화해의 손길을 내밀지 않았고, 그렇게 3년이 흘렀습니다. 아마 그녀는 제가 먼저 자신을 떠났다고 생각할 것입니다. 아직도 전 그녀와 연락해 볼 생각만 하고 있기에 그 일이 가장 실망스러운 사건입니다.

Why didn't you offer an olive branch first?

왜 먼저 화해를 청하지 않았습니까?

Honestly, I don't know. At first, I thought she had a fault, so she was the one who apologized, but as time went by, I was afraid that it was already too late. Maybe, I would call her after this interview because I miss her.

솔직히 잘 모르겠습니다. 처음엔, 그녀가 잘못했기에 사과해야 할 사람은 그녀라고 생각했습니다. 하지만 시간이 흐를수록 이미 너무 늦은 것은 아닌지 걱정되었습니다. 어쩌면 이 면접을 마치고 그녀에게 전화할 것 같습니다. 그녀가 많이 보고 싶기 때문입니다.

그 외 가능한 꼬리질문

What did you learn from it?

그 경험을 통해 무엇을 배웠습니까?

What did your parent say about it?

그 일에 대해 부모님은 뭐라고 하셨습니까?

What was 'the silly reason' you said?

당신이 말한 '사소한 이유' 는 무엇입니까?

Who do you think was wrong?

누가 잘못했다고 생각합니까?

 # When do you get stressed?

당신은 언제 스트레스를 받습니까?

승무원은 스트레스가 많은 직업입니다. 이 질문은 지원자가 어떤 경우 스트레스를 받으며, 이를 어떻게 해결하는지 알아보려는 것입니다. '나는 스트레스를 받지 않는다' 는 비현실적인 답변은 피하십시오. 자신이 스트레스를 받는 상황을 들고, 그럴 때 '취하는 행동' 에 대한 대답 역시 준비해 두는 게 현명합니다.

예시답변 1

I am very positive, so I don't get stressed easily. However, I get a bit stressed when the result is not really good even though I try really hard. It doesn't happen very often, but sometimes it makes me think maybe I am not good enough. In that case, I take a deep breath, and try to learn at least one from the experience. Then I can start again with full of drive.

저는 매우 긍정적인 사람이라 쉽게 스트레스를 받지 않습니다. 하지만 열심히 노력했음에도 결과가 좋지 않을 때 다소간 스트레스를 받는 편입니다. 자주 있는 일은 아니지만, 그럴 때면 종종 제가 부족한 까닭은 아닌가 하고 생각하게 됩니다. 그런 상황이 닥치면 저는 숨을 깊이 들이쉬고 그 경험을 통해 적어도 한 가지는 배우고 넘어가려 합니다. 그러면 의욕을 갖고 다시 시작할 수 있습니다.

 **꼬리질문**

For example?

예를 들어 보겠습니까?

For example, I wanted to improve my TOEIC scores by 200 points this vacation no matter what. I really studied hard everyday for 2 months, but I couldn't. I got a bit stressed, but I found out 200 points was not easy at my level, so I changed the plan and have tried to carry it through.

저는 이번 방학에 무슨 일이 있어도 토익 점수를 200점 더 올리길 바랐습니다. 두 달간 매일 열심히 공부했지만 올리지 못했습니다. 조금 스트레스를 받긴 했지만, 200점은 제 수준에서는 쉬운 일이 아님을 알았습니다. 그래서 계획을 변경해 실천하려 애쓰고 있습니다.

Honestly I get a bit stressed when I work with a person who is not responsible. Because normally such a person doesn't know what is wrong even though other co-workers should take care of his job. However, I believe a certain amount of stress makes me highly motivated, so I try to take it easy.

솔직히 말씀드리면, 저는 책임감 없는 사람과 일할 때 다소 스트레스를 받습니다. 왜냐하면 그런 사람은 대개 동료들이 그의 일을 떠맡아야 하는 상황이 발생해도 무엇이 잘못되었는지 모르기 때문입니다. 하지만 어느 정도의 스트레스는 저를 의욕적으로 만들어 준다고 여기기에 여유를 찾으려 합니다.

How do you release your stress?
스트레스를 어떻게 해소합니까?

I love to talk, so I chat away with my friends when I get stressed. Normally, I talk to them on the phone or by on-line chatting. Also I can release my stress when I go for swimming. Sports and friends are the most effective prescription for my stress.

저는 이야기하는 것을 좋아하기 때문에 스트레스 받을 때는 친구들과 수다를 떱니다. 보통 전화로 얘기하거나 인터넷 채팅을 합니다. 또 수영할 때도 스트레스가 풀립니다. 제게는 운동과 친구가 스트레스를 다스리는 가장 효과적인 처방입니다.

그 외 가능한 꼬리질문

Why do you think you are not good enough to do something? Aren't you confident of yourself?
어떤 일을 할 때 자신이 부족하다고 생각하는 이유는 무엇입니까? 자신을 믿지 못하나요?

When you keep stressed, what do you do?
계속해서 스트레스를 받는다면, 무엇을 하겠습니까?

For example?
예를 들어 주시겠습니까?

How do you work with an irresponsible person?
책임감 없는 사람과 어떻게 일을 합니까?

무릇 모든 조직이 그렇듯 항공사에도 전설과 괴담이 자생한다. 에미레이트항공의 경우, 멜버른 소재 호텔에서 귀신(!)이 많이 나와 호텔을 바꾼 일도 있다. 원래 정신병원이었던 곳이라 기가 안 좋다는 말까지 나올 정도였다. 오사카 호텔은 새벽에 벽에 걸린 액자에서 귀신이 나온다는 '설'이 떠돌았다. 그래서, 괴담의 근거지가 되는 호텔에 체류하는 비행을 할 때면, 승무원들은 착륙 후 호텔에 도착하는 순간까지 괴담에 대해 이러쿵저러쿵하긴 하지만, 막상 호텔에 도착하면 몰려드는 피곤에 쓰러져 자기 바쁘다.

자카르타도 그런 곳이었다. 자카르타 숙소는 호텔이 아닌 리조트라 방문을 열면 바로 수영장과 잔디밭으로 이어져 아름답지만, 왠지 모르게 으스스한 곳이었다. 자다가 귀신이 깨워 같이 얘기한 적이 있다는 동료가 나오는 등, 가위에 잘 눌리는 나는 이미 방콕과 런던 호텔에서 이상한 일을 겪은 터라 잔뜩 겁을 먹고 말았다. 마침내 자카르타 리조트 도착! 짐을 풀고 동료들과 저녁식사를 한 뒤, 일찍 잠자리에 들려는데 왠지 음침한 기분에 쉽게 잠이 오지 않았다. 그리고 얼마나 지났을까, 밖에서 왁자지껄 떠드는 소리와 악기 연주 소리가 들리는 게 아닌가!

시계를 보니 벌써 자정을 넘긴 시각. 무서움에 몸이 떨렸지만 혹 야외 파티라도 있는가 싶어 문을 열고 밖을 내다봤다. 하지만 잔디밭 위엔 정적만이 흐를 뿐, 사람은 없었다. 이내 내 공포는 극에 달해 별반 친하지 않은, 오늘 비행에서 처음 만난 동료에게라도 전화할까 어쩔까 고민에 고민을 거듭했다.

한데 한동안 아무 소리도 들리지 않는다. 그래, 내가 뭔가 잘못 들은 거야, 하고 이불 속을 파고들어가 긴장하고 있는데, 다시 어디선가 음악 연주와 사람들의 말소리가 들려왔다. 그대로 있으면 까무러칠 것 같아 나는 머릿속 생각을 몰아내려 밤새 애국가를 불러댔다.

이튿날 옆방에 묵은 동료를 만나 물으니, 자긴 아무 소리도 듣지 못했단다. 동료에겐 안 들리고 내게만 들린 그 소리! 도대체 정체가 뭐였을까? 거의 모두가 좋아한 에미레이트항공의 1인 1실 사용 규정이 그렇게 원망스러울 수가 없었다. 이런 일을 겪을 때마다 겁이 많은 나로서는 그저 조용히 혼자 쪼그라드는 간을 부여잡을 수밖에.

전공에 대해 말하기

 **What was your major, and why did you choose it?**

전공은 무엇이고 그 전공을 선택한 이유는 무엇입니까?

간혹 전공이 적성에 맞지 않는다든가, 부모님이 선택했다고 답을 하는 지원자가 있는데, 자신의 일은 자신이 결정한다는 책임감을 보여 주는 것이 좋습니다. 전공이 정말 자신과 맞지 않는다면, 복수전공을 하고 있거나 학업 외적인 활동을 통해 원하는 것을 다시 찾으려는 노력을 하고 있음을 언급하도록 합니다.

예시답변 1

I majored in tourism management. When I was in high school, I was very interested in foreign countries. I expected to study about foreign cultures, and the tourism industry through my major. After discussing about this issue with my family, I decided to study tourism management. That was why I chose my major.

저는 관광경영을 전공했습니다. 고등학교 때, 외국에 대한 관심이 많았습니다. 저는 이 전공을 통해 외국 문화와 여행산업에 대해 공부할 수 있기를 기대했습니다. 가족들과의 의논을 거쳐 관광경영을 선택했습니다. 이것이 제가 전공을 선택한 이유입니다.

 **꼬리질문**

Are you satisfied with your major?

당신의 전공에 만족합니까?

Sure, I am very satisfied with my major. I was able to learn what I wanted to learn. I learned about foreign cultures, and international manners throughout its curriculums. Also I could learn foreign languages such as English and Japanese. I want to utilize my skills and abilities in ○○ air.

물론 제 전공에 매우 만족합니다. 제가 배우고자 했던 것을 배울 수 있었습니다. 교과 과정을 통해 외국 문화와 국제 매너를, 영어와 일본어 같은 외국어도 배울 수 있었습니다. ○○항공에서 저의 기술과 능력을 발휘하고 싶습니다.

예시답변 2

I studied computer engineering at university and minored in English. Since I was younger, my interest has been toward assembling and dealing with a computer. So I decided to study computer engineering at university. The reason I studied English as a minor was I thought English is an international language today, so wanted to know more.

어렸을 때부터, 저의 관심은 컴퓨터를 분해하거나 다루는 것이었습니다. 그래서 대학에서 컴퓨터 엔지니어링을 전공하기로 했습니다. 부전공으로 영어를 공부한 이유는 영어는 오늘날 국제어라고 생각했고 그래서 더 많이 알기를 원했기 때문입니다.

꼬리질문

Why don't you make a career in that field instead of applying for this position?
전공 분야가 아닌 승무원에 지원하는 이유는 무엇입니까?

Because I know I can work much better in this field. Even though my major was not really related with this position, I was able to be more logical and creative from my major. Also I can speak English fluently and have many working experiences in this field. Lastly, I love to work as a flight attendant in OO air.

왜냐하면 이 분야에서 제가 훨씬 일을 잘할 수 있다는 것을 알기 때문입니다. 비록 제 전공이 승무원과 크게 연관이 있는 것은 아니지만, 저는 전공을 통해 더 논리적이고 창의적인 사람이 되었습니다. 또한 저는 영어를 유창하게 구사하며 서비스 분야에 많은 경험이 있습니다. 마지막으로 저는 OO항공의 승무원으로 일하기를 간절히 원하기 때문입니다.

그 외 가능한  꼬리질문

예시답변 1

What did you learn about tourism industry?
관광산업에 대해 무엇을 배웠습니까?

Have you had any difficulties through studying the major?
전공 공부를 하면서 어려웠던 점이 있습니까?

예시답변 2

What did you learn from your major?
전공을 통해 무엇을 배웠습니까?

Do you think your major would be useful in this field?
이 분야에서 당신의 전공이 유용할 것이라 생각합니까?

02 What did you learn from your major?

전공 공부를 통해 배운 것은 무엇입니까?

전공을 통해 학문적인 성취와 더불어 정신적으로 성장할 수 있었던 면을 언급하면 좋습니다. 특히 자신의 장점과 연관지어 말할 수 있다면 더욱 효과적입니다.

예시답변 1

I majored in English and English literature, so I learned about English conversation skills and literature. Also I had many chances to communicate with people from various countries. So I was able to learn the way to communicate with people from diverse cultures, and it made me have understanding skills.

제 전공은 영어영문학입니다. 영어회화와 문학을 공부했습니다. 또한 다양한 나라 출신의 사람들과 대화할 기회가 많았기에 다양한 문화권의 사람들과 대화하는 방법을 배울 수 있었고 이해 능력을 기를 수 있었습니다.

꼬리질문

How would you use your abilities as a flight attendant?
승무원으로서 당신의 능력을 어떻게 활용하겠습니까?

First of all, I can communicate with passengers from all over the world. Also I have many experiences working with foreigners, so I know how to work with them without conflict. I think teamwork is really important in this field. So I should be helpful in ○○ air.

무엇보다 저는 전 세계에서 오는 승객들과 의사소통이 가능합니다. 또한 외국인들과 일한 경험이 많아 갈등 없이 그들과 일하는 법을 알고 있습니다. 팀워크는 이 분야에서 정말 중요하다고 생각합니다. 그래서 저는 제가 ○○항공에 도움이 될 것이라고 생각합니다.

I studied social physical education at university. So I am healthy in both of body and mind. I have my own exercise to improve my health and to de-stress. I know I should be fit to do this job and I am good at working on my feet all day. Also I learned how to make good teamwork. So I believe I can contribute to ○○ air with my teamwork skills.

저는 대학에서 사회체육을 공부했습니다. 그래서 몸과 마음 모두 건강합니다. 저는 건강을 증진시키고 스트레스를 줄이는 저만의 운동 방법이 있습니다. 이 직업은 건강해야 한다는 것을 알고 있고, 저는 하루 종일 서 있는 일에 자신 있습니다. 또한 좋은 팀워크를 만드는 법에 대해서 배웠습니다. 그래서 저는 저의 팀워크 스킬로 ○○항공에 공헌할 수 있다고 믿습니다.

How do you make good teamwork?

어떻게 좋은 팀워크를 만듭니까?

When I work in team, I try to make an energetic and positive atmosphere with a slight joke. Also I don't lose my smile all the time. If a team member wants to talk to me or have a problem, I am always ready for listening. So normally I gain my trust in team.

팀으로 일할 때 저는 가벼운 농담으로 에너지 넘치고 긍정적인 분위기를 만들려 노력합니다. 또한 언제나 미소를 잃지 않습니다. 만약 팀원이 저와 대화하고 싶어하거나, 그녀에게 문제가 생긴다면 저는 언제나 경청할 준비가 되어 있습니다. 그래서 보통 저는 팀 내에서 신뢰를 얻습니다.

그 외 가능한 꼬리질문

What does 'understanding skills' mean?

'이해 능력' 이 의미하는 바는 무엇입니까?

Have you ever experienced a culture shock?

문화충격을 경험한 적이 있습니까?

What is your own way to exercise?

당신만의 운동법은 무엇입니까?

Tell me about one of episodes that I can see you teamwork skills.

당신의 팀워크 스킬을 볼 수 있는 에피소드를 하나만 말해 주십시오.

Why do you apply for this position even it is not really related with your major?

전공과 관련 없는 승무원에 지원한 이유는 무엇입니까?

이 질문에는 전공 관련 직종이 주지 못하는 것을 승무원이 되어 얻을 수 있고, 자신이 직업을 선택할 때 고려하는 점은 바로 그런 부분임을 답변을 통해 드러내는 것이 중요합니다. 학교 생활을 하면서 관심사가 바뀌었음을 언급해도 좋습니다.

예시답변 1

Because I can get things which I can't get from jobs related with my major. I got more interested in service sector through part time jobs in school days. I felt happier and learned more there. I think I would be able to have more chances to improve myself in this field, and this position is more suitable to me. That is why I applied for this position.

왜냐하면 제 전공 관련 직종에서 얻을 수 없는 것들을 얻을 수 있기 때문입니다. 저는 학창 시절 아르바이트를 통해 서비스 분야에 더욱 관심을 갖게 되었습니다. 그곳에서 저는 더 행복하고 더 많은 것을 배웠습니다. 저는 이 분야에서 제가 성장할 수 있는 기회를 더 많이 가질 수 있고, 이 직업이 저에게 더 잘 맞다고 생각합니다. 때문에 승무원에 지원했습니다.

 **Tell me about your working experiences in service sector.**

서비스 분야에서 일한 경험을 말해 보십시오.

I had worked in service sector for 4 years. I worked in a restaurant, hotel and wedding hall. I really enjoyed my job there, and learned more than I expected. Also I found out working in service industry suits my personality throughout the experiences.

저는 서비스 분야에서 4년간 일했습니다. 레스토랑과 호텔, 웨딩홀에서 일했습니다. 저는 진심으로 그곳에서 저의 일을 즐겼고 제가 기대한 것 이상을 배웠습니다. 또한 그런 경험을 통해 서비스 분야에서 일하는 것이 제 성격과 잘 맞는다는 것을 알았습니다.

 Even though social welfare as a major is not really related with this position, I was able to learn how to take care of people and got good communication skills. I'm sure what I learned from school should be helpful to work as a flight attendant. Also, I have many foreign experiences, so I can easily adapt myself to the new environment. That is why I apply for this position.

비록 사회복지를 전공한 것은 승무원과 크게 연관은 없지만, 저는 전공을 통해 사람들을 잘 돌보는 법을 배웠고, 뛰어난 커뮤니케이션 스킬을 습득할 수 있었습니다. 학교에서 배운 것들은 승무원으로 일하는 데 도움이 될 것이라고 확신합니다. 또한 많은 해외 경험으로 저는 새로운 환경에 쉽게 적응할 수 있습니다. 그렇기에 승무원에 지원합니다.

What is your own definition of communication skill?
커뮤니케이션 스킬에 대한 당신만의 정의는 무엇입니까?

I think communication skill is a key to open someone's mind, so I can interact with people and build up good relationships. I can say 'good communication skill' is 'good listening skill'. Because when I try to listen to others before talking, it's easier to understand them.

커뮤니케이션 스킬이란 상대방의 마음을 여는 열쇠라고 생각합니다. 그래서 사람들과 교감을 잘하고 좋은 인간관계를 쌓아 가는 것입니다. 저는 '훌륭한 커뮤니케이션 스킬'은 곧 '훌륭한 리스닝 스킬'이라 말할 수 있습니다. 왜냐하면 제가 말하기 전에 상대방의 말을 잘 들어주면, 그들을 이해하기가 더 쉬워지기 때문입니다.

그 외 가능한 꼬리질문

예시답변1 What did you learn from your working experiences in the service sector?
서비스 분야에서 일한 경험으로 무엇을 배웠습니까?

How do you expect yourself to grow in this field?
이 분야에서 어떻게 성장할 것이라고 기대합니까?

예시답변2 Do you have any special skills to take care of people?
사람들을 돌보는 어떤 특별한 기술이 있습니까?

What is your own way to adapt yourself to a new environment?
새로운 환경에 적응하는 당신만의 방법은 무엇입니까?

How would your major help you to work as a flight attendant?

당신의 전공이 승무원으로 일하는 데 어떤 도움이 될 것 같습니까?

승무원에게 요구되는 적성을 언급하는 대답을 기대하는 질문입니다. 자신의 장점이라 언급한 부분을 전공을 통해 배웠다거나 더 발전시킨 사례가 있다면 그 점을 강조하면 좋을 것입니다.

예시답변 1

I majored in psychology, so it is not really related to this position. However I met so many people through the curriculum, so I was able to understand people and to anticipate what they want. I think this could be really helpful to work as a flight attendant, because a flight attendant is the job which works for people.

제 전공은 심리학으로 이 직업과는 관련을 갖지 않습니다. 그러나 저는 교과 과정을 통해 많은 사람들을 만났기에 사람들을 이해하고 그들이 원하는 것을 파악할 수 있었습니다. 저는 이 점이 승무원으로 일하는 데 도움이 될 것이라고 생각합니다. 왜냐하면 승무원은 사람들을 위해 일하는 직업이기 때문입니다.

꼬리질문

How do you anticipate others' needs?

어떻게 타인의 요구를 예상할 수 있습니까?

It is simple and clear. I always put my feet into others' shoes before thinking what I want. Then I can see what he needs or what he wants to do. Also, one of my habits is to think one step ahead, and it helps me a lot to anticipate the next situation.

그것은 간단하고 명확합니다. 저는 언제나 제가 원하는 것을 생각하기 이전에 상대방의 입장에서 생각을 합니다. 그러면 그 사람이 필요한 것은 무엇인지, 혹은 그 사람이 하고 싶어하는 것은 무엇인지 알 수 있습니다. 또한 제 습관 중 하나는 한 발 앞서 생각하는 것입니다. 이는 제가 다음 상황을 예측하는 데 많은 도움이 됩니다.

예시답변 2

I studied aviation industry and cabin service management at college. So I learned service English and Japanese, also basic skills of cabin service. I think I'm ready to work as a flight attendant, because I can easily adapt myself in this field. I would get used to working as a flight attendant fast, and it could go to more effective and better service to passengers.

저는 대학에서 항공운항을 전공했습니다. 서비스 영어와 일본어, 더불어 기본적인 기내 서비스에 대해 공부했습니다. 저는 이 직종에 쉽게 적응할 수 있기 때문에 승무원으로 일할 준비가 되어 있다고 생각합니다. 저는 승무원 업무에 빠르게 익숙해질 것이고 이것은 승객들에게 보다 효과적이고 좋은 서비스로 이어질 수 있을 것입니다.

꼬리질문

How would you offer effective and better service to passengers?

승객들에게 어떻게 효과적이고 나은 서비스를 제공할 것입니까?

I am very service-oriented, and throughout the curriculum at college, I learned how to treat passengers and how to manage difficult situations on board. So I am confident of providing attentive and professional service to passengers. Then passengers of ○○ air would get off the plane with a big smile.

저는 매우 서비스 지향적이며, 학교에서의 교과 과정을 통해 승객들을 대하는 법과 기내의 난감한 상황에 대처하는 법 등을 배웠습니다. 그래서 저는 승객들에게 세심하고 전문적인 서비스를 제공할 자신이 있습니다. 그러면 ○○항공의 승객들은 밝은 미소로 비행기에서 내리게 될 것입니다.

그 외 가능한 꼬리질문

예시답변 1

How would you contribute to ○○ air with your major?

당신의 전공으로 어떻게 ○○항공에 공헌하겠습니까?

How do you understand people who you don't know well?

당신이 잘 모르는 사람들을 어떻게 이해합니까?

예시답변 2

What do you think of your English and Japanese ability?

당신의 영어와 일본어 능력에 대해 어떻게 생각합니까?

What makes you think you can easily adapt yourself in this field?

어째서 이 직종에 쉽게 적응할 수 있으리라 생각합니까?

What was the most difficult thing to study your major?

전공 공부를 하면서 가장 어려웠던 점은 무엇이었습니까?

솔직하게 답하되, 전공이 적성에 맞지 않았다든가, 공부가 전반적으로 너무 어려워 따라가기 어려웠다는 등의 답변은 피하는 것이 좋습니다.

예시답변 1

My major is French. I love to learn foreign languages, so I didn't have any significant problems, but sometimes I felt hard to study 'French archaism'. I was not familiar with it and it was a dead language. So studying French archaism is the most difficult part to study and honestly it didn't motivate me a lot.

제 전공은 프랑스어입니다. 저는 외국어를 배우는 것을 좋아해, 큰 어려움은 없었습니다. 하지만 간혹 '고전 프랑스어'에 어려움을 느꼈습니다. 저는 고어에 익숙하지 않았습니다. 더 이상 쓰지 않는 언어였으니까요. 프랑스 고어가 전공 공부에서 가장 힘든 부분이었으며, 솔직히 고어를 공부하는 것은 제게 많은 자극이 되지는 않았습니다.

꼬리질문

How did you overcome?

어떻게 극복했습니까?

First of all, I just tried to stand it, because I had to finish the course anyway. Also I tried not to skip the class. If I skipped the class, I knew it became more difficult to follow. Lastly, I told it to my friend who was good at French archaism. She helped me a lot.

무엇보다 저는 그저 참으려고 노력했습니다. 왜냐하면 어쨌든 그 과정을 끝내야 했기 때문입니다. 또한 수업에 빠지지 않으려고 노력했습니다. 수업에 빠지면 따라가기가 더욱 어려워진다는 것을 알았습니다. 마지막으로 저는 이런 제 상황을 프랑스 고어를 잘하는 친구에게 말했고, 그 친구가 저를 많이 도와 주었습니다.

The most difficult thing to study my major was to balance between work and study at the same time. Actually, when I was in university, my family had a financial problem. So I had to afford living cost and school fee by myself. I had 2 part time jobs during each semester. It was physically and mentally demanding to me, because I had to study at the same time. However it was a good lesson for me to learn how to manage time.

전공을 공부하면서 가장 어려웠던 점은 일과 학업을 동시에 병행하는 것이었습니다. 사실 대학 때, 저희 집에는 금전적인 문제가 있었습니다. 그래서 생활비와 학비를 스스로 해결해야 했습니다. 매 학기마다 2가지 아르바이트를 했습니다. 그것은 육체적, 정신적으로 힘들었습니다. 동시에 학업도 병행해야 했기 때문입니다. 하지만 시간을 관리하는 법을 배울 수 있었던 좋은 경험이었습니다.

What kinds of jobs did you have?
어떤 일을 했습니까?

I had various jobs through school life. I worked in the restaurant and hotel as a waitress, ice cream shop as a manager. Also I taught English to students as a tutor and worked for the small company as an office clerk. I learned so many things from the experiences, and I am sure I became much stronger.

학창 시절 다양한 일을 했습니다. 레스토랑과 호텔에서 웨이트리스를, 아이스크림 가게에서 매니저를 했습니다. 또한 과외선생님으로 학생들에게 영어를 가르쳤고, 중소기업에서 사무직을 보기도 했습니다. 그 경험들을 통해 정말 많은 것들을 배웠으며 저는 훨씬 강해졌다고 확신합니다.

그 외 가능한 꼬리질문

How was your score in 'French archaism'?
'고전 프랑스어' 의 성적은 어땠습니까?

Then, what was your favorite subject in your major?
그렇다면 전공에서 가장 좋아했던 과목은 무엇이었습니까?

What is your way to manage time, any examples?
시간을 관리하는 방식은 무엇입니까, 예를 들어 줄 수 있나요?

How did you balance between work and study?
일과 학업의 균형을 어떻게 유지했습니까?

당신이 가장 좋아한 과목은 무엇이었습니까?

단순히 지원자의 대화 능력과 흥미, 관심 분야를 알고자 하는 질문입니다. 솔직하게 자신이 좋아한 과목과 그 이유를 설명하면 됩니다.

예시답변 1

I majored in English and English literature. It meets my aptitude, so I liked most of subjects. Especially 'English conversation' was my favorite subject, because I like to socialize with new people, and it was a really good chance to take up my English effectively. We normally talked about all the issues in the society, and I was able to develop 'communication skill' through this class. This is my favorite subject because I learned many things besides English itself.

저는 영어 영문학을 전공했습니다. 제 적성에 잘 맞아 거의 모든 과목을 좋아했습니다. 특히 '영어 회화'를 가장 좋아했는데, 새로운 사람들과 어울리고 제 영어 실력을 효과적으로 쌓을 수 있는 기회였기 때문입니다. 저희는 사회의 모든 이슈에 관해 이야기를 나누었고, 이 수업을 통해 '커뮤니케이션 스킬' 또한 쌓을 수 있었습니다. 비단 영어뿐 아니라 많은 것을 배울 수 있었기에 가장 좋아한 과목이었습니다.

꼬리질문

What is your communication skill?

당신의 커뮤니케이션 스킬은 무엇입니까?

My communication skill is to be a good listener. When I carefully listen to others, they are also ready to listen to me. When they think I really concern what they talk about, they also open their mind. Then they can feel more comfortable to accept my ideas or opinions. So being a good listener is my communication skill.

제 커뮤니케이션 스킬은 남의 말을 경청하는 것입니다. 제가 주의 깊게 상대방의 말에 귀를 기울일 때, 그들 역시 제 이야기를 들을 준비를 합니다. 그들이 제가 자신들의 이야기에 진심으로 신경 쓴다는 생각이 들면, 그들 역시 마음을 열어 줍니다. 그러면 그들은 제 생각이나 의견을 수용하는 것을 훨씬 편안하게 느낍니다. 그래서 남의 말을 경청하는 것이 제 커뮤니케이션 스킬입니다.

One of my favorite subjects was 'music therapy'. I majored in psychology. It was very interesting that music can heal people. During class, I listened to a lot of good music, and I found out it makes me calm and peaceful. I could even feel released with the comfortable music. So 'music therapy' was my favorite subject at university.

제가 가장 좋아한 과목 중 하나는 '음악 치료'였습니다. 저는 심리학을 전공했습니다. 음악이 사람들을 치료한다는 것이 매우 흥미로웠습니다. 수업 시간에 저는 많은 좋은 음악을 들을 수 있었고, 그것이 저를 침착하고 평화롭게 만든다는 것을 알았습니다. 또한 편안한 음악에 스트레스까지 풀 수 있었습니다. 그래서 '음악 치료'가 대학에서 가장 좋아한 과목입니다.

꼬리질문

What kind of music do you like best?
어떤 장르의 음악을 가장 좋아합니까?

My favorite music is classical music. Specially, I love simple and soft rhythm like Tafelmusik by Taleman or Divertimento by Mozart. I feel very comfortable and relaxed with Taleman and Mozart's music. However, I am a big fan of music, so I like to listen to all kinds of music.

제가 가장 좋아하는 음악은 고전 음악입니다. 특히 저는 탈레만의 타펠무지크나 모차르트의 디베르티멘토와 같은 단순하고 부드러운 리듬을 좋아합니다. 탈레만과 모차르트의 음악을 들으면 매우 편안하고 느긋해집니다. 하지만 저는 음악 마니아라서 모든 장르의 음악을 좋아합니다.

그 외 가능한 꼬리질문

How did you develop communication skill?
어떻게 커뮤니케이션 스킬을 쌓았습니까?

What did you learn through English conversation class besides English?
영어 회화 시간에 영어 말고 배운 것은 무엇입니까?

Do you think 'music therapy' can help you work as a flight attendant?
'음악 치료' 수업이 승무원으로 일할 때 도움이 될 수 있다고 생각합니까?

What did you learn from the class?
수업을 통해 무엇을 배웠습니까?

에피소드 4 아프리카에서

　승무원 시절을 돌이켜볼 때 가장 신나고 흥분됐던 곳은 바로 비행 첫째 달에 떠난 아프리카였다.

　케냐 나이로비 거리에서 생긴 일이다. 가게 안을 힐끗 들여다봤을 뿐인데, 웬 청년이 뛰어나와 먼지로 뒤덮인 싸구려 플라스틱 반지를 내게 들이민다. 아프리카 다이아몬드 반지인데 내게만 특별히 5천 원에 팔겠다면서, 그 말도 안 되는 순박함이 좋아 속아 주기로 했다. 세상에 둘도 없는 다이아몬드를 헐값에 얻은 여자마냥 행복한 얼굴을 하고, 코끼리 고아원에서는 아기 코끼리 코에 바람을 불어 주면 그 코끼리는 그 사람을 평생 기억한다며, 조련사가 바람을 불어 보라고 한다. 무서운 마음에 바람을 불어 넣는 덴 실패했지만, 코끼리 등을 쓰다듬으며 이 순간을 평생 기억하겠노라 다짐했다.

　가나 아크라에서는 더 유쾌한 경험을 했다. 들뜬 마음으로 시내를 돌아다니다 만난 청년 아집, 가이드를 자청하며 자기 가게 문까지 닫고 나와 동료를 이끈다. 아집은 자신이 즐겨 가는 식당이며 바닷가, 다운타운, 클럽까지 소개하고는 자신의 집으로 초대했다. 아프리카의 평범한 가정집에서 우리는 텔레비전도 보고 밥도 먹고 수다도 떨었다. 그것도 모자라 아집은 밤에는 위험하다며 택시까지 태워 우리를 호텔로 데려다준다. 이런 그의 마음에서 우러나온 친절에 팁을 주려 했던 우리는 부끄러워졌고, 결국 팁 대신 우리의 연락처를 건넸다.

　남아프리카공화국 역시 따뜻한 곳이었다. 유명한 레스토랑에서 동료와 식사하던 중 근처에 가 볼 만한 곳이 있는지 웨이터에게 이것저것 물었는데, 자리에서 일어나려는 순간 그 웨이터가 편지를 주고 간다. 편지에는 요하네스버그에 일주일을 머물러도 다 못 가 볼 수많은 관광지와 카지노, 백화점 그리고 주의해야 할 점까지 빼곡히 적혀 있다. 편지의 마지막은 이렇게 장식돼 있었다. "You are so gorgeous!" 기분이 하늘까지 올라간다. 낯선 곳에서 낯선 사람들에게 받는 호의는 정말이지 내 마음을 푸근하게 만들었다.

　"Africa! You are so gorgeous!"

학창 시절에 대해 말하기

01 What was your responsibility and position in the club?

02 Have you had difficulty when you were in the club?

03 What did you learn from the club activity/voluntary work?

04 Have you ever helped your team members, or been helped from your team members?

05 Have you had any problems with your team members?

06 Have you traveled abroad?

07 Have you ever experienced culture shock or culture differences?

08 Tell me any good (or bad) memories in ____________.

What was your responsibility and position in the club?

동아리에서 당신의 책임과 위치는 무엇이었습니까?

동아리나 봉사 활동 경험은 지원자의 팀워크나 문제 해결 능력, 대인 관계 등을 알아볼 수 있는 부분입니다. 특히 아직 학생이거나, 직장 경력이 전무한 지원자라면 이 항목의 비중이 높아질 수 있으니 다양한 사례들을 생각해 보는 것이 좋습니다.

예시답변 1

I joined 'Pioneer' which was the travel club at school. We traveled together every vacation. I was the vice-president because I was a widely-traveled person in the club. My duties were to make a survey of the destination and to complete the travel itinerary. It was not easy to set up the plan, but it was worthwhile at the same time.

저는 대학 때 '개척자' 라는 여행 동아리에서 활동했습니다. 우리는 방학 때마다 함께 여행을 다녔습니다. 저는 여행 경험이 많다는 이유로 부회장을 맡게 되었습니다. 제 임무는 목적지를 사전 답사하고 여행 일정표를 짜는 것이었습니다. 계획을 세우는 일은 쉽지 않았지만, 동시에 가치 있는 일이었습니다.

Why do you like traveling?

여행을 좋아하는 이유는 무엇입니까?

I love traveling because I become challenging when I meet new people in a new environment. Also I feel I grow more after traveling. Lastly, when I come back home, I love the comfortable feelings, and I appreciate people around me. That is why I love traveling.

저는 새로운 환경에서 새로운 사람들을 만날 때 도전 정신이 생기기에 여행을 좋아합니다. 또한 여행 후에 자신이 좀 더 성장했음을 느낍니다. 마지막으로 집에 돌아왔을 때 느껴지는 그 편안함을 사랑합니다. 그리고 제 주변사람들에게 고마움을 느끼게 됩니다. 그래서 저는 여행을 좋아합니다.

The major reason I joined the volunteer club was to participate in this society with the social responsibility of adulthood. I believe children shouldn't be suffered from starvation, and should be protected by the society. I was a general member, and I donated small money and helped children who had family problems. I learned many things through the activities.

봉사 동아리에 가입한 가장 큰 이유는 성인으로서 사회적 책임감 때문입니다. 저는 어린아이들은 굶주림에 시달려서는 안 되며, 사회의 보호를 받아야 한다고 믿습니다. 저는 일반 회원으로 적은 돈을 기부하고 가정 문제를 안고 있는 아이들을 도왔습니다. 그런 활동들을 통해 많은 것들을 배울 수 있었습니다.

How did you help children who had family problems?
가정 문제가 있는 아이들을 어떻게 도왔습니까?

I was responsible for taking care of 3 children. All of them had various problems in their family. I met them once a month, and counseled them. I carefully listened to whatever they said, and gave advice if necessary. Also I taught math and English to them in their trial period.

제 임무는 3명의 아이들을 돌보는 것이었습니다. 3명 모두 가정 안에서 다양한 문제를 겪고 있었습니다. 저는 아이들을 한 달에 한 번씩 만나 상담을 해 주었습니다. 아이들이 하는 말은 무엇이든 귀 기울여 들어주고 필요하다면 조언도 해 줬습니다. 또한 시험 기간에는 아이들에게 수학과 영어를 가르치기도 했습니다.

그 외 가능한 꼬리질문

Have you ever felt difficulty as a leader?
리더로서 어려움을 겪은 일이 있습니까?

What did you learn from your club activity?
동아리 활동을 통해 무엇을 배웠습니까?

What did you learn from it?
그 과정을 통해 무엇을 배웠습니까?

What do you think of 'the social responsibility of adulthood'?
'성인으로서의 사회적 책임' 에 대해 어떻게 생각합니까?

이 질문의 답변이 꼭 '해피엔딩'으로 끝날 필요는 없습니다. 비록 힘들었던 일이 잘 해결되지 못했더라도 그 일을 통해 배운 점을 어필할 수 있으면 좋습니다. 즉 상식적으로 해결하기 힘든 사례를 말하면서 억지로 극복했다고 할 필요는 없다는 의미입니다.

예시답변 1

Yes, when I was a member of the volunteer club which visited to the orphanage regularly, the most difficult thing was to open children's mind. Many of them tended to think they were abandoned, so they hesitated to open their mind to us. As time went by, they were getting better and trust us, but few of them still tested us. Whenever I saw such a child, I felt sad and hard. It was the hardest thing.

네. 고아원을 정기적으로 방문하는 봉사 동아리 활동을 할 때, 가장 어려웠던 점은 아이들의 마음을 여는 것이었습니다. 상당수의 아이들은 자신들이 버려졌다고 생각하는 경향이 있어 마음을 여는 데 주저하는 모습을 보였습니다. 시간이 더 흐르자, 아이들은 나아졌고 저희를 신뢰하게 되었지만 여전히 몇몇은 우리를 시험하였습니다. 그런 아이를 볼 때마다 저는 슬펐고 힘들었습니다. 그것이 가장 힘들었습니다.

 **꼬리질문**

How did you try to open their mind?
어떤 방식으로 그들의 마음을 열고자 노력했습니까?

I thought the most important thing was to always keep my promises. I never skipped the visit for 4 years. As time went by, I felt they trust me and once, they trust me, they wanted to talk. I always carefully listened to what they said, and it made them open their mind.

가장 중요한 것은 언제나 약속을 지키는 것이라고 생각했습니다. 저는 4년간 한 번도 방문을 거른 적이 없었습니다. 시간이 흐르면서, 저는 아이들이 절 신뢰한다는 것을 느꼈고, 한번 신뢰하게 되자 아이들은 저와 이야기하고 싶어했습니다. 저는 아이들이 하는 얘기를 늘 귀 기울여 들어주었고, 그것이 아이들의 마음을 열게 했습니다.

Not a big problem but sometimes I had. As a vice-president, I felt a little bit hard to mediate between team members when there was in dispute. Sometimes we had an argument when we made an important decision. It was not that easy to mediate, because normally none of ideas was wrong. So I think that was quite difficult.

큰 문제는 아니었지만 가끔씩 있었습니다. 부회장으로서 회원들 간 분쟁이 있을 때 중재하는 것이 조금 힘들었습니다. 중요한 결정을 내릴 때, 때때로 논쟁이 있었습니다. 중재하기란 쉽지 않았는데, 보통은 어느 쪽도 틀린 의견이 아니었기 때문입니다. 그 점이 꽤 어려웠습니다.

So how did you mediate your team members?

그래서 팀원들을 어떻게 중재했습니까?

Normally, I let them take a break in private. So they were able to have time to calm down. After that, I asked them to give their individual opinions. When they did that, they usually became more logical and rational, so it was easier to be understood and to persuade their opponents. Making a decision was their part, so my way to mediate in dispute was just to make them calm.

보통 저는 혼자만의 시간을 갖게 합니다. 그러면 그들은 진정할 시간을 가질 수 있습니다. 그 후, 저는 그들에게 자신의 의견을 말하게 합니다. 그들이 의견을 말할 때는 대개 좀 더 논리적이고 이성적이 됩니다. 그러면 이해받고, 상대방을 설득하는 일이 보다 쉬워집니다. 결정을 내리는 것은 그들의 몫이기에 제가 분쟁을 중재하는 방법은 단지 그들을 진정시키는 것이었습니다.

그 외 가능한 꼬리질문

How did they test you? Please be more specific.

그들이 어떻게 당신을 시험했습니까? 구체적으로 말해 주십시오.

Do you still keep in touch with them?

그들과 아직도 연락을 하고 있습니까?

What is your leadership skill?

당신의 리더십 스킬은 무엇입니까?

Could you tell me about the example that you felt hard to mediate?

중재하기 힘들었던 경험에 대해 말해 주시겠습니까?

What did you learn from the club activity/ voluntary work?

동아리 활동/봉사 활동에서 무엇을 배웠습니까?

동아리 활동을 통해 배운 점으로 자신의 장점을 한 번 더 어필한다면 보다 일관적이고 신뢰감을 주는 답변이 될 것입니다.

예시답변 1

I was a member of the cheering squad at school. I loved the club because I was able to ease my stress and felt the spirit of comradeship. Also I learned how to make good teamwork and how to settle a conflict with team members. I think it should be useful to work as a flight attendant in ○○ air, because human relation skills are very important in this field.

저는 학교 응원단 일원이었습니다. 스트레스를 해소할 수 있었고 동료애도 느낄 수 있었기에 동아리 활동을 무척 좋아했습니다. 또한 저는 좋은 팀워크를 만드는 법과 동료들과의 갈등을 해결하는 법을 배웠습니다. 그것은 ○○항공에서 승무원으로 일하는 데 유용할 것이라고 생각합니다. 왜냐하면 이 분야에서 인간관계 기술은 매우 중요하기 때문입니다.

Why do you think human relation skills are important in this field?

이 분야에서 인간관계 기술이 중요한 이유는 무엇이라고 생각합니까?

Flight attendant work with people, and for people. So the relationship is very important, because when flight attendant has good relation skills, she can get along well with team members and it goes to strong teamwork. Also when the teamwork is great, the quality of the service should be enhanced.

승무원은 사람들과 일하고 사람들을 위해 일합니다. 그래서 인간관계는 매우 중요합니다. 왜냐하면 승무원이 뛰어난 인간관계 기술을 가지고 있을 때, 동료들과 잘 어울릴 수 있고 그것이 곧 강한 팀워크로 이어지기 때문입니다. 팀워크가 훌륭하면 서비스의 질은 향상되기 마련입니다.

I taught English to students who were from low income group as a volunteer work. I learned so many things from the experience. For example, I learned their positive mind. Even though they had financial problems, they always tried to smile and appreciated to get even small things from us. Sometimes I thought why I have to get less than others, but now I am satisfied with what I've got.

저는 저소득층 학생들에게 영어를 가르치는 봉사 활동을 했습니다. 그 경험을 통해 저는 많은 것을 배웠습니다. 예를 들면, 그들의 긍정적인 마음을 배웠습니다. 그들은 경제적인 문제가 있음에도 불구하고 언제나 웃으려 노력하고 아주 작은 것이라도 감사하게 받았습니다. 때때로 저는 왜 남들보다 내가 적게 가져야 하는가 생각하곤 했지만, 지금은 제가 가진 것에 만족하고 있습니다.

What is your way to be satisfied with your life?
자신의 인생에 만족하는 당신의 방법은 무엇입니까?

I always have the attitude toward learning. Even when I have a hard time, I think there must be something I can learn. After the difficulty, I find out I become more mature, then I am proud of myself not being just frustrated. Also whenever I meet people, I try to learn something from them. That is why I am satisfied with anyone and any situations. It is my secret to be satisfied with my life, and I can be a better person as time goes by.

저는 언제나 배우고자 하는 자세를 갖고 있습니다. 어려운 일이 생겨도 무언가 배울 것이 있다고 생각합니다. 어려움이 지나가면 제가 좀 더 성숙해졌다는 것을 발견하고 그러면 단지 좌절하고 있지 않았던 제 자신이 자랑스러워집니다. 또한 사람들과 만날 때면 언제나 그들로부터 무언가를 배우려고 합니다. 그렇기에 저는 누구와도 또 어떤 상황에도 만족할 수 있는 것입니다. 그것이 만족스러운 삶의 비밀이며, 시간이 흐를수록 더 좋은 사람이 될 수 있습니다.

그 외 가능한 꼬리질문

What is your teamwork skill? 당신의 팀워크 스킬은 무엇입니까?

How did you solve a problem when you had a conflict with your co-workers?
동료들과 갈등을 겪을 때 어떻게 해결했습니까?

Why do you think the positive mind is helpful in your life?
어째서 긍정적인 마음이 당신의 인생에 도움이 된다고 생각합니까?

Why did you think you got less than others?
자신이 다른 사람들보다 적게 가졌다고 생각한 이유는 무엇입니까?

Have you ever helped your team members, or been helped from your team members?

동료에게 도움을 주거나, 혹은 도움을 받은 적이 있습니까?

'인간관계'를 묻는 질문은 언제나 중요합니다. 지원자의 성격은 물론 대인관계, 서비스 능력까지 파악할 수 있기 때문입니다. 동료들과 도움을 주고받은 경험을 솔직하게 밝히되, 지나치게 과장하는 일은 피하도록 합니다.

예시답변 1

Yes. I was a member of the sports club. We worked in team, so we had many chances to help one another. When we decided to go to ski in the winter vacation, the girl who was charge of arranging accommodation was really busy with her part time job, because of the Christmas season. However I didn't have anything to hurry my work up, so I helped her to find accommodation and she was really appreciated.

네. 저는 스포츠 동아리 소속이었습니다. 저희는 팀으로 일했기 때문에 서로를 도울 기회가 많았습니다. 한 번은 겨울 방학에 스키를 타러 가기로 했는데, 숙소 결정을 책임진 친구가 크리스마스 시즌 아르바이트로 무척 바빴습니다. 하지만 비교적 한가했던 저는 그녀가 숙소 찾는 것을 도왔고 그녀는 정말 고마워했습니다.

Why did you help her?

동료를 도운 이유가 무엇입니까?

Because we were in the same team. I know she would help me if she can. As I said, there was nothing to hurry for me, and she was so busy to handle many things at the same time. So I wanted to share her job as a team member.

왜냐하면 저희는 한팀이었기 때문입니다. 할 수 있다면, 그녀 역시 저를 도우리라는 것을 압니다. 말씀 드렸듯, 저는 바쁘지 않았고, 그녀는 동시에 많은 일을 하느라 바빴습니다. 그래서 팀원으로 그녀의 일을 함께 나누길 원했습니다.

Yes, I remember one of cases I got helped. When I was a member of the voluntary club, we held an one-day pub to get the money donation. As a leader, I had to control the whole situation, and to take a charge of money we got at the same time. It was not that easy to carry all the money, because I had to move all the time. Besides, I was not good at calculating. However I couldn't ask for help, because everyone looked so busy. Fortunately, one of team members saw me struggling with the money, and she handled the money for me. She was of big help to me.

네, 도움받은 일이 하나 생각납니다. 봉사 동아리에서 기부금 마련을 위해 일일호프를 연 적이 있습니다. 대표로서 저는 모든 상황을 감독해야 했고, 동시에 수입을 관리해야 했습니다. 줄곧 움직여야 했던 저는 돈을 모두 가지고 다니기가 쉽지 않았습니다. 게다가 저는 계산을 잘하는 편도 아니었습니다. 하지만 모두들 바빠 보여 도움을 청할 수 없었습니다. 운 좋게도 동료 한 명이 돈을 가지고 씨름하는 저를 보더니 대신 돈을 관리하겠다고 했습니다. 그녀는 제게 큰 도움이 됐습니다.

What did you learn from it?
그것을 통해 무엇을 배웠습니까?

First of all, even if team members don't ask for help, I would help them if I think they need. I think that is teamwork. Also I learned I should prepare everything in advance. Then I can minimize a mistake at work, and work more effectively.

무엇보다 팀원들이 도움을 요청하지 않아도, 그들에게 도움이 필요하다는 생각이 들면 도울 것입니다. 그것이 팀워크라고 생각합니다. 또한 사전에 모든 일을 준비해야 한다는 것을 배웠습니다. 그러면 일에서 실수를 최소화할 수 있고, 일도 보다 효과적으로 할 수 있게 됩니다.

그 외 가능한 꼬리질문

What else?
그 밖에 또 있나요?

How did you help her?
그녀를 어떻게 도왔습니까?

What did you tell her?
그녀에게 무엇이라 말했습니까?

How did you feel when she helped you?
그녀가 당신을 도왔을 때, 기분이 어땠습니까?

Have you had any problems with your team members?

동료와 문제를 겪은 적이 있습니까?

'갈등'을 묻는 질문에는 '갈등' 자체보다 문제 해결 과정에서 자신이 어떤 태도로 어떤 역할을 했는지를 드러내는 게 중요합니다. 동료와 어떤 갈등도 빚은 적 없다는 비현실적인 답변보다는, 갈등을 겪는 과정에서 자신은 어떤 행동을 취했으며, 이는 후에 더욱 성숙해지는 계기가 되었다는 식의 전개가 바람직합니다.

예시답변 1 Yes, sometimes we had some arguments when I was a member of the voluntary club. For example, we were supposed to set up a sisterhood relationship with a child in the orphanage and to donate money regularly. However there was one of new members who frequently skipped to go to the orphanage, but he was willing to pay money. From the beginning, I understood him because his excuse seemed to be right, but when I realized it happened repeatedly, I decided to talk to him. At that moment, we had a problem.

네. 봉사 동아리에서 저희는 종종 언쟁을 하기도 했습니다. 저희는 고아원 아이 한 명과 자매결연을 맺고 일정 금액을 정기적으로 기부해야 했습니다. 하지만 신입 회원 한 명이 고아원 방문은 자주 빠지면서도 기부금만은 내고 싶어했습니다. 처음에는 그가 방문에 빠지는 이유가 합당하다 여겨 이해했지만, 상황이 거듭되자 그와 이야기하기로 했습니다. 그때 우리는 문제를 겪었습니다.

How did you handle the situation?

그 상황을 어떻게 해결했습니까?

Myself and rest of team members told him he had to visit to the orphanage at least once in two weeks as a member, otherwise he was not able to stay in the club. He said he had a hard time to get along with the child with a sisterhood relationship and it made him hesitated. I think it was a communication problem between members. He was new, so he might have needed someone's help. First of all, we asked him to try again to have a good relationship with the child, and we told him to inform us right away whatever happened. So we were able to help him.

저와 다른 회원들은 적어도 2주에 한 번은 고아원을 방문해야 하며, 그렇지 않으면 이 동아리에 있을 수 없다고 말했습니다. 그는 자매결연을 맺은 아이와 잘 지내기가 힘들어 망설인 거라고 했습니다. 저는 이 문제가 회원들 간 의사소통의 문제라고 생각합니다. 그는 막 들어왔기에 누군가의 도움이 필요했을 것입니다. 저희는 일단 그 아이와 좋은 관계를 맺기 위해 다시 노력해 줄 것을 부탁했고, 무슨 일이 생기든 바로 알려 달라고 했습니다. 그래서 우리는 그를 도울 수 있었습니다.

예시답변 2 Yes, I had. When I was a leader of the climbing club, we planned to climb Gwanak mountain, and divided preparations into members. However when we went to the mountain, some of members forgot to bring some items. At that time, I was bit upset even the items were not really necessary, so I spoke them badly, and they got hurt by my words. So we had a bit weird atmosphere.

네, 있었습니다. 제가 등산 동아리 회장을 맡고 있을 때, 한번은 관악산에 오를 계획으로 회원별로 준비물을 나누었습니다. 하지만 산에 가는 날, 회원 몇이 준비물을 잊고 온 것을 알았습니다. 그날 저는 그 준비물이 정말 필요했던 게 아니었음에도 불구하고 화가 나서 그들에게 심한 말을 했습니다. 그들은 제 말에 상처를 입었습니다. 그래서 저희들 사이에 다소 이상한 분위기가 만들어졌습니다.

How did you solve it?
그것을 어떻게 해결했습니까?

Actually, I didn't feel good that day because of the personal reason. So once I realized I made a mistake, I immediately apologized to them, and honestly told them I was upset because of something else. I felt so sorry and they felt better with my excuse. After climbing, we talked about it again, and they also apologized they forgot to bring items.

사실 개인적인 문제로 그날 전 기분이 좋지 않았습니다. 그래서 제 실수를 깨닫고 바로 사과하고는 다른 일 때문에 화가 났었다고 솔직하게 말했습니다. 저는 정말 미안해 했고, 그 회원들도 제 얘기에 기분을 풀었습니다. 등산을 마치고 이 문제로 다시 얘기를 나누었는데, 그들도 준비물을 챙기지 못한 데 대해 제게 사과를 했습니다.

그 외 가능한 꼬리질문

예시답변 1 What was the problem? 문제가 무엇이었습니까?

What was his excuse you understood?
당신이 이해한 그의 사유는 무엇이었습니까?

예시답변 2 What did you learn from it? 그 경험을 통해 무엇을 배웠습니까?

Do you often speak badly when you get upset?
당신은 화가 나면 종종 함부로 말하는 편입니까?

06 Have you traveled abroad?

해외에 나간 적이 있습니까?

단순히 해외 여행 유무를 묻는 질문이 아닙니다. 외국에서 어떤 경험을 했으며, 그런 다양한 경험을 통해 얼마나 성장했는지를 답변을 통해 드러내는 것이 중요합니다.

예시답변 1 Yes, I traveled to Japan for a month with my family 2 years back. It was a great experience to me because it was my first travel abroad. Before traveling, I thought Korea and Japan are quite similar in many ways. However I found out we have a lot of differences and it made me more excited about traveling.

네. 저는 2년 전 가족들과 한 달간 일본으로 여행을 갔습니다. 저의 첫 해외 여행이었기에 매우 기뻤습니다. 여행 전 저는 한국과 일본은 여러 가지로 꽤 비슷하다고 생각했는데, 많은 것이 다르다는 사실을 알게 되었습니다. 다름을 발견하는 것은 여행을 더욱 설레게 했습니다.

꼬리질문 **What differences did you find out?**

어떤 차이점을 알게 되었습니까?

For example, in Japan, the politeness is really important between friends, but the loyalty or affection is more important in Korea. Also Koreans speak louder than Japanese in public, but they love to help people in trouble, who they don't know well.

예를 들어, 일본에서는 친구 사이에 예의가 정말 중요하지만, 한국에서는 의리나 정이 더 중요합니다. 또 한국인들은 공공장소에서 일본인보다 더 크게 떠들지만 자신도 잘 모르는 사람이 곤란한 상황이면 기꺼이 돕는 것을 좋아합니다.

예시답변 2 Yes, I stayed in Australia for a year with working holiday visa. So I studied English and worked on the farm at the same time. It was one of my favorite times in my life, because even it was challenging, I learned many things and had lots of good memories more than I expected. I went there alone, but I got many friends from all over the world. That was really nice.

> 저는 워킹홀리데이 비자로 1년간 호주에 있었습니다. 그래서 영어도 공부하고 동시에 농장에서 일도 했습니다. 제 인생에서 가장 좋은 시간 중 하나였습니다. 왜냐하면 비록 힘들긴 했지만 많은 것을 배울 수 있었고 제가 기대했던 것 이상으로 좋은 추억도 많았기 때문입니다. 저는 혼자 그곳에 갔지만, 세계 각지에서 온 많은 친구들을 만났습니다. 정말 좋았습니다.

What did you learn from the experiences?
그 경험을 통해 무엇을 배웠습니까?

I was able to be more open-minded and independent. I met a wide range of people from everywhere, and it was really fun to be together. I became more understanding about differences. Secondly, it was my first time to live alone, so it made me more mature and independent.

저는 보다 열린 사고를 할 수 있게 되었고 독립적이 되었습니다. 저는 세계 각지에서 온 다양한 사람들을 만났고 함께 하는 것이 정말 즐거웠습니다. 저는 다름에 대해 좀 더 이해심을 갖게 되었습니다. 또 처음으로 혼자 살아 본 것이었기에 저는 보다 성숙해지고 독립적이 될 수 있었습니다.

그 외 가능한 꼬리질문

예시답변 1 Have you ever had any difficulties while traveling?
여행 중 어떤 어려움이 있었습니까?

Why did you think Korea and Japan have a lot in common?
왜 한국과 일본이 공통점이 많다고 생각했습니까?

예시답변 2 Tell me about one of good memories you had there.
그곳에서의 좋은 추억 하나를 말해 주십시오.

What was the most difficult thing to work on the farm?
농장에서 일할 때 가장 어려웠던 점은 무엇이었습니까?

Have you ever experienced culture shock or culture differences?

문화충격이나 차이를 경험한 적이 있습니까?

'문화 차이'가 아닌 교통체계가 다르다는 등의 '시스템의 차이'를 말하는 지원자가 많은데, 주의해야 합니다. '차이'에 대한 답변이 아닌 타문화에 대한 비난이나 비판, 부정적인 의견을 덧붙이지 않도록 하십시오.

예시답변 1

Yes, sometimes I felt differences between Korea and Canada. Korean and Canadian have a different way to spend weekends. Normally Korean live with their family, so they hang out with their friends, but Canadian over 20 they live apart from their parents, so they spend much time with family in weekends.

네. 가끔씩 저는 한국과 캐나다의 차이를 느꼈습니다. 한국인과 캐나다인은 주말을 보내는 방법이 다릅니다. 보통 한국인은 가족과 함께 살기 때문에 친구들과 많이 어울립니다. 하지만 20살이 넘은 캐나다인은 부모님과 떨어져 살기 때문에 주말에는 가족과 많은 시간을 보냅니다.

꼬리질문

How did you spend your weekends?

주말을 어떻게 보냈습니까?

Unfortunately, I felt a bit bored in weekends, because many shops were closed and not many people were in the street. However I tried to enjoy my life there. I studied English, or made an appointment with my friends. We cooked and watched a movie together at home. When the weather was fine, we took a walk in a park.

유감스럽지만 주말에는 많은 상점들이 문을 닫고 거리에 사람들도 많지 않아 조금 지루했습니다. 하지만 저는 그곳에서 인생을 즐기려고 노력했습니다. 영어 공부를 하거나 친구들과 약속을 잡았습니다. 우리는 함께 집에서 요리를 하고 영화를 봤습니다. 날씨가 좋으면 공원으로 산책을 나가기도 했습니다.

Yes, I have. I found out Englishmen were more relaxed when I was in UK. They walked slower, they worked slower. Normally, Koreans prefer their job done quickly, and walking faster. I think it is because Korea was developed in such a short time, so we were so used to finishing everything fast. So I was not used to their way to live at the beginning time in UK, but as time went by I knew the good points of slow life.

네, 있습니다. 영국에 있을 때, 저는 영국사람들은 좀 더 여유롭다는 사실을 알았습니다. 그들은 좀 더 천천히 걷고, 좀 더 천천히 일했습니다. 보통 한국인들은 일을 빨리 끝내고, 빨리 걷는 것을 선호합니다. 그것은 한국은 단기간에 발전한 나라이기에 모든 것을 빨리 끝내는 데 익숙해졌기 때문이라고 생각합니다. 그래서 처음에는 영국에서의 삶이 익숙하지 않았지만 시간이 흐를수록 느리게 사는 것의 장점을 보게 되었습니다.

Which one do you prefer? Korean way or UK way?

어떤 방식을 더 선호합니까? 한국의 방식, 혹은 영국의 방식?

I can't say which one is better, because both of them are good. However if I have to choose one, I would like to say Korean way is more suitable to me. I am very passionate and love a busy life, but I also think taking a break is important because we might miss a chance to be happier.

둘 다 좋기 때문에 어느 쪽이 더 낫다고 말하긴 힘듭니다. 하지만 하나를 선택해야 한다면, 한국의 방식이 제게 더 잘 맞는다고 말씀드리고 싶습니다. 저는 매우 열정적이고 바쁜 삶을 사랑합니다. 하지만 쉬어 가는 것 역시 중요하다고 생각합니다. 왜냐하면 더 행복해질 기회를 놓칠 수도 있기 때문입니다.

그 외 가능한 꼬리질문

Which one do you think is better?
어느 쪽이 더 낫다고 생각합니까?

What else?
그 밖에 또 있습니까?

Have you ever felt difficulty because of the difference?
차이점 때문에 어려움을 겪은 적이 있습니까?

Why do you think Englishmen are more relaxed?
어째서 영국사람들이 좀 더 여유가 있다고 생각합니까?

Tell me any good (or bad) memories in
_____________.

______에서 좋은 (혹은 나쁜) 기억에 대해 말해 주십시오.

해외 경험에는 다양한 일화가 있을 것입니다. 자주 나오는 질문이므로 기억나는 일화들을 정리해 보는 것이 좋습니다. 좋지 않은 기억을 말할 때에도 긍정적인 단어를 사용하도록 신경 씁시다.

예시답변 1

When I traveled in Bangkok, it was a new year holiday which is called 'Songkran'. They had big festivals everywhere in Bangkok. They had a water-fight, and mud-fight in the street. Even I was a stranger for them, I was able to participate. Also I got many friends there, so I didn't feel isolated at all even I traveled alone. It was a really good memory.

방콕에 갔을 때, 마침 '송크란' 이라는 새해 휴일이었습니다. 방콕 어디에서나 축제가 한창이었습니다. 사람들은 거리에서 물싸움이나 진흙싸움을 벌였습니다. 이방인인 저 역시 동참할 수 있었습니다. 또한 그곳에서 많은 친구들을 사귀었는데, 그래서인지 혼자 여행했음에도 전혀 소외감을 느끼지 않았습니다. 정말 좋은 추억입니다.

꼬리질문

How did you feel there?

기분이 어땠나요?

I felt very excited and great! That was one of my favorite memories in my life. My impression of Thailand is happy, enjoyable and sweet because of the memory. Local people were so nice and outgoing, and I really want to see them again.

매우 흥분되었고 즐거웠습니다! 제 인생에서 가장 좋은 기억 중 하나입니다. 그 기억으로 태국의 인상은 행복하고, 유쾌하고, 달콤합니다. 현지 사람들은 정말 친절하고 밝습니다. 저는 정말 그들을 다시 보고 싶습니다.

예시답변 2 Unfortunately, I got my camera stolen in subway when I traveled in Rome. It was my last day in Rome, so I took lots of pictures. So once I realized my camera was stolen, I was really sad. It was not only because I lost my camera, but also because I felt my good memories in Rome was gone. That was my bad memory in Rome.

유감스럽게도 로마를 여행할 때 지하철에서 카메라를 도둑맞았습니다. 그날은 로마에서의 마지막 날이었기에 사진을 많이 찍었습니다. 그래서 카메라를 도둑맞은 것을 알았을 때 무척 슬펐습니다. 단지 카메라가 없어졌다는 사실 때문만이 아니라 로마에서의 좋은 기억들도 함께 사라진 것 같았기 때문입니다. 그것이 로마에서의 좋지 않은 기억입니다.

꼬리질문

What did you do?
어떻게 했습니까?

I didn't have enough time to report it to the police, and I didn't know how to do it. I thought I was also responsible of it. I should have been more careful. So I tried not to think about it to enjoy my rest of days in Europe, and I was more careful of my belongings.

경찰에 신고할 시간도 충분하지 않았고, 어떻게 하는지도 몰랐습니다. 도난에는 저도 책임이 있다고 생각했습니다. 저는 좀 더 주의해야 했습니다. 그래서 유럽에서의 남은 여행을 즐기기 위해 개의치 않으려 했고, 소지품 관리에 더욱 주의를 기울였습니다.

그 외 가능한 꼬리질문

예시답변 1 What else did they do to celebrate 'New Year Day'?
새해를 축하하기 위해 그들은 그 밖에 어떤 일을 했습니까?

What else?
그 밖에 또 있나요?

예시답변 2 What did you learn from it?
그 경험을 통해 무엇을 배웠습니까?

Then, tell me about good memories in Rome.
그렇다면 로마에서의 좋은 추억에 대해 말해 주십시오.

비행을 시작한 지 한 달도 채 되지 않았을 때의 일이다. 남아프리카공화국 요하네스버그로 향하는 비행에서 음료 서비스를 하고 있었다. 한 백인 노부부가 레드와인을 달라기에 회사 규정대로 작은 사이즈의 병을 꺼내 뚜껑을 열었다. 그런데 할아버지가 뚜껑을 달라고 한다. 내가 죄송하지만 규정상 드릴 수 없다고 하니, 할아버지가 대꾸하길 "멍청한 아시아 여자애 같으니!"란다. 인종차별적인 말에 모욕감이 일었지만, 나는 화를 누르고 "내가 멍청해서가 아니라 회사의 규정이 그렇다."고 말했다. 그리고 할아버지 왈, "그래서 너도 멍청하고 이 회사도 멍청해!"

서비스의 '서' 자도 모르는 신참이었던 나는 이럴 땐 그저 참는 게 좋은 대응이지 싶어, 더 이상 대꾸하지 않고 갤리로 돌아왔다. 화가 나는 건 당연한 일. 어쩌겠나, 동료에게 토로하는 수밖에. 마침 지나가던 이집트인 부사무장이 내 얘기를 듣고 말았다. 부사무장은 그길로 내 손목을 잡아채고는, 도대체 어떤 승객이 그런 말을 했냐면서 기내로 나를 끌고 갔다. 입사한 지 한 달도 안 된 나 때문에 문제라도 생기면 어쩌나 싶어 덜컥 겁이 난 나는, 아무 일 아니라고 괜찮다고 저항했으나, 결국 부사무장의 서슬에 굴복하고 그 노부부 앞에 서게 되었다. 부사무장의 얼굴엔 미소가 걸려 있었지만 눈빛은 단호했다. 그녀가 노부부에게 물었다. 우리 항공사 서비스가 맘에 드는가, 불편한 것은 없는가? 심상치 않은 기운을 감지한 할아버지는 지레 겁을 먹고 아까와는 전혀 다른 태도로 대답했다. 아니다, 모든 게 마음에 든다, 내가 저 승무원에게 실수를 했다, 미안하다,

미안, 미안하다고? 부사무장이 뚜껑을 줄 수 없는 건 이런저런 이유에 따른 회사 방침이라고 설명하자, 수세에 몰린 할아버지는 쩔쩔매며 "아까 들었다, 미안하다."만을 반복할 뿐이었다. 나를 데리고 갤리로 돌아온 부사무장이 말했다. "유미, 네 자신을 지키는 건 언제나 너란 걸 명심해. 누구도 그 어떤 이유에서든 널 함부로 대할 수 없어. 승무원이란 이유로 불합리한 일을 참아선 안 돼. 앞으로 이런 일이 생기면 단호하게 대처했으면 좋겠구나."

승무원 생활 내내 의지가 된 말. 불합리한 상황에 놓이거나 부당한 대우라는 생각이 들 때면, 나는 언제나 부사무장을 떠올리며 단호하게 말했다. 상대가 승객이든 동료든 가리지 않고. (물론 상황에 따라 가끔은 비굴한 미소를 짓기도 했지만.)

레즈비언이란 소문이 늘 따라다니던 부사무장. 내 뺨을 만지며 귀엽다는 둥, '애인'인 여자친구가 있냐는 둥, 결국 내게 흑심이 있었던 건가 싶은 찜찜함은 남았지만, 비행 생활 통틀어 멋진 상사 '베스트 3'에 드는 선배임에는 틀림없다. 지금은 어디서 뭘 하고 있으려나.

 # Tell me about your working experiences.

직장 생활 경험에 대해 말해 보십시오.

모든 외국 항공사 입사 면접에서, 특히 최종 면접을 앞둔 지원자가 가장 신경 써서 준비해야 할 항목입니다. 다양한 직장 경력이 있는 지원자에게는 가장 최근 경력, 서비스 업종 경력, 근무 연수가 긴 경력에 대한 질문 비중이 높아질 것이므로 이를 중심으로 답변을 준비하면 됩니다.

예시답변 1

I worked at one of American companies in Korea for 2 years as an English interpreter. I fully enjoyed my job. I had great team members, we helped and motivated each other. Also I had many chances to meet foreign buyers, so it helped me a lot to understand their thoughts and cultures. When I resigned the company, I found out myself being more open-minded and suitable to work as a team.

저는 2년간 영어 통역사로 미국계 회사에서 일했습니다. 저는 제 일을 정말로 즐겼습니다. 훌륭한 동료들이 있었고 우리는 서로 돕고 사기를 북돋아 주었습니다. 또한 외국 바이어들을 만날 기회가 많아 그들의 생각과 문화를 이해하는 데에도 많은 도움이 되었습니다. 회사를 떠나던 무렵, 저는 보다 열린 자세를 갖추게 되었으며, 팀으로 일하는 것이 적성에 잘 맞는다는 것을 알게 되었습니다.

 **How would you apply your working experiences to ○○ air?**

당신의 경력을 ○○항공에서 어떤식으로 활용하겠습니까?

First of all, I can mix well with team members who have diverse cultures and backgrounds. I believe it would go to the great teamwork. Also, I don't see people with prejudice, and I acquired an international mindset. So I can understand the differences easily, and it would help me to offer more professional service to passengers in ○○ air.

무엇보다 저는 다양한 문화와 배경을 가진 동료들과 잘 어울릴 수 있습니다. 저는 그것이 훌륭한 팀워크를 갖는 데 도움이 될 것이라고 믿습니다. 또한 저는 편견을 가지고 사람들을 보지 않으며, 국제적인 감각을 익혔습니다. 그래서 차이점들을 쉽게 이해할 수 있고, 그것은 ○○항공의 승객들에게 좀 더 전문적인 서비스를 제공하는 데 도움이 될 것입니다.

I worked for the banquet hall in ○○ hotel as a part time job. It was a demanding, but very attractive job to me. Through working there, I was able to have my own service mind, and to learn how to satisfy customers' needs. I got lots of good feedback from customers as well as my seniors. I love working in service sector.

저는 ○○호텔 연회장에서 아르바이트를 했습니다. 힘들었지만 매우 매력적인 일이었습니다. 그곳에서 일하면서, 저만의 서비스 마인드를 갖게 되었고 고객들의 요구를 충족시키는 법을 배웠습니다. 저는 고객들은 물론이고 선배들에게도 좋은 피드백을 많이 받았습니다. 저는 서비스 분야에서 일하는 것을 사랑합니다.

What is your own service mind?

당신만의 서비스 마인드는 무엇입니까?

My own service mind is to make customers feel specially treated. I want customers to remember my service for a long time. So I try not only to satisfy customers but also to touch them with my service. I keep smiling on my face, checking customers' gestures, facial expressions and their reacts from my service.

저만의 서비스 마인드는 고객들이 특별히 대접받고 있다고 느끼게 하는 것입니다. 저는 고객들이 제 서비스를 오랜 시간 동안 기억하기를 원합니다. 그래서 저는 제 서비스로 단지 고객들을 만족시키는 것뿐만 아니라 그들을 감동시키기 위해 노력합니다. 언제나 미소를 잃지 않고, 고객들의 몸짓과 표정, 그리고 제 서비스에 대한 반응을 계속해서 살핍니다.

그 외 가능한 꼬리질문

예시답변 1

Why did you quit the company?
어째서 회사를 그만두었습니까?

What is your teamwork skill?
당신의 팀워크 스킬은 무엇입니까?

예시답변 2

How did you meet customers' needs?
고객들의 요구를 어떻게 만족시켰습니까?

Tell me about the good feedback you got.
당신이 받은 좋은 피드백에 대해 말해 주십시오.

What was your responsibility?

당신이 맡은 일은 무엇이었습니까?

구체적인 사실 열거는 피하고, 자신이 맡았던 일을 간략히 설명한 다음, 임무를 성공적으로 완수했다는 점과 일을 통해 배운 점 등을 설명합니다.

예시답변 1

I worked in a call center taking customer care calls for cell phones. Specially, I was responsible to resolve customers' complaints. It was not easy to handle with customers, but I felt great whenever I met customers' needs and satisfied them with my service. Above all, it was a really great experience to learn about service skills and service mindset. Now, I can say I'm quite confident of handling customers' complaints.

저는 휴대폰의 고객관리 전화를 받는 콜센터에서 일했습니다. 특히 저는 고객들의 불만을 해결하는 일을 담당했습니다. 고객을 상대하는 일이 쉬운 것은 아니었지만 제가 고객의 요구를 들어주고 제 서비스에 고객들이 만족해 할 때마다 저 또한 기뻤습니다. 무엇보다 서비스 스킬과 마인드에 대해 배울 수 있었던 것은 정말 귀중한 경험이었습니다. 지금 저는 고객들의 불만을 해결하는 데 꽤 자신이 있다고 말씀드릴 수 있습니다.

꼬리질문

How did you handle customers' complaints?

고객들의 불만을 어떻게 해결했습니까?

First of all, I just listened carefully, because normally they lost their tempers. I just waited until they became cool. After that, I apologized to them and expressed sympathy enough. Then they became softer, and I was able to handle their complaints.

먼저 저는 주의 깊게 잘 들어주는데, 보통 고객들은 화가 나 있는 상태이기 때문입니다. 그래서 그들이 진정할 때까지 기다립니다. 그런 다음, 사과를 하고 충분히 공감을 해 줍니다. 그러면 고객들은 좀 더 부드러워지고 저는 그들의 불만을 처리할 수 있었습니다.

I have been teaching English at the English institute for 1 year and a half. My duty is to teach English to high schoolers, and I also take charge of educational guidance for them. I have a really busy life, but it is worthwhile. My heart is filled with pride when students appreciate my advice. I still keep in touch with some students who already graduated from high school.

> 저는 1년 반 동안 영어학원에서 영어를 가르치고 있습니다. 제 업무는 고등학생들에게 영어를 가르치고, 진학 상담을 해 주는 것입니다. 그곳에서 정말 바쁘게 지내고 있지만 보람 있는 일입니다. 학생들이 제 조언에 감사해 할 때면 정말 뿌듯합니다. 고등학교를 졸업한 학생들과 여전히 연락을 주고받고 있습니다.

You seem to really enjoy your job there, then why do you want to be cabin crew?

그곳에서 일하는 것이 정말 즐거운 듯한데, 왜 승무원이 되고 싶습니까?

Because, I really want to make the best use of my language ability and strength to work in an international setting. I love to get along well with various people at work. Also I want to broaden a view of the world through working. That is why I want to be cabin crew.

왜냐하면 저는 저의 언어 능력과 장점을 국제적인 환경에서 최대화시키고 싶기 때문입니다. 저는 일할 때 다양한 사람들과 어울리는 것을 좋아합니다. 또한 일을 하면서 세계관을 넓히고 싶습니다. 그렇기에 승무원이 되고 싶은 것입니다.

그 외 가능한 꼬리질문

What is your own service skill?
당신만의 서비스 스킬은 무엇입니까?

What is the best service you offered?
당신이 제공한 최고의 서비스는 무엇입니까?

Could you tell me about the advice that you gave students?
학생들에게 한 조언에 대해 말해 주시겠습니까?

What was the most difficult thing to work there?
그곳에서 일할 때 가장 어려웠던 점은 무엇입니까?

> 어려움 자체보다 그 해결 과정에 치중한 답변을 하는 지원자들이 간혹 있습니다. 이 질문의 핵심은 어떤 부분에서 어려움을 느꼈느냐입니다. 극복한 점과 그로 인해 배운 점은 간략히 언급하고 이후 꼬리질문을 받을 때 자세히 답변하는 것이 좋습니다.

예시답변 1

I worked at ○○ company as a receptionist. I didn't have many difficulties, but sometimes I did. When the company had a seasonal event, there were a lot of visitors coming, and I was only one receptionist there. So when there were many visitors coming at the same time, I had a bit hard time to handle them according to the service consistency. Sometimes I had to minimize the service, so time management for the seasonal event was bit difficult to me.

저는 ○○회사의 리셉션니스트로 일했습니다. 많은 어려움은 없었지만 가끔은 있었습니다. 회사가 계절 행사를 할 때, 많은 방문객을 상대하는 유일한 리셉션니스트가 저였습니다. 때문에 동시에 많은 방문객이 몰리면 시간이 부족해져 일관된 서비스를 제공하기가 힘들었습니다. 종종 일정을 최소화해야 했기에 계절 행사 때의 시간 관리 문제가 다소 힘들었습니다.

How did you manage the situation?

그 상황을 어떻게 정리했습니까?

First of all, I tried to more focus on my job not to make any mistakes. Even though I had to minimize the service procedure, I tried to make them satisfied with my service and attitude. I always tried to keep smiling and to watch out my words not to make them feel they were not important, or sometimes, I was just patient and endured the situation to the end.

일단 저는 실수를 하지 않기 위해 제 일에 좀 더 집중하려 했습니다. 서비스를 최소화하더라도 저의 서비스와 태도로 방문객들이 만족할 수 있도록 애썼습니다. 저는 항상 미소 지으며 방문객들이 중요한 존재가 아니라는 느낌을 갖지 않도록 단어 사용에도 주의했습니다. 때로는 그저 인내심을 가지고 끝까지 견뎌냈습니다.

I fully enjoyed my job in ○○ hotel, but once I had a conflict with one of my co-workers. When we served the meal, we were supposed to synchronize all our service process. So when there were many customers, we were so busy to work, and needed to work faster. One day, I saw my co-worker to work very slowly, so I told her to work a bit faster, and it made her offended. She thought I criticized her in public, and we had a small argument. It was quite difficult to me.

저는 ○○호텔에서의 일을 정말 즐겼지만 한번은 동료 한 명과 갈등이 있었습니다. 우리는 음식을 서빙할 때 모든 서비스가 동시에 이루어지도록 해야 합니다. 그래서 손님이 많을 때는 정말 바쁘고, 더 빨리 일을 해야 했습니다. 하루는 제 동료가 너무 느리게 일하는 것을 봤고, 그래서 조금 빠르게 일을 해달라고 말했는데, 이것이 그녀를 불쾌하게 만들었습니다. 그녀는 제가 공개적으로 그녀를 비난했다고 생각했습니다. 그래서 작은 말싸움을 하게 됐고, 그것이 제게는 꽤 어려움을 느낀 일이었습니다.

How did you solve the problem?

그 문제를 어떻게 해결했습니까?

Unfortunately, I couldn't resolve the problem right after because we were too busy. After finishing work, I asked her to talk, and made an apology first, because anyway, I hurt her. I explained I didn't mean to criticize her at all, maybe I became a bit stressful, so I just said so. She apologized for being rude, because she was also very stressful. After some awkward time, we were getting closer.

유감스럽게도 너무 바빴기에 그 문제를 바로 해결할 순 없었습니다. 일이 끝나고, 저는 그녀에게 이야기할 것을 요청했고 먼저 사과를 했습니다. 왜냐하면 어쨌든 그녀에게 상처를 줬으니까요. 그리고 그녀를 비난할 의도는 전혀 없었고, 아마 스트레스를 받고 있어서 그렇게 말한 것 같다고 설명했습니다. 그녀 역시 매우 스트레스를 받고 있었기에 무례하게 군 것을 사과했습니다. 한동안 어색한 시간이 흘렀고, 우리는 조금씩 가까워졌습니다.

그 외 가능한 꼬리질문

예시답변 1

Why didn't you ask for help to your co-workers?
왜 동료들에게 도움을 요청하지 않았습니까?

Did you inform your senior when you cut the service procedure?
서비스 절차를 줄였을 때 상사에게 보고했습니까?

예시답변 2

Do you often have a conflict with your co-worker? 동료와 자주 갈등을 겪습니까?

Whose fault do you think it was? 누구의 잘못이라고 생각합니까?

 **Why did you resign from the company?**

회사를 그만둔 이유는 무엇입니까?

승무원이 되기 위해 사직했다는 답변은 적절하지 않습니다. 자신의 발전을 위한 선택이었음을 강조하는 가운데, 그 발전이 승무원이 되는 것이라고 설명하는 쪽이 바람직합니다.

예시답변 1

Even I fully enjoyed my job and learned many things from the experience, there had been something I felt missing. I worked as a piano teacher for few years, and it met my aptitude. However I wanted to have a chance to meet more people who have different backgrounds and to speak English. So I resigned the company to improve myself.

충분히 즐거운 일이었고 그 경험을 통해 많은 것을 배웠지만 아쉬운 점이 있었습니다. 저는 피아노 선생님으로 몇 년간 일을 했고 제 적성에도 잘 맞았습니다. 하지만 저는 저와 다른 배경을 가진 사람들을 만나고 영어를 사용할 수 있는 기회를 더 많이 갖고 싶었습니다. 그래서 자기계발 차원에서 사직을 결심했습니다.

What did you do after you resigned?

사직 후 한 일은 무엇입니까?

Right after I resigned, I took a break to refresh myself. I went to travel, and read some books. Also I started learning Chinese, and tried to find which job is the best for me. It was an opportunity to think back on the past.

사직 직후 저는 기분 전환을 위해 쉬었습니다. 여행을 떠났고, 책을 읽었습니다. 또 중국어를 배우기 시작했고 어떤 직업이 저에게 최선일지 찾으려 노력했습니다. 그것은 저의 과거를 돌아볼 수 있는 계기가 되었습니다.

예시답변 2 I worked as a fashion designer for 1 year and a half. It was not a long period to be an expert of it, but I learned many things and I fully enjoyed it. The reason I resigned the company was I thought it could be my turning point. I wanted to take up my English skills, and to work in a multi-national working environment. After resigning, I went to US to study English for a year, and I found out what I really wanted to do. That is why I am here to have an interview with you today.

저는 1년 반 동안 패션 디자이너로 일했습니다. 그 분야의 전문가가 되기에 긴 시간은 아니었지만 많은 것을 배울 수 있었고 그 일을 정말 즐겼습니다. 제가 회사를 그만둔 이유는 그것이 제 인생의 터닝 포인트가 될 수 있다고 생각했기 때문이었습니다. 저는 영어 실력도 쌓고 다국적 환경에서 일을 하고 싶었습니다. 사직 후, 저는 미국에서 1년간 영어를 공부했고 제가 정말 원하는 일을 찾았습니다. 그렇기에 저는 오늘 이 자리에서 면접관님과 마주하고 있는 것입니다.

How was your life in US?
미국에서 보낸 시간은 어땠습니까?

That was terrific! I was able to meet a wide range of people, and to have good memories with them. I learned many things from the experience. I became more independent and stronger. Also I learned how to accept differences between people.

아주 멋진 시간이었습니다! 저는 다양한 사람들을 만났고 그들과 좋은 추억을 쌓았습니다. 그 경험을 통해 많은 것들을 배울 수 있었고 보다 독립적이고 강해졌습니다. 또한 사람들 간의 차이점을 수용하는 법도 배웠습니다.

그 외 가능한 꼬리질문

예시답변 1 How did you study English?
어떻게 영어를 공부했습니까?

How did you improve yourself after the resignation?
사직 후 어떻게 자기계발을 했습니까?

예시답변 2 What did you learn as a fashion designer?
패션 디자이너로서 무엇을 배웠습니까?

What do you really want to do?
무엇을 하길 원합니까?

05 What did you do after you resigned?

사직 후 무엇을 했습니까?

사직 후 자신이 한 일을 솔직히 말하면 되지만, 단순히 승무원 입사 준비로만 시간을 보냈다는 답변은 가급적 피하도록 합니다.

예시답변 1 I had worked for 5 years without a break. When I resigned the company, I really wanted to have a break. So I traveled in Europe for a month to relax myself. After I came back to Korea, I learned French for few months, and also tried to find out what I really wanted to do. That was what I have done for 6 months after I resigned.

저는 한 번의 휴식 없이 5년간 일했습니다. 회사를 떠날 때, 저는 정말 휴식을 원했습니다. 그래서 유럽으로 한 달간 여행을 떠났습니다. 한국에 돌아온 후, 저는 프랑스어를 몇 달간 배우며 제가 정말로 원하는 일을 찾고자 노력했습니다. 그것이 제가 회사를 사직하고 6개월간 한 일입니다.

So, did you find out what you really wanted to do?

그래서 정말로 하고 싶은 일을 찾았습니까?

Sure, that is why I am here today. I think I am a perfect match for cabin crew. I speak fluent English, and worked in service sector for a long time. Also, I love to work with diverse people. Lastly, I just love this job. What I really want to do is to work as a flight attendant.

물론입니다. 그렇기에 제가 오늘 이 자리에 있는 것입니다. 저는 승무원이라는 직업에 완벽하게 맞는다고 생각합니다. 유창한 영어를 구사하고, 서비스 분야에서 오랫동안 일했습니다. 또한 다양한 사람들과 일하는 것을 좋아합니다. 마지막으로 저는 이 직업을 그 자체로 사랑합니다. 제가 정말 원하는 일은 승무원으로 일하는 것입니다.

예시답변 2 I took a break for a while, and I was looking for a job which was suitable for me. I have wanted to work in a multi-national environment and looked for a job which can make me more challenging and motivated. While looking for a job, I also learned yoga and English.

한동안은 쉬었고, 그 뒤로 저에게 딱 맞는 직업을 찾았습니다. 저는 다국적 환경에서, 보다 도전적이 될 수 있고 동기를 부여 받을 수 있는 직업을 원했습니다. 직업을 찾으며, 요가와 영어 역시 배웠습니다.

꼬리질문

Why do you want to work in a multi-national environment?
다국적 환경에서 일하길 원하는 이유는 무엇입니까?

Because I feel happier and can learn more in a multi-national environment. I am sure I will contribute to my job, but I also want to learn something from my job. I believe I am able to be more open-minded in that situation, and I would have diverse experience there.

왜냐하면 다국적 환경에서 더욱 행복감을 느끼고 더 많이 배울 수 있을 것이기 때문입니다. 저는 제 직업에 기여할 것이지만, 저 역시 직업에서 무언가를 배우고 싶습니다. 저는 그런 환경에서 제가 보다 열린 사고방식을 갖게 되고 다양한 경험을 할 수 있으리라 생각합니다.

그 외 가능한 꼬리질문

예시답변 1 How was your trip to Europe?
유럽 여행은 어땠습니까?

Do you have any special reason that you learned French?
프랑스어를 배운 특별한 이유라도 있습니까?

예시답변 2 Do you believe this job can make you more challenging?
이 직업이 당신을 보다 도전적으로 만들어 줄 것이라고 믿습니까?

What do you think of your English?
당신의 영어 실력에 대해 어떻게 생각합니까?

Do you think your working experiences would be helpful in this field?

당신의 직장 경험이 이 분야에 도움이 될 것이라고 생각합니까?

이 질문의 핵심은 'how' 입니다. 전 직장에서 배운 점만을 강조할 것이 아니라, 승무원으로 일하면서 그 배운 점을 어떻게(how) 활용할 것인지 밝히는 것이 좋습니다.

예시답변 1

Yes, I learned more about service skills from my working experiences in service sector. I believe what I learned would be helpful to work as a flight attendant. I would utilize my service skills, which means, I would anticipate what customers want and have a comfortable atmosphere at work. I believe it should go to the passengers' satisfaction.

네, 저는 서비스 분야에서 일했던 경험에서 서비스 스킬에 대해 배울 수 있었습니다. 제가 배운 것이 승무원으로 일하는 데 도움이 될 것이라고 믿습니다. 저는 저의 서비스 스킬을 활용할 것입니다. 즉 고객이 원하는 것을 예측하고 일할 때 편안한 분위기를 만들 것입니다. 저는 그것이 곧 승객들의 만족으로 이어질 것이라고 믿습니다.

How do you anticipate what customers' want?

고객이 원하는 바를 어떻게 예상합니까?

First of all, I try to keep an eye on the customers, so I can easily notice what they need. Also I always try to think one step ahead. Then I can prepare the necessary things in advance. When I worked in service sector, it was quite useful to anticipate what customers want quickly.

무엇보다 저는 고객들을 계속해서 지켜봅니다. 그래서 그들이 필요한 것을 쉽게 알아차릴 수 있습니다. 또한 저는 언제나 한 단계 앞서 생각하려 노력합니다. 그러면 필요한 것들을 미리 준비할 수 있습니다. 제가 서비스 분야에서 일할 때, 이것은 고객들이 원하는 것을 빨리 예측하는 꽤 유용한 방법이었습니다.

Of course, I learned how to have great teamwork and why teamwork is so important at work from my working experiences. A flight attendant requires teamwork skills, because flight attendant would be faced with many situations that would require her to communicate and work in team. So I believe my teamwork skills would be very useful to work effectively on board.

물론입니다. 저는 전 직장에서 훌륭한 팀워크를 만드는 법과 왜 팀워크가 일하는 데 중요한지를 배웠습니다. 승무원은 팀워크 스킬을 필요로 합니다. 왜냐하면 승무원은 팀으로 소통하고 일하는 것이 요구되는 상황에 많이 직면하기 때문입니다. 그래서 저는 저의 팀워크 스킬이 기내에서 능률적으로 일하는 데 유용할 것이라고 믿습니다.

Why do you think teamwork is so important at work?

어째서 일할 때 팀워크가 중요하다고 생각합니까?

Because it is a much more effective way to work. We can save time and work faster in good teamwork. Also, when we think we become one, customers also feel service consistency. So I think good teamwork can make a high quality of service. That is why I think teamwork is so important.

왜냐하면 그것은 훨씬 더 효과적인 업무 방식이기 때문입니다. 우리는 훌륭한 팀워크 안에서 시간을 절약하고 더 빨리 일할 수 있습니다. 또한 우리가 하나가 되었다고 생각할 때, 고객들 역시 서비스의 일관성을 느낄 수 있습니다. 그래서 저는 훌륭한 팀워크는 높은 수준의 서비스를 만든다고 생각합니다. 때문에 팀워크는 매우 중요하다고 생각합니다.

그 외 가능한 꼬리질문

How do you have a comfortable atmosphere at work?

일할 때 어떻게 편안한 분위기를 조성합니까?

Have you ever satisfied your customers with your service skills?

당신의 서비스 스킬로 고객을 만족시켰던 적이 있습니까?

What is your teamwork skill?

당신의 팀워크 스킬은 무엇입니까?

What would you do if the teamwork was the worst at work?

직장에서 팀워크가 최악이라면 어떻게 하겠습니까?

Tell me about any feedback you've got from your senior.

상사에게 받았던 피드백에 대해 말해 주십시오.

직장 생활을 하면서 지원자가 들었던 칭찬이나 질책받은 사례를 묻는 질문입니다. 긍정적인 피드백은 당연히 언급해야 하며, 부정적인 피드백 역시 잘못을 돌아보고 개선할 여지를 준다는 점에서 중요하므로, 부정적인 피드백을 말할 때는 반드시 이후 발전한 부분을 짚어 주도록 합니다.

예시답변 1

When I worked in the restaurant, I got many thank-you letters from customers. At that moment, my senior gave me good feedback. He said whenever he saw me working, I always tried to smile even I felt tired, and it made customers comfortable. Also it made co-workers motivated. So, I was able to be quick in promotion as senior staff.

레스토랑에서 일할 때, 저는 고객들로부터 많은 감사 편지를 받았습니다. 그때 칭찬해 준 선배가 있었습니다. 선배는 제가 일하는 것을 볼 때마다, 설사 피곤하더라도 늘 웃으려 애썼고 그것이 손님들을 편안하게 해 준다고 했습니다. 동시에 이는 동료들에게 자극이 되었습니다. 덕분에 저는 시니어 스탭으로 빨리 승진할 수 있었습니다.

꼬리질문

What is your service skill?

당신의 서비스 스킬은 무엇입니까?

My service skill is to treat customers as my boyfriend. I want to have the best smile, and to show the best kindness to my boyfriend. So when I treat customers as my boyfriend, they should feel my heartfelt reception.

제 서비스 스킬은 고객들을 연인 대하듯 하는 것입니다. 저는 남자친구에게 최고의 미소와 친절을 보여 주고 싶습니다. 따라서 제가 남자친구 대하듯 고객을 대하면, 고객은 제 진심어린 접대를 느낄 수 있을 것입니다.

Normally, I try to be responsible of my job, but I've got bad feedback once. When I worked in the restaurant, I got bad feedback from my senior regarding my carelessness. One day, I neglected to clean up the restaurant before I started to work. At that time, I thought it could be OK to skip for one day. However I got few complaints from customers, and my senior was not happy with me. He said cleaning is also a part of service, so I should have taken care of it all the time. It was a good lesson to learn more about service. After that, I always try not to make a same mistake.

대개 저는 제 일에 책임을 다하려 하지만, 한 번 좋지 않은 피드백을 받은 적이 있습니다. 레스토랑에서 일할 때, 상사에게 저의 부주의에 대한 피드백을 받았습니다. 하루는 일을 시작하기 전에 청소하는 것을 게을리했습니다. 당시 저는 하루 정도는 넘어가도 괜찮을 것이라고 생각했습니다. 하지만 몇몇 고객들로부터 불만을 들었고, 상사도 저로 인해 기분이 좋지 않았습니다. 그는 청소 역시 서비스의 일부분이므로 언제나 신경 써야 한다고 했습니다. 그것은 서비스에 대해 좀 더 배울 수 있었던 좋은 경험이었습니다. 이후 저는 같은 실수를 하지 않기 위해 항상 노력합니다.

Why did you skip to clean the restaurant?
어째서 레스토랑 청소를 생략했습니까?

The restaurant was always clean, so I thought one day should be OK to skip to clean. Also I was quite tired that day, so I became lazy. I know I was wrong. After that, I've always tried to work more effectively and happily.

레스토랑은 언제나 깨끗해서 하루 정도는 청소를 안 해도 괜찮을 것이라고 생각했습니다. 그날 제가 피곤한 탓에 게을러진 것도 이유입니다. 제가 잘못했다는 것을 알고 있습니다. 그 후 저는 언제나 보다 효율적이고 행복하게 일하려고 노력하고 있습니다.

그 외 가능한 꼬리질문

Could you tell me one of stories you've offered the best service to customers who gave you a thank-you letter?
당신에게 감사 편지를 보낸 고객들에게 제공한 최상의 서비스에 대해 말해 줄 수 있습니까?

What else? 그 밖에 또 있나요?

How did you handle the customers who complained?
불만을 가진 고객 문제를 어떻게 해결했습니까?

What is service for you? 당신에게 서비스란 무엇입니까?

에피소드 6 위급했던 순간

내 비행 이력에도 절체절명의 순간은 있었다.

비즈니스 클래스로 승진하고 얼마 지나지 않았을 때였다. 사건은 런던 행 비행에서 터졌다. 기내식 서비스가 끝나고 다들 갤리에서 쉬고 있을 때 이코노미 클래스에서 급한 전화가 왔다. 이코노미 갤리가 뜨거워진다며 비즈니스 클래스 부사무장을 찾는다. 잠시 후 비즈니스 부사무장이 올라와 잘 해결됐다며 쉬라고 했다. 그럼 그렇지 하며 다들 휴식에 들어가려는 찰나, 어째 좀 이상했다. 비즈니스 클래스 갤리도 조금씩 뜨거워지는 게 아닌가. 눈에 보이는 불이라면 차라리 소화기로 얼른 꺼버릴 텐데, 이건 눈에 보이지도 않은 열이 오븐 쪽으로, 천장으로 몰리며 뜨거워지기만 할 뿐이니……. 바로 그 때, 퍼스트 클래스에서 전화가 왔다. 퍼스트 클래스 갤리가 자꾸 뜨거워지는 게, 아무래도 기체 안에 불이 나 그 불이 옮겨 다니는 것 같다고…….

막상 이런 상황이 닥치니 오히려 차분해졌다. '어차피 최악은 죽는 것뿐이야' 이런 마음까지 들면서 의외로 차분하게 일을 처리해 나갔다. 갤리별로 승무원들은 신속하게 업무를 분담했다. 나는 커튼을 치고 갤리 안에서 소화기를 든 채 언제든 불을 끌 수 있도록 1분 대기조로 서 있었다. 그사이 사무장은 조종사와 함께 관제탑과 두바이로 끊임없이 연락을 취했다.

결국 우리는 1시간 만에 무사히 런던에 비상 착륙할 수 있었다. 활주로에 닿기 무섭게 풍채 좋은 런던 소방관들이 우르르 기내로 투입되었다. 기내 화재는 90초 안에 진화하지 못하면 폭발을 피할 수 없기 때문이다. 긴장과 피곤에 지친 우리는 호텔에 도착하자마자 너나 할 것 없이 곯아떨어졌다.

시간은 흘러 다음 달 한국 휴가 도중 갑자기 회사로 오라는 연락을 받았다. 영문도 모른 채 두바이로 날아가니 그때 일을 잘 처리해 줘 고맙다며 그날 비행한 모든 승무원들에게 회사가 저녁을 대접한다. 한국에서의 휴가 며칠과 맞바꾼 금쪽같은 저녁 한 끼……. 직원들을 지나치게 챙기는 우리 회사는 가끔 날 힘들게도 했다.

승무원의 임무와 자질 말하기

What would you see the most important qualification working as a flight attendant?

승무원으로 일하는 데 있어 가장 중요한 자질은 무엇이라고 생각합니까?

승무원에게는 건강, 영어, 서비스 마인드 등이 요구됩니다. 그중 본인이 생각하기에 가장 중요한 자질을 들되, 자신에게 없는 자질은 언급하지 않도록 합니다. 면접관이 꼬리질문을 통해 지원자가 언급한 자질을 갖추었는지 여부를 확인하려 들 수 있기 때문입니다.

예시답변 1

I think the most important qualification as a flight attendant is to have service mind. Flight attendant should be ready to take care of passengers under any situations. Even if flight attendant gets tired or stressed out, they should be professional, and try to satisfy passengers with their service. I have many working experiences in service field, so I am very service-oriented. I am confident to handle many situations which might occur on board.

승무원으로 지녀야 할 가장 중요한 자질은 서비스 마인드라고 생각합니다. 승무원은 어떤 상황에서도 승객들을 돌볼 수 있어야 합니다. 승무원이 피곤하거나 스트레스를 받더라도 그들은 프로페셔널해야 하며, 자신의 서비스로 승객들을 만족시키려 노력해야 합니다. 저는 서비스 분야에 많은 경험이 있어 매우 서비스 지향적입니다. 저는 기내에서 발생할 수 있는 많은 상황을 잘 해결할 자신이 있습니다.

 **꼬리질문**

What would you do if you felt tired on board?

기내에서 피곤함을 느끼면 어떻게 하겠습니까?

First of all, I would try to make myself fit to fly before working. However if I still got tired on board, I would stretch to release tension if possible, and drink a cup of cold water or hot coffee. Also I would talk to my co-workers instead of just sitting alone if I have a break. I believe these should be useful to be awakened.

먼저 저는 일하기 전에 컨디션 조절을 잘 하려 노력할 것입니다. 하지만 그래도 기내에서 피곤함을 느낀다면, 긴장을 풀기 위해 가능하다면 스트레칭을 하고 차가운 물이나 뜨거운 커피를 한 잔 마시겠습니다. 또 쉬는 시간이 있다면 혼자 앉아 있지 않고 동료들과 대화를 하겠습니다. 이런 것들이 저를 깨어 있게 하는 데 도움이 될 것이라 생각합니다.

The most important qualification of working as a flight attendant is to have great communication skills. The good communication skill is a key to have harmonious relationships. I think a flight attendant in harmonious relationships can contribute to good teamwork. So if a flight attendant has great communication skills, she would make a happy and pleasant flight with co-workers as well as passengers.

승무원으로 일하는 데 있어 가장 중요한 자질은 훌륭한 커뮤니케이션 스킬을 갖는 것입니다. 좋은 커뮤니케이션 스킬은 조화로운 인간관계를 맺기 위한 열쇠입니다. 조화로운 인간관계를 가지고 있는 승무원은 훌륭한 팀워크를 만드는 데 기여할 수 있다고 생각합니다. 그래서 승무원이 좋은 커뮤니케이션 스킬을 가지고 있다면, 그녀는 동료들, 승객들과 행복하고 유쾌한 비행을 할 수 있을 것입니다.

What is 'a happy and pleasant flight' for you?

당신에게 있어 '행복하고 유쾌한 비행'은 무엇입니까?

I think 'a happy and pleasant flight' is to make everyone satisfied and happy. When I say everyone, it means all of the flight attendants on board and passengers. I believe great teamwork means high quality of service, and it would go to passengers' satisfaction.

'행복하고 유쾌한 비행'이란 모두가 만족하고 행복을 느끼는 비행이라고 생각합니다. 여기에서 모두는 기내의 모든 승무원과 승객들을 말합니다. 저는 훌륭한 팀워크는 곧 높은 수준의 서비스를 의미한다고 믿습니다. 그리고 이는 곧 승객들의 만족으로 이어질 것입니다.

그 외 가능한 꼬리질문

What is your service mind?

당신의 서비스 마인드는 무엇입니까?

What was the best service you've offered?

당신이 제공했던 최고의 서비스는 무엇이었습니까?

What is your communication skill?

당신의 커뮤니케이션 스킬은 무엇입니까?

How would you contribuite to the good teamwork of ○○ air?

○○항공의 좋은 팀워크를 위해 어떻게 기여하겠습니까?

What is the most undesirable attribute a cabin crew member should not have?

승무원으로서 가져서는 안 될 바람직하지 못한 태도는 무엇입니까?

이 질문에 적절한 답을 찾기가 어렵다면, 우선 같이 일하기 싫은 동료 유형부터 생각해 보도록 합니다. 예를 들어 편견을 갖고 있는 사람(prejudiced person)이라는 답변을 준비했다면 '승무원으로서 버려야 할 점'은 편견(prejudice)이라고 말하면 됩니다.

 **예시답변 1**

I think the most undesirable attribute that cabin crew should not have is to have a prejudice against differences. Cabin crew meet various kinds of people all over the world. We have different opinions, cultures and even way to work. They are supposed to accept differences, otherwise they would have many problems to work smoothly, because prejudice can breed discrimination to passengers.

승무원이 가져서는 안 될 것은 다름에 대한 편견이라고 생각합니다. 승무원은 세계 각지의 다양한 사람들을 만납니다. 우리는 다른 의견, 문화를 가지며, 일하는 방식까지 다릅니다. 승무원은 다름을 수용해야 합니다. 그렇지 않으면 원활하게 일하는 데 많은 문제가 생길 것입니다. 왜냐하면 편견은 승객에 대한 차별을 낳을 수 있기 때문입니다.

 **꼬리질문**

Have you never had any prejudice against someone?

누군가에게 편견을 가졌던 경험이 전혀 없습니까?

Honestly, I did. For example, when I saw a tough-looking faced man, I thought his personality shouldn't be kind, or when I saw a beautiful woman, I tended to think she should be snotty. However I know I am not right, and try not to trust the prejudice. So I don't see people with prejudice any more.

솔직히 말해, 있었습니다. 인상이 험상궂은 남자를 보면 성격이 좋지 않을 것이라고 생각했습니다. 혹은 아름다운 여성을 보면 공주병이 있을 거라 생각하는 경향이 있었습니다. 하지만 저는 제가 옳지 않다는 것을 알고 편견을 갖지 않고자 노력합니다. 그래서 더 이상 편견으로 사람들을 보지 않습니다.

'An overly sensitive person' is not qualified with this position. When co-workers give advice to her or passengers complain to her, an overly sensitive person could take it personally. So she would get hurt or stressed, and it is never good for teamwork and customers' satisfaction. So I think 'Too much sensitivity' is the most undesirable attribute.

'지나치게 예민한 사람' 은 이 직업에 적당하지 않습니다. 동료들이 조언을 할 때나, 승객들이 불평을 할 때, 지나치게 예민한 사람은 그것을 기분 나쁘게 받아들일 수 있습니다. 그래서 상처를 받거나 스트레스를 받을 것입니다. 그리고 이는 팀워크나 고객 만족에 결코 도움이 안 됩니다. 그래서 저는 '지나치게 예민함' 을 가장 바람직하지 못한 태도라고 생각합니다.

What would you do if you worked with such a co-worker?

그런 동료와 일을 하게 된다면 어떻게 하겠습니까?

I wouldn't be very happy with her honestly, however I would try hard to mix well with her. I would be very careful of my words when I talk to her, and pat her on the back if she got hurt by passengers. Also I would try to focus on her strength.

솔직히 매우 기쁠 것 같진 않습니다. 하지만 그녀와 잘 어울리도록 열심히 노력할 것입니다. 그녀에게 말을 할 때 주의를 기울일 것이고, 만약 그녀가 승객들에게 상처를 받았다면 위로해 주겠습니다. 또한 그녀의 장점을 집중해서 볼 수 있도록 노력할 것입니다.

그 외 가능한 꼬리질문

How do you accept the differences?

다름을 어떻게 수용하겠습니까?

How would you resolve differences among co-workers from all over the world?

세계 각지에서 온 동료들 사이에서 어떻게 이견을 조율하겠습니까?

Have you ever met such a person?

그런 사람을 만난 적이 있습니까?

What about you? Are you ready to accept any advice or complaints?

당신은 어떤가요? 조언이나 불만을 수용할 준비가 되어 있습니까?

What do you think of flight attendant's responsibility?

03

승무원의 임무는 무엇이라고 생각합니까?

승무원의 임무는 크게 안전과 서비스로 나눌 것입니다. 안전과 서비스에 관련된 책임을 골고루 언급하면 좋습니다.

예시답변 1

I think a flight attendant takes charge of safety and service for passengers throughout the flight. It is one of the most important duties to have a safe flight because nothing is more important than human life. Also, a flight attendant is responsible to passengers for a comfortable and pleasant journey. That is why service mind is really needed for cabin crew.

승무원은 비행하는 동안 승객들의 안전과 서비스를 책임진다고 생각합니다. 인간의 목숨보다 중요한 것은 없으므로 안전한 비행은 가장 중요한 임무 중 하나입니다. 또한 승객들이 편안하고 즐거운 여행을 하도록 만들어야 합니다. 그래서 저는 승무원에게 서비스 마인드가 정말 필요하다고 생각합니다.

Why do you think a flight attendant should have service mind?

어째서 승무원은 서비스 마인드를 가져야 한다고 생각합니까?

Because when a flight attendant has her own service mind or philosophy, she has her own color to ensure the consistency of service to passengers. Also I think a flight attendant with service mind knows how to satisfy passengers.

왜냐하면 자신만의 서비스 마인드나 철학이 있을 때, 승무원은 승객에게 일관된 서비스를 제공할 수 있는 자신만의 색깔을 지니게 되기 때문입니다. 또한 서비스 마인드가 있는 승무원은 승객들을 만족시키는 법을 안다고 생각합니다.

Flight attendant is responsible for safety and service on board. For example, flight attendant should know how to deal with a casualty on board and be ready for emergency situations. Also flight attendant is responsible for offering a drink and a meal on time, and should resolve any problems which occur onboard.

> 승무원은 기내의 안전과 서비스를 담당합니다. 승무원은 기내에서 환자를 대하는 법을 알아야 하고 응급 상황에 준비가 되어 있어야 합니다. 또한 승무원은 제시간에 음료와 식사를 제공하며 기내에서 발생할 수 있는 모든 문제를 해결해야 합니다.

Can you handle customer complaints?

고객의 불만을 해결할 수 있습니까?

Of course, I can. I know it is not going to be easy, but I worked in customer service for 3 years. So I have many experiences handling customer complaints and I have good problem solving skills. I believe this experience would be helpful.

물론 할 수 있습니다. 쉽지 않으리란 걸 알지만, 저는 고객 서비스 분야에서 3년간 일했습니다. 그래서 고객 불만을 해결해 본 경험이 많고 문제 해결 능력도 있습니다. 이 경험이 도움이 될 것이라 믿습니다.

그 외 가능한 꼬리질문

What is your service mind?

당신의 서비스 마인드는 무엇입니까?

How do you make comfortable and pleasant journey for passengers?

승객들을 위해 어떻게 편안하고 즐거운 여행을 만들겠습니까?

What would you do if there was an emergency situation on board?

기내에 응급 상황이 생기면 어떻게 하겠습니까?

Have you ever solved the customer's complaint?

고객의 불만을 해결해 본 적이 있습니까?

Have you ever broken any company's regulations?

회사 규정을 어겨 본 적이 있습니까?

규정을 한 번도 어겨 본 적 없는 지원자는 많지 않을 것입니다. '없다' 라는 단답형의 비현실적인 답변은 피하고, 경험이 있지만 습관적인 것은 아니었으며, 그럴 만한 사정이 있었음을 강조하는 것이 중요합니다. 물론 그 과정에서 배운 점까지 있다면 금상첨화겠지요.

예시답변 1 Honestly, I have broken rules few times. For example, I was supposed to wear red manicure when I worked at Cineplex. One day, I didn't put it on not to be late, and I thought it was a just small thing. However my manager pointed it out, and she said I look more professional when I wear red manicure as other members do. I was ashamed, but it was a good chance to learn about the importance of grooming.

솔직하게 말씀드리면, 몇 번 어긴 적이 있습니다. 영화상영관에서 일할 때 저는 빨간색 매니큐어를 발라야 했습니다. 하루는 늦지 않기 위해 서두르느라 매니큐어를 바르지 않았는데, 저는 사소한 일로 여겼습니다. 하지만 매니저가 이를 지적하고 다른 동료들처럼 매니큐어를 바르는 것이 더 프로페셔널하게 보일 것이라고 했습니다. 저는 부끄러웠지만 몸단장의 중요성을 알 수 있는 좋은 기회였습니다.

Do you often break the company's rule for your convenience?

당신의 편의를 위해 종종 회사의 규칙을 어깁니까?

No, not really. I always try to keep the company's regulation. However, I woke up late that day, so I thought being on time was more important than perfect grooming. Now I know there is no 'on time' stuff without perfect preparation.

아니오. 그렇지 않습니다. 저는 언제나 회사의 규칙을 준수하려 노력합니다. 하지만 저는 그날 늦잠을 자 버렸기에 제시간에 도착하는 것이 완벽한 몸단장보다 중요하다고 생각했습니다. 지금의 저는 완벽한 준비 없는 '제시간' 은 존재하지 않음을 알고 있습니다.

예시답변 2 I don't feel hard to keep any kinds of regulations, but I was against the rule once. When I worked in ○○ expo as an interpreter, one of rules was to turn on the hand talkie at all time, but I turned it off during break time. I couldn't sleep for 2 days, so I wanted to have deep sleep. I thought it was OK because it was my break time. However, there was an emergency situation and I couldn't get the message. After that, I always try to keep the regulation, because now I know why the rules are needed.

> 저는 규칙을 지키는 데 어려움을 느끼지 않지만, 한 번 어겨 본 적이 있습니다. 인터프리터로 ○○엑스포에서 일할 때 규칙 중 하나는 언제나 무전기를 켜 두어야 하는 것이었습니다. 하지만 저는 쉬는 시간에 무전기를 껐습니다. 이틀 동안 잠을 자지 못해 숙면을 취하고 싶었습니다. 제 쉬는 시간이기에 괜찮을 것이라 여겼습니다. 하지만 급한 상황이 발생했고 저는 그 메시지를 들을 수 없었습니다. 이후 저는 언제나 규칙을 지키려 노력합니다. 왜냐하면 지금은 규칙이 왜 필요한지 알기 때문입니다.

What did you learn from the experience?
그 경험을 통해 무엇을 배웠습니까?

I learned I should be more responsible of my job under any circumstances. Secondly, I should keep my condition perfect to work, and lastly, I should inform or ask for help to co-workers when there is any difficulty.

저는 어떤 상황에서도 제 일에 좀 더 책임감을 가져야 한다는 것을 배웠습니다. 둘째로, 일할 때 컨디션을 최상으로 만들어야 한다는 것, 마지막으로는 어려움이 있을 때 동료에게 알리거나 도움을 요청해야 한다는 것입니다.

그 외 가능한 꼬리질문

예시답변 1 What else? 그 밖에 또 있습니까?

Did you always keep well-groomed after that?
이후 늘 몸단장을 바르게 했습니까?

예시답변 2 What was the emergency situation? Could you be more specific?
급한 상황이란 무엇이었습니까? 좀 더 구체적으로 말해 주겠습니까?

Did you have any reasons that you didn't sleep for 2 days?
이틀 동안 잠을 자지 못한 이유가 있습니까?

Are you strict or flexible regarding rules?

당신은 규칙을 엄수하는 편입니까, 아니면 상황에 따라 융통성 있게 대처하는 편입니까?

규칙을 잘 지키는 쪽과 융통성 있게 대처하는 쪽, 그 어느 쪽도 옳거나 그르지 않으므로 자신의 성향을 솔직하게 말하면 됩니다.

예시답변 1

I am quite strict about regulations, because I think there must be a reason to set up the regulations. So I try to keep regulations all the time if possible. I had many experiences to work as a team, and I found out we could work more effectively and faster when we followed the regulations. So I consider it is really important to keep regulations.

저는 규칙이 있는 데에는 반드시 그 이유가 있다고 생각하기 때문에 규칙을 엄수하는 편입니다. 그래서 가능하면 언제나 규칙을 지키려 노력합니다. 저는 팀으로 일한 경험이 많기에 규칙을 지킬 때 더 효과적으로 빨리 일할 수 있다는 것을 압니다. 그래서 규칙을 지키는 것은 매우 중요하다고 생각합니다.

꼬리질문

Have you ever got good feedback from your boss because you always followed the regulations?

규칙을 잘 지켰기 때문에 상사로부터 좋은 피드백을 받은 적이 있습니까?

Yes, when I worked in my previous company, the boss was so happy to work with me. He said he could fully trust me because I always kept the regulations, so there weren't any big problems at work.

네. 전 직장에서 일할 때, 상사가 저와 함께 일하는 것에 매우 만족해 했습니다. 그분은 제가 언제나 규칙을 잘 지켜 일에 별다른 큰 문제가 없으니 저를 전적으로 신뢰할 수 있다고 했습니다.

Most of times, I try to keep regulations, but I think we can work more flexibly when it's needed, because there are always exceptions. When I worked, I realized working with flexibility can have more creative ideas, and when we have problems, we can solve them more easily. So I try to work flexibly unless it's regarding safety and security.

대개의 경우 저는 규칙을 지키려 하지만, 언제나 예외가 있으므로, 필요하다면 좀 더 유연하게 일을 할 수 있다고 생각합니다. 저는 유연한 방식으로 일할 때 좀 더 창의적인 생각이 가능하며, 문제가 생기면 보다 쉽게 해결할 수 있다는 것을 알았습니다. 그래서 저는 안전이나 보안 문제가 아닌 이상 유연하게 일을 하려고 애쓰는 편입니다.

Have you solved a problem with your flexibility?

당신의 융통성 덕분에 문제를 해결한 적이 있습니까?

Yes, when I worked in the banquet hall of ○○ hotel, one day, we got customers more than we expected. We were lack of bread, so we were embarrassed. Actually, we were supposed to offer additional bread whenever the bread basket was empty. That was a rule. However, I decided to ask customers if they want more bread before just offering. So we just offered additional bread to customers who wanted, and there weren't any problems.

네. 제가 ○○호텔 연회장에서 일할 때, 하루는 예상한 손님보다 더 많은 손님이 왔습니다. 저희는 빵이 부족했기에 당황했습니다. 빵 바스켓이 빌 때마다 추가로 빵을 제공해야 하는 게 규칙이었습니다. 하지만 저는 그냥 빵을 드릴 게 아니라 빵을 더 원하는지 손님에게 먼저 물어보기로 했습니다. 그래서 저희는 더 원하는 손님에게만 추가로 빵을 드렸고 어떤 문제도 발생하지 않았습니다.

그 외 가능한 꼬리질문

Tell me about your working experiences as team.

팀으로 일한 경험에 대해 말해 주십시오.

Why do you think it is more efficient when you keep the rules?

어째서 규칙을 지키는 것이 보다 효율적이라고 생각합니까?

Have you ever broken rules to work more flexibly?

보다 유연하게 일을 하기 위해 규칙을 어긴 적이 있습니까?

What did your senior say about your way to work?

당신의 일하는 방식을 두고 상사가 무엇이라고 말했습니까?

Why do you think it is important to keep regulations?

왜 규칙을 지키는 것이 중요하다고 생각합니까?

규칙과 관련한 질문에 종종 따라 나오는 질문입니다. 누구나 규칙을 지키는 것은 중요하다고 말할 것입니다. 하지만 왜 중요한지 논리적으로 설명할 수 없다면 그 답변은 무용지물이 되겠지요.

예시답변 1

I think there are many reasons to keep regulations. First of all, when we have regulations, we can offer the consistent service to customers. I think this is a good way to minimize customers' complaints. Also I would like to highlight it can effect on teamwork. When we are treated equally according to regulations, we can feel fair and it goes to good teamwork.

규칙을 지켜야 할 이유는 많습니다. 먼저, 규칙이 있을 때, 우리는 고객들에게 일관된 서비스를 제공할 수 있습니다. 저는 이것이 고객의 불만을 최소화하는 좋은 방법이라고 생각합니다. 또한 저는 규칙이 팀워크에 영향을 미친다는 것을 강조하고 싶습니다. 우리가 규칙에 따라 동등하게 대접받을 때, 공정함을 느낄 수 있고 그것이 훌륭한 팀워크로 이어질 것입니다.

Why do you think the regulations minimize customers' complaints?

어째서 규칙이 고객의 불만을 최소화한다고 생각합니까?

When we offer the consistent service according to the regulations, customers always get the same service whenever they come. Also, they can notice they get the same service with other customers. I think it makes them trust the company. So that is why I think the regulations minimize customers' complaints.

규칙에 따라 일관적인 서비스를 제공할 때, 고객들은 올 때마다 언제나 같은 서비스를 받게 됩니다. 또한 그들은 다른 고객들과 같은 서비스를 받고 있다는 것을 알 수 있습니다. 저는 그것이 고객에게 신뢰를 얻는 방법이라 생각합니다. 그래서 규칙은 고객의 불만을 최소화할 수 있다고 생각하는 것입니다.

Because it could be related with safety and security reason. I think there must be a reason for regulations. Secondly, when we followed the regulations, we can work faster and more effectively. Specially, when we work in team, we should have certain regulations in order to work together as one.

> 왜냐하면 규칙은 안전과 보안상의 이유와 연관이 있을 수 있기 때문입니다. 규칙에는 언제나 이유가 있다고 생각합니다. 둘째로 규칙을 잘 따를 때, 우리는 더 빨리, 좀 더 효과적으로 일할 수 있습니다. 특히 우리가 팀으로 일할 때에는, 하나가 되어 일을 할 수 있도록 특정한 규칙이 있어야 합니다.

If there was a team member who didn't want to observe the regulations, what would you do?
만약 규칙을 지키지 않으려는 동료가 있다면 어떻게 하겠습니까?

First of all, I would ask her the reason. If her idea is reasonable, I would discuss it with rest of team members. However, if not, I would persuade her to follow the regulation and let her know why she should do. Because when we accept to break a regulation for only one person without any reason, there is no meaning to keep it any more.

먼저 저는 그녀에게 이유를 묻겠습니다. 만약 그녀의 생각이 타당하다면 그 문제를 다른 동료들과 의논해 보겠습니다. 하지만 그렇지 않다면, 그녀에게 규칙을 따를 것을 설득하고 왜 그래야 하는지 알려 주겠습니다. 왜냐하면 우리가 어떤 이유도 없이 한 사람에게만 규칙을 깨는 것을 허용한다면, 규칙을 지키는 것은 더 이상 의미가 없기 때문입니다.

그 외 가능한 꼬리질문

Do you think the consistent service is more important than the individual service?
당신은 일관적인 서비스가 개별적인 서비스보다 중요하다고 생각합니까?

Have you ever broken any company's regulations?
회사의 규칙을 어겨 본 적이 있습니까?

Why do you think the rules are more important when you work in team?
어째서 팀으로 일할 때 규칙이 보다 중요하다고 생각합니까?

Have you ever broken any company's regulations?
회사의 규칙을 어긴 적이 있습니까?

How long would you like to work for ○○ air?

○○항공에서 얼마나 오랫동안 근무할 생각입니까?

얼마나 오랫동안 근무하고자 하는지 묻는 질문에는 3년, 5년 등의 구체적인 햇수를 언급하거나 평생 일하고 싶다는 다소 비현실적인 대답은 피하는 것이 좋습니다. 본인과 회사가 서로를 필요로 할 때까지라는 식의 답변도 좋고, 앞으로의 계획과 연결시켜 대답해도 좋습니다.

예시답변 1

I would like to work for ○○ air till I become one of the best crew, so I could be a good model of junior crew in ○○ air. After that, I am very interested in training cabin crew. Specially, since I majored in nursing, I think I can help junior crew to take the first aid course. So if I am able to have a chance, I would like to be a first-aid instructor for ○○ air.

저는 최고의 승무원이 되어 ○○항공의 후배 승무원들에게 좋은 모델이 될 수 있을 때까지 일하고 싶습니다. 그 후에는 승무원 교육에 관심을 갖고 있고, 간호학 전공이기 때문에 응급처치 과정에 도움이 될 수 있을 것입니다. 기회가 주어진다면, 저는 ○○항공의 응급처치 교관이 되고 싶습니다.

꼬리질문

Who do you think the best crew is?

어떤 사람이 최고의 승무원이라고 생각합니까?

I think the best crew is the crew who makes customers smile during the flight, and makes them return for their next trip. I want to be a flight attendant who makes customers happy, so they will remember my service for a long time.

최고의 승무원은 비행하는 동안 고객들을 미소 짓게 만들고, 다음 여행에도 다시 우리 항공사를 이용하도록 하는 승무원이라고 생각합니다. 저는 고객들을 행복하게 만드는 승무원이 되고 싶습니다. 그러면 그들은 제 서비스를 오래도록 기억할 것입니다.

예시답변 2 I would like to work as long as I help ○○ air to improve and ○○ air helps me to improve. I am sure I can contribute to ○○ air with my service skills and various foreign experiences. Also I believe ○○ air is the best airline which offers cabin crew a chance to grow with the company. If possible, I want to work for ○○ air until both of myself and the company are satisfied with each other.

> 제가 회사를 그리고 회사가 저를 발전시키는 데 도움이 될 때까지 일하고 싶습니다. 저는 저의 서비스 스킬과 다양한 해외 경험으로 ○○항공에 공헌할 수 있다고 확신합니다. 또한 ○○항공 역시 승무원에게 회사와 함께 성장할 수 있는 기회를 주는 최고의 항공사라고 믿습니다. 가능하다면 저와 회사 모두가 서로에게 만족할 때까지 ○○항공에서 일하고 싶습니다.

How would you contribute to ○○ air?
○○항공에 어떻게 기여할 수 있습니까?

I have my own service skills. I know how to treat customers and how to satisfy them. Also I am very open-minded. I can easily mingle with various co-workers without any problems. So I can contribute to the great teamwork and the best service for ○○ air.

저에게는 저만의 서비스 스킬이 있습니다. 저는 고객들을 대하는 법과 그들을 만족시키는 법을 알고 있습니다. 또한 저는 매우 열린 사고방식을 가졌습니다. 다양한 동료들과 문제 없이 쉽게 어울릴 수 있습니다. 그래서 저는 ○○항공의 뛰어난 팀워크와 최고의 서비스에 공헌할 수 있습니다.

그 외 가능한 꼬리질문

예시답변 1 Why don't you apply for a job which is related with your major?
어째서 전공과 관련 있는 직종에 지원하지 않습니까?

How do you work as a flight attendant in ○○ air?
○○항공에서 승무원으로 어떻게 일하겠습니까?

예시답변 2 How do you want to grow with the company?
회사와 함께 어떻게 성장하고 싶습니까?

Tell me about your service skill.
당신의 서비스 스킬에 대해 말해 주십시오.

 **What would be the weak point in this field?**

이 분야의 단점은 무엇일까요?

모든 직업에는 장단점이 있기 마련입니다. 단점 자체를 언급하기보다 그 단점을 극복하고자 하는 의지를 드러내는 것이 효과적입니다. 면접관은 '승무원이라는 직업에 단점은 없다'고 생각하는 지원자보다 단점을 정확히 파악하고 있음에도 승무원이 되고자 하는 열정을 지닌 지원자를 원한다는 것을 명심해야 하겠습니다.

예시답변 1

Every occupation has some weak points. One of the weak points in this field is to have more chances to be stressed out, because flight attendant works around people. Even if a flight attendant loves her job, not every single of passengers and co-workers would make her happy. Flight attendant should be kind, smile and be punctual all the time even though she is suffered from flying fatigue, or there are demanding passengers. Because it is how it is supposed to be. So I should keep it in my mind, and I'm fully aware of it.

모든 직업에는 단점이 있습니다. 승무원은 사람들에게 둘러싸여 일하므로 스트레스를 더 많이 받을 수 있다고 봅니다. 자신의 직업을 아끼는 승무원이라도 모든 승객과 동료에게 만족할 수는 없습니다. 승무원은 비행 피로에 시달릴 때나, 까다로운 승객들을 만날 때에도, 친절해야 하고 웃어야 하며, 늘 시간을 엄수해야 합니다. 그것이 바로 승무원의 임무이기 때문입니다. 그래서 저는 항상 이것을 염두에 두고 상기하려 애쓸 것입니다.

 **How would you de-stress yourself in cabin?**

기내에서 어떻게 스트레스를 풀겠습니까?

First of all, I would try to think positively so I can reduce my stress on board. If I get stressed, I would have a cup of cold water and take a deep breath to refresh myself. If possible, I would talk to my co-workers. They would comfort me, and it should be helpful.

무엇보다, 긍정적으로 생각해서 기내에서의 스트레스를 줄일 수 있도록 할 것입니다. 스트레스를 받으면, 차가운 물을 한 컵 마시고 숨을 크게 들이쉬어 기분 전환을 하도록 하겠습니다. 가능하다면 동료들과 대화를 나누겠습니다. 그들은 저를 위로할 것이고 도움이 될 것입니다.

I believe there are more strong points than weak points in this field. If I choose one of the weak points, it is that flight attendant should be ready for irregular schedule. I think flight attendant has a lot of changes such as time difference, food, weather and so on. Also they work on their feet all day. I believe a flight attendant should pay more attention to her health.

저는 이 분야는 단점보다 장점이 더 많다고 믿습니다. 단점 한 가지를 말한다면, 그것은 승무원은 불규칙한 스케줄에 준비가 되어 있어야 한다는 것입니다. 승무원은 시차, 음식, 날씨 등과 같은 많은 변화를 겪습니다. 또한 승무원은 하루 종일 서서 일을 합니다. 승무원은 건강에 더욱 주의를 기울여야 한다고 생각합니다.

How do you keep yourself healthy?

어떻게 건강을 관리합니까?

I am mentally and physically healthy. I love to work out in a gym. When I work up a sweat in the gym, I feel fresh and healthy. So I go to gym almost every day. Also I like to go swimming. Normally, I often go to the pool in summer.

저는 정신적으로도 육체적으로도 건강합니다. 저는 헬스장에 가는 것을 좋아합니다. 헬스장에서 땀을 빼면, 기분도 상쾌하고 건강해지는 느낌입니다. 그래서 거의 매일 헬스장에 갑니다. 또한 저는 수영하는 것을 좋아합니다. 보통 여름에는 수영장에 자주 갑니다.

그 외 가능한 꼬리질문

How would you overcome it?

그것을 어떻게 극복할 생각입니까?

What do you do when you are stressed?

스트레스를 받을 때는 어떻게 합니까?

How would you adapt yourself to a changeful lifestyle?

변화가 많은 생활방식에 어떻게 적응하겠습니까?

What else?

그 밖에 어떤 것이 있을까요?

 위로가 되어 준 뮌헨에서의 만남

하늘 위 생활을 한 지 1년이 지났을 즈음, 외로움과 향수병이 찾아왔다. 과연 내가 지금 원하는 일을 하는 게 맞는지, 혹 지금이 내 인생의 정체기는 아닌지, 한없이 우울해지기 시작했다.

독일 뮌헨으로 가는 비행기 안에서, 그런 내 인내심의 한계를 시험하는 몇몇 승객과 그들에게 시달리는 나를 본 체 만 체 자기들 일만 하는 동료들 때문에 완전히 녹초가 되고 말았다. 예의 없는 승객을 대하는 게 끔찍하게 싫었고, 동료애라고는 찾아볼 수 없는 개인주의를 넘어선 이기적인 동료들을 속으로 욕하며 간신히 비행을 마쳤다. 호텔 숙소로 가자마자 고픈 배를 달래려 룸서비스를 주문하고는 참고 또 참은 눈물을 찔끔찔끔 흘렸다. '그래, 두고 보자, 나도 힘들어하는 동료를 절대 도와주지 않을 거다!' 부질없는 다짐을 하며, 이렇게 행복하지 않은데, 언제까지 이 일을 해야 하나 고민했다. 곧 식사가 도착했고, 배가 부르니 그래도 기운이 좀 생겨 시내로 나가 보기로 했다. 호텔 방에 혼자 축 처져 있는 것보단 나을 테니.

뮌헨은 벌써 여러 차례 왔던 곳이라 별 감흥 없이 시내 여기저기로 발길을 옮기는데, 한국인 관광객들이 사진을 찍어달라고 한다. 사진을 찍고 나서는 '한국 사람이냐' 부터 시작해 질문을 퍼붓는데, 처음엔 남한테 무슨 관심이 그리도 많은가 싶어 짜증이 났다. 그런데 대충 "네, 네," 하고 얼버무리며 자리를 뜨려던 내게 "혼자 여행하는 거면 같이 다닙시다, 우리가 숨겨진 명소도 알아 왔어요, 남는 티켓도 있으니 입장료 걱정도 없답니다."라고 제안해 오는 게 아닌가. 그들의 웃음 띤 얼굴을 보니, 어쩐 일인지 지친 내 마음이 위로받는 기분이었다.

회사에서 보내 준 연수 여행이라는 그들, 몇 시간을 함께 다니며 나도 몰랐던 새로운 곳에도 가고 웃고 떠드는 가운데, 나는 우울한 기분을 저만치 떨쳐 버릴 수 있었다. 맥주도 한 잔 하고 가라는 청을 정중히 거절하고, 나는 다시 혼자가 되었다. 영국정원을 거닐며 나는 다시 한 번 마음을 다잡았다. 다음 날 두바이로 돌아가는 길에는 이미 슬럼프 따위는 없었다. 같은 한국인이란 이유로 그런 호의를 보여 줄 수 있다니, 뮌헨에서의 만남은 지금도 좋은 기억으로 남아 있다.

서비스와 팀워크에 대한 생각 말하기

Have you ever offered the best service to a customer?

고객에게 최고의 서비스를 제공해 본 적이 있습니까?

서비스에 대한 본인의 생각이 충분히 반영된 답변을 만드는 것이 중요합니다. 더불어 그 서비스를 최고의 서비스라고 생각하는 이유도 준비해 두면 좋습니다.

예시답변 1

Yes, I worked in the coffee shop for 2 years. One day, one of the staff was absent, and I was only one who worked there. It was the Christmas season. Even it was really busy to handle all customers alone, but I didn't make any mistakes and I was able to offer what they asked quickly. At that moment, I realized how it was important to keep positive during working. When the customers left, they said my service was really impressive.

네, 저는 커피숍에서 2년간 일했습니다. 하루는 직원 중 한 명이 결석을 해 저 혼자 일하게 되었습니다. 그날은 크리스마스 때였습니다. 모든 고객들을 혼자 응대하는 것은 매우 바빴지만 저는 어떤 실수도 하지 않았고 고객이 원하는 것을 빨리 가져다주었습니다. 그때 저는 긍정적으로 일하는 것이 얼마나 중요한지 알았습니다. 고객들이 떠날 때, 그들은 제 서비스가 정말 인상적이었다고 말했습니다.

Why do you think it is important to be positive at work?

긍정적으로 일하는 것이 왜 중요하다고 생각합니까?

Actually, the day was the day before I traveled to Europe, so I was very excited and positive. I worked even harder and better. At that moment, I felt hard to work alone, but I was still happy and felt less tired. That is why I think being positive at work is important.

사실 그날은 제가 유럽으로 여행 가기 전 날이어서 저는 매우 설레고 긍정적이었습니다. 저는 오히려 더 열심히 일했고 더 잘 했습니다. 혼자 일하는 데 어려움을 느꼈지만 여전히 행복했고 피로도 덜 느꼈습니다. 그렇기에 저는 일할 때 긍정적인 태도가 중요하다고 생각합니다.

Yes, I have got lots of good feedback from customers when I worked in the bar. One day, one of regular customers came and he couldn't stop coughing. So I gave him a glass of hot water with lemon slice before taking an order. Also I suggested him for some tea which was good for coughing. When he left, he said it was really touching, and I was surprised because I thought what I've done was not a big deal. It made me think twice about the best service.

네. 바에서 일할 때, 저는 고객들에게 좋은 피드백을 많이 받았습니다. 하루는 단골손님 중 한 분이 오셨는데 계속 기침을 했습니다. 저는 주문을 받기 전에 먼저 레몬 슬라이스를 넣은 뜨거운 물을 한 잔 가져다 드렸습니다. 또한 기침에 좋은 차를 추천해 드렸습니다. 손님이 떠나면서 감동적이었다고 하셔서 저는 놀랐습니다. 제가 한 일은 정말 작은 일이라고 생각했기 때문입니다. 그 일은 제가 최고의 서비스에 대해 다시 생각하게 된 계기가 되었습니다.

What is the best service for you?

당신에게 최고의 서비스란 무엇입니까?

I think the best service is to show just a little heartfelt concern to customers. I found out it made customers feel they are specially treated. When they feel special from my service, I think that is the best service.

최고의 서비스란 고객에게 진심에서 우러나온 작은 관심을 보이는 것이라고 생각합니다. 저는 그것이 고객들에게 특별하게 대접받고 있다는 생각을 갖게 한다는 것을 알았습니다. 그들이 제 서비스에 특별함을 느꼈다면, 저는 그것이 최고의 서비스라고 생각합니다.

그 외 가능한 꼬리질문

예시답변 **1** **Why do you think that was the best service?**

어째서 그것이 최고의 서비스라고 생각합니까?

How did you work all alone without any mistakes or service delays?

어떤 실수나 지연 없이 어떻게 혼자 일했습니까?

예시답변 **2** **What else?**

그 밖에 또 있습니까?

What is your service mind?

당신의 서비스 마인드는 무엇입니까?

Have you ever got customer complaints?

고객의 불만을 받아 본 적이 있습니까?

솔직하게 자신의 실수로 인해 고객이 불만을 갖게 되었지만, 잘 해결되어 그 뒤 같은 실수를 반복하지 않았다는 답변이면 좋습니다.

예시답변 1 Yes, I usually tried to meet customers' needs, but sometimes I got complaints from customers. For example, when I worked in ○○ restaurant, I got the complaint because of my way to offer the service. At that moment, I was quite tired, so I neglected at work. I didn't explain what kind of sauce we had, and I just brought the sauce that I thought it could go well with the main dish. One of customers felt bad because he often visited the restaurant, so he knew what I was supposed to do. Of course, I resolved the problem, but I felt very ashamed.

네. 저는 보통 고객의 요구에 맞추려 노력했지만 가끔씩 고객들에게 불평을 받은 적이 있습니다. ○○레스토랑에서 일할 때, 저의 서비스 방식에 대한 불만을 들은 적이 있었습니다. 그 당시 저는 매우 피곤해서 일에 다소 태만했습니다. 저는 어떤 소스가 있는지 설명하지 않고, 그냥 제 생각에 메인디쉬와 어울릴 것 같은 소스를 가져다 드렸습니다. 고객 한 분이 불쾌해 했는데, 그분은 종종 레스토랑에 오기에 제가 어떻게 일을 해야 하는지 알고 있었기 때문입니다. 물론 저는 그 일을 해결했지만, 매우 부끄러웠습니다.

How did you resolve the problem?

그 문제를 어떻게 해결했습니까?

Once he complained, I realized I made a big mistake, so I immediately apologized to him. I told him honestly I didn't focus on my job. I asked him what kind of sauce he likes to have, and offered it promptly. While he had a meal, I often came back to him to check anything he might need. When he left, I apologized to him again, and he was fine. I learned many things from the experience.

그분이 불평하자마자, 저는 제가 큰 실수를 했다는 것을 깨닫고 즉시 사과했습니다. 솔직하게 일에 집중하지 못했다고 말씀드렸습니다. 그다음 어떤 소스를 원하는지 묻고 즉시 가져다 드렸습니다. 고객이 식사하는 동안, 자주 찾아가 필요한 것은 없는지 살펴보았습니다. 그분이 떠날 때, 저는 다시 한 번 사과를 했고 그분은 화가 풀렸습니다. 저는 그 경험을 통해 많은 것을 배웠습니다.

Unfortunately, I have got complaints from customers when I worked in ○○ bank as a bank teller. That day, I was handling with customers' complaints. The customers waited their turn with a waiting number ticket, and I skipped 1 customer by mistake. The bigger mistake was when she came to complain, I didn't listen to her, instead I told her to wait first. I was very confused with a lot of customers who were upset with something. Promptly, I apologized to her, but it took some time.

○○은행에서 일할 때, 유감스럽게도 고객들에게 불평을 들은 적이 있습니다. 그날은 고객의 불만을 담당하고 있었습니다. 고객들은 대기표를 가지고 자신의 차례를 기다리고 있었는데, 제가 실수로 고객 한 분을 건너뛰었습니다. 더 큰 실수는 그분이 항의하러 왔을 때, 듣지 않고 먼저 기다리라고 말했다는 것입니다. 화가 난 많은 고객들을 대하느라 매우 정신없는 상황이었습니다. 저는 즉시 사과했지만 시간이 좀 걸렸습니다.

What did you learn from the experience?
그 경험을 통해 배운 것은 무엇입니까?

I learned I should carefully listen to what customers say. That was the big lesson. Also I learned handling complaints are more difficult than satisfying customers. So after that, I always try to do my best to work perfectly, and treat customers from the bottom of my heart.

저는 고객의 말을 주의 깊게 들어야 한다는 것을 배웠습니다. 그것은 큰 교훈이었습니다. 또한 불만을 처리하는 것은 고객을 만족시키는 것보다 더 어렵다는 것을 알았습니다. 그래서 이후 저는 언제나 일을 완벽하게 하고자 최선을 다했고 고객들을 진심으로 대하고자 노력했습니다.

그 외 가능한 꼬리질문

What did you learn from it? 그 경험을 통해 무엇을 배웠습니까?

Do you often neglect at work when your condition is not good?
컨디션이 좋지 않을 때, 종종 근무에 태만해집니까?

How did you balance out her anger? 그녀의 화를 어떻게 풀어 주었습니까?

Why do you think she was upset? 그 손님이 화를 낸 이유가 무엇이라고 생각합니까?

서비스와 관련해 많이 나오는 질문입니다. 불평하는 고객과 까다로운 고객에는 차이가 있습니다. 불평하는 고객은 서비스 자체에 문제가 있어 생기는 것이며, 까다로운 고객은 노력이나 서비스와는 아무 상관없이 고객 개인의 성향이나 취향 문제로 만족시키기 힘든 고객입니다. 두 경우를 잘 구분해 답변할 수 있도록 해야 합니다.

예시답변 1

Yes, I had. One day, one lady customer came and asked for Bloody Mary. It's quite easy to make, but when I offered it, she wasn't satisfied with the taste. Even I made it few times according to a cocktail calculator, she still didn't like it. She wanted me to make it same as the one she tried in other bar. It was quite difficult because even she didn't know how to make it. Also her attitude was not really nice. She was almost shouting, and it made me very embarrassed. I think she was a demanding customer because it was really hard to satisfy her even I tried a lot, and her attitude was not really appropriate.

네, 있습니다. 한번은 한 여자 손님이 블러디 메리를 주문했습니다. 블러디 메리는 만들기 쉬운 편이지만 제가 제공했을 때, 그녀는 맘에 들어 하지 않았습니다. 칵테일 계량기에 맞춰 몇 번이나 다시 만들었지만 여전히 맘에 안 든다고 했습니다. 자신이 다른 바에서 마시던 것과 똑같이 만들기를 요구했지만, 그 손님 역시 방법을 몰랐으므로 그것은 어려운 일이었습니다. 그녀의 태도 역시 사실 그렇게 좋다고 할 수 없었습니다. 거의 소리를 지르다시피 했고, 저는 굉장히 당황했습니다. 저는 그분이 까다로운 고객이라 생각되는데, 제가 아무리 노력해도 만족시키기 어려웠고 사실 그분의 태도도 적절하지 못했다고 보기 때문입니다.

꼬리 질문 **How did you solve the problem?**

그 문제를 어떻게 해결했습니까?

After struggling with Bloody Mary, I told it to the manager. Unfortunately, my manager couldn't make the Bloody Mary as she wanted. So we apologized to her, and suggest other cocktails to her. She was fine with the other drink, but that was not easy to make her happy.

블러디 메리로 여러 차례 씨름한 후, 저는 매니저에게 말씀드렸습니다. 유감스럽게도 매니저도 그녀가 원했던 블러디 메리를 만들지 못했습니다. 우리는 그녀에게 사과하고 다른 칵테일을 권했습니다. 다른 음료는 괜찮아 했지만, 그녀를 만족시키기는 쉽지 않았습니다.

Yes, when I worked in the restaurant, I met a demanding customer once. The restaurant was the kid friendly restaurant, so there were always a lot of kids. One day, 4~5 group customers came and started to complain about the noise. Even though I explained about the restaurant's policy, they didn't want to accept it. Furthermore, they wanted to smoke inside. So it was quite hard to control the situation.

네. 제가 레스토랑에서 일할 때, 까다로운 고객을 한 번 만났습니다. 그 레스토랑은 아이들이 오기에 적합한 레스토랑이었습니다. 그래서 언제나 많은 아이들이 있었습니다. 하루는 4~5명의 단체 손님이 소음에 대해 불평하기 시작했습니다. 제가 레스토랑 방침에 대해 설명했지만, 받아들이려 하지 않았습니다. 더구나 실내에서 흡연하기를 원했습니다. 그래서 그 상황을 조절하는 것이 다소 힘들었습니다.

How did you solve the problem?

그 문제를 어떻게 해결했습니까?

Again, I told them this is a kid friendly restaurant, so I couldn't make the place as quite as they wanted, but I asked them to change the seat outside. Then they didn't have to be bothered, and also they were able to smoke. When they left, I told them it was much better to come evening time, because there were less kids.

다시 한 번, 저는 이곳은 아이들에게 맞춘 레스토랑이라 손님이 원하는 것만큼 장소를 조용하게 만들 수는 없다고 말씀드리고, 야외에 있는 자리로 바꿀 것을 요청했습니다. 그러면 아이들에게 방해받지 않고, 흡연도 할 수 있으니까요. 그들이 떠날 때, 저녁 시간에 오는 편이 훨씬 나을 것이라고 말씀 드렸습니다. 아이들이 적은 시간대이기 때문입니다.

그 외 가능한 꼬리질문

What did you learn from it? 그 경험을 통해 배운 것은 무엇입니까?

Why do you think she was picky to you? 왜 그녀가 당신에게 까다롭게 굴었다고 생각합니까?

Why do you think they are demanding? 그들이 까다롭다고 생각하는 이유는 무엇입니까?

What did you learn from it? 그 경험을 통해 무엇을 배웠습니까?

04 Have you ever worked in a team?

팀으로 일한 적이 있습니까?

팀으로 일한 경력을 묻는 질문입니다. 답변할 때는 팀으로 일한 경험과 업무 수행을 잘했던 일화, 그 때의 경험으로 성장한 면 등을 간략하게 소개할 수 있어야 합니다.

예시답변 1

Yes, I have many experiences to work in team. I worked in the bar, hotel and trading company, and they required the great teamwork skills. Specially, when I worked in the trading company, I got 'the best team member' prize in my department. Throughout these experiences, I was able to learn more about teamwork.

> 네. 저는 팀으로 일한 경험이 많습니다. 저는 바와 호텔 그리고 무역회사에서 일했고 그 일들은 뛰어난 팀워크 스킬이 요구되었습니다. 특히 무역회사에서 일할 때, 제 부서에서 '최고의 사원'으로 뽑히기도 했습니다. 이러한 경험들을 통해 팀워크에 대해 좀 더 배울 수 있었습니다.

What is your teamwork skill?

당신의 팀워크 스킬은 무엇입니까?

I think the relationship with team members is the most important thing to work in team. So I always try to maximize opportunities to talk with my team members, then we can understand each other better, and feel a sense of intimacy.

저는 팀원 간의 인간관계가 팀으로 일하는 데 있어 가장 중요하다고 생각합니다. 그래서 언제나 팀원들과 대화할 기회를 많이 만들고자 노력합니다. 그러면 우리는 서로를 더 잘 이해할 수 있고, 친밀감도 느낄 수 있습니다.

Yes, I love working in team. I was a member of the public relations department at school. Last year, we opened the event to recruit new students. We were lack of staff, but our team had great teamwork. We immediately divided jobs, and worked day and night. At the end, the event was successfully done. It was so worthwhile, and I improved myself in many ways.

네. 저는 팀에서 일하는 것을 좋아합니다. 저는 학교 홍보부의 일원이었습니다. 작년에 저희는 신입생 유치를 위해 이벤트를 열었습니다. 인원이 부족했지만 대신 훌륭한 팀워크가 있었습니다. 저희는 곧장 업무를 분담해 밤낮으로 일을 했습니다. 결국 그 이벤트는 성공적으로 끝났습니다. 그것은 매우 보람된 경험이었고, 저는 여러 방면으로 더욱 성장할 수 있었습니다.

How did you improve yourself?
어떻게 성장했습니까?

I became more mature. When there were members who were stressed out or demotivated, I comforted them and backed up their jobs. Actually, they called me 'energizer', and I became a leader at some time. I realized how important it is to help and to take care of each other through the experience.

저는 좀 더 성숙해졌습니다. 스트레스를 받거나 사기가 떨어진 팀원이 있을 때, 저는 그들을 위로해 주고 그들의 일을 커버해 주었습니다. 그들은 저를 '에너자이저' 라고 불렀고, 저는 어느 순간 리더가 되어 있었습니다. 이 경험을 통해 서로를 돕고 챙기는 일이 얼마나 중요한지 깨닫게 되었습니다.

그 외 가능한 꼬리질문

예시답변 1

How did you get 'the best team member' prize?
어떻게 '최고의 사원' 으로 뽑히게 되었습니까?

What did you learn about teamwork?
팀워크에 대해 무엇을 배웠습니까?

예시답변 2

Why do you like working in team?
어째서 팀으로 일하는 것을 좋아합니까?

What was your job in team?
팀에서 당신의 임무는 무엇이었습니까?

Could you tell me the pros and cons of working as a team?

팀으로 일하는 것의 장단점을 말할 수 있습니까?

단점을 묻는 질문에 단순히 '없다' 고 말하는 일은 피해야 합니다. 자신의 솔직한 생각을 밝히되, 단점보다 장점을 더 많이 드는 게 중요합니다.

예시답변 1 I think everything has both of the good and bad points. The good point of working as a team is to work better because we can motivate each other. So even if I had a hard time, they would comfort and motivate me. So I could overcome the difficulty. The bad point of working as a team is not to be able to work my own way, but I think it could be a good chance to learn to take one step back.

모든 일에는 장단점이 있다고 생각합니다. 팀으로 일할 때의 좋은 점은 서로 사기를 북돋울 수 있어 일을 더 잘할 수 있다는 것입니다. 설사 제가 힘든 시간을 겪고 있다고 해도, 그들은 절 위로하고 사기를 북돋아 줄 것입니다. 그래서 그 어려움을 극복할 수 있을 것입니다. 팀으로 일하는 것의 단점은 제 식대로 일을 할 수 없다는 것입니다. 하지만 그것은 양보하는 것을 배울 수 있는 좋은 기회가 될 수 있다고 생각합니다.

Have you ever motivated your team members?

팀원의 사기를 북돋아 준 적이 있습니까?

Yes, a lot. Whenever I found team members who felt down, I didn't hesitate to help them. First of all, I didn't want anyone who was not happy with teamwork, and secondly, it could effect on teamwork. I think I am quite good at communicating with team members.

네. 많습니다. 사기가 떨어진 팀원들을 볼 때마다, 저는 그들을 돕는 데 주저하지 않았습니다. 팀 모두가 행복하게 일을 하길 바랐고, 그것이 팀워크에 영향을 줄 수 있기 때문이었습니다. 저는 제가 팀원들과 꽤 원활하게 의사소통을 한다고 생각합니다.

When we work in team, we can work faster with more people, and we work more efficiently because we can get various ideas and ways to work, and we can pick up the best thing. However on the other hand, it could be the bad point to take a long time to make a decision. Even though there are some bad points of teamwork, I still love to work in team.

> 팀으로 일할 때, 더 많은 사람들이 더 빨리 일을 할 수 있습니다. 그리고 다양한 아이디어와 일하는 방식들을 얻을 수 있어 그중 가장 좋은 것을 선택하면 되므로, 보다 효율적으로 일할 수 있습니다. 반면 결정을 내리는 데 오랜 시간이 걸리는 게 단점이 될 수도 있습니다. 팀워크에는 단점이 있긴 하지만, 전 여전히 팀으로 일하는 것을 좋아합니다.

Why do you like working in team?
팀으로 일하는 것을 좋아하는 이유는 무엇입니까?

Because I feel happy to interact with people when I work. It meets my aptitude. They can motivate me, and I can help them. We say, 'Many hands make light work', and that is what teamwork is for. I want to share the achievement or failure with them.

왜냐하면 저는 일할 때 사람들과 교류하는 것에서 기쁨을 느끼기 때문입니다. 그것은 제 적성에 맞습니다. 그들은 저에게 자극이 되기도 하고, 저는 그들에게 도움이 될 수 있습니다. '백지장도 맞들면 낫다'는 말이 있습니다. 그것이 왜 팀워크가 필요한지에 대한 답일 것입니다. 저는 성취나 실패를 팀원과 함께 나누고 싶습니다.

그 외 가능한 꼬리질문

Do you like to work your own way?
자신의 방식대로 일하는 것을 좋아합니까?

Tell me about your working experiences in team.
팀으로 일한 경험에 대해 말해 주십시오.

What is your teamwork skill?
당신의 팀워크 스킬은 무엇입니까?

Tell me about your working experiences in team.
팀으로 일한 경험에 대해 말해 주십시오.

Do you prefer working in a team to working alone?

혼자 일하는 것보다 팀으로 일하는 것을 선호합니까?

반드시 팀으로 일하는 것만을 선호한다고 말할 필요는 없습니다. 오히려 의존적인 인상을 줄 수도 있습니다. 자신의 성향에 맞게 솔직하게 답하되, 혼자서도 또 팀으로도 일을 잘할 수 있다는 점을 어필하는 것이 좋습니다.

예시답변 1

Yes, I prefer working in a team to working alone. It suits me more. When I work with people, I feel more vivid and motivated. I believe when we work as a team, we can have more various ideas and we can achieve our goal more effectively. So it's possible, I prefer working together with team members.

네. 혼자 일하는 것보다 함께 일하는 것을 선호합니다. 그것이 제게 더 잘 맞습니다. 팀으로 일할 때, 저는 보다 생동감을 느끼고 자극을 받습니다. 다양한 아이디어를 얻을 수 있고 그래서 좀 더 효과적으로 목표를 이룰 수 있다고 생각합니다. 그래서 가능하다면, 저는 팀원들과 함께 일을 하고 싶습니다.

Have you ever worked alone?

혼자서 일해 본 적은 있습니까?

Of course. I don't mind working alone because I am independent and self motivated. Also I have many experiences to achieve my goal when I worked alone. However I want to interact with people, and enjoy the process of arbitration with team members.

물론 있습니다. 저는 독립적이고 스스로 동기 부여를 잘하기에 혼자 일하는 것을 꺼리지 않습니다. 또한 혼자서 일했을 때 목적을 성취한 경험도 많습니다. 하지만 저는 사람들과 교류하고 싶고 팀원들과 의견을 조율하는 과정을 즐기고 싶습니다.

I don't mind any way. I am confident of working in team as well as alone. However, if I have to answer the question, I would like to say working alone is better. Because I should be more responsible of my job, so it is easier to fully focus on the tasks. However, I am very sociable and well-harmonized, so I am also good at teamwork.

어느 쪽도 상관없습니다. 저는 팀으로 일하는 것에도, 혼자 일하는 것에도 자신이 있습니다. 하지만 꼭 대답을 해야 한다면, 저는 혼자 일하는 편이 좋습니다. 왜냐하면 제 일에 보다 책임감을 갖게 되기에 업무에 완전히 몰입하기가 수월해지기 때문입니다. 하지만 저는 매우 사교적이고 남들과 잘 어울리기에 팀워크에도 강합니다.

Which means, do you feel less responsible when you work in team?

그 말은 팀으로 일할 때는 책임감을 덜 느낀다는 의미입니까?

No, that is not what I mean. As I said, I am good at teamwork. When I work alone, I am the only one who handles everything and answers for the result. However when I work in team, I work together, and share a common responsibility. So I can rely on my team members, and vice versa. That is what I mean.

아닙니다. 그것은 제가 하려던 말이 아닙니다. 말씀드렸듯, 저는 팀워크에 강합니다. 혼자 일할 땐, 모든 일을 처리하고 그 결과에 책임을 지는 사람은 오직 저 하나입니다. 하지만 팀으로 일하면, 함께 일하고 책임도 나눠 가집니다. 그래서 저는 동료에게 의지할 수 있고, 그들 역시 그럴 것입니다. 이것이 제가 말하려는 바입니다.

그 외 가능한 꼬리질문

Have you ever made any successful achievements as a team?

팀으로 성공적인 결과를 만들어 낸 경험이 있습니까?

Tell me any examples that you worked more effectively because of various ideas from team members.

팀원들이 제안한 다양한 아이디어 덕분에 보다 효과적으로 일했던 예를 들어 주십시오.

How do you work when you are in team?

팀의 일원일 때 당신은 어떻게 일합니까?

Have you ever had any conflicts with co-workers?

동료들과 갈등을 겪은 적이 있습니까?

에피소드 8 비행은 인생의 축소판

비행은 인생의 축소판이라고들 한다.

인도네시아인 단체 승객들이 똑같은 티셔츠를 입고 기내를 정신없이 뛰어다닌다. 외국에서 의사시험에 합격하고 고국으로 돌아가는 길이다. 이렇게 행복한 날은 이제껏 없었다면서, 같이 사진 한 장 찍자며 다짜고짜 카메라를 들이밀고 내 옆에 선다. 머리에 히잡을 두른, 겁에 질려 큰 눈만 껌벅거리는 스리랑카 소녀가 있다. 가족을 부양하기 위해 가사도우미로 두바이에 가는 길이란다. 몇 개 안 되는 영어 단어로 끊임없이 이야기를 늘어놓는다. 괜찮다고 아무 걱정하지 말라고, 손톱의 봉숭아물이 예쁘다고 하니 그제야 활짝 웃는다.

영국 노부부가 기내 면세품을 사려고 나를 부른다. 귀가 잘 안 들리는 할아버지를 위해 할머니가 대신 말을 건네고, 몸이 불편한 할머니를 위해 할아버지가 가방을 꺼내 계산한다. 계산을 끝낸 두 사람은 다시 서로의 손을 꼭 잡은 채 잠이 든다. 나도 결혼을 하고 나이를 먹으면 저런 모습으로 늙어 가야지 하고 생각한다.

인종차별 비슷한 말까지 하는 남아공 출신 백인 할아버지한테 너무 화가 난 나머지 나도 모르게 눈물을 쏟은 적도 있다. 그 옆 좌석 승객이 아무 말 없이 따뜻하게 웃으며 내 손을 잡아 주었다. 부모님 없이 처음으로 친구들과 가는 여행에 한껏 들떠 맥주며 위스키며 이것저것 시켜대는 아이들도 있다. 아직 십대라 소원을 들어주지 못했지만 친구들과 떠난 내 첫 번째 여행이 떠올라 슬며시 웃음이 나온다. 신혼여행 가는 커플에게 샴페인과 케이크가 나가자 기내의 모든 승객이 일어나 박수를 치고 휘파람을 분다. 짧은 순간이나마 작은 축제가 벌어진다.

이렇듯 많은 이야기를 싣고 비행기는 뜨고 내린다. 공통점이라고는 없는 세계의 수많은 사람들이 우연히 한 자리에 모인 것뿐. 그곳에서 웃고 울며 서로를 축하하고 위로한다. 그리고 목적지에 다다르면 'Good bye' 한마디를 남긴 채 각자의 인생 속으로 걸어나간다.

내가 만약 승무원이라면

 # If your co-worker is in a stressful situation, how can you help her?

동료가 스트레스 받는 상황에 놓여 있다면, 어떻게 돕겠습니까?

지원자가 승무원이라는 가정하에 묻는 질문입니다. 승무원처럼 전문적인 답을 요구하는 것이 아니므로 부담을 가질 필요는 없습니다. 하지만 이런 질문에는 '다른 대답이나 다른 방법은 없는지'를 묻는 꼬리질문이 이어지는 예가 많으므로, 예상 질문을 만들고 여러 가지 답변을 생각해 보는 연습이 필요합니다.

예시답변 1

First of all, I would like to ask her what the matter is, and try to find the way I can help her. If possible, I would let her take a break for a while, so she can calm down. I think it could be a good way to drink a cup of tea or juice to refresh in a stressful situation. So I would get her a drink if she wants.

무엇보다 먼저 저는 무슨 문제가 있는지 물어보고, 도울 방법을 찾으려 하겠습니다. 그리고 가능하다면 잠시 쉴 수 있게 하겠습니다. 그러면 동료는 진정할 시간을 가질 수 있습니다. 저는 스트레스 받는 상황에서 차나 주스를 마시는 것도 좋은 방법이라고 생각합니다. 그래서 동료가 원한다면 음료를 가져다주겠습니다.

 **꼬리질문**

If it didn't work, what would you do?

그 방법이 효과가 없다면 어떻게 하겠습니까?

In that case, I would ask her to swap the position. I worked in the bar as a part time job. When my co-worker got stressed out, I asked her to swap the position and it did work. I think it might have helped her refresh herself.

그런 경우 저는 서로의 업무를 바꿀 것을 제안하겠습니다. 저는 바에서 아르바이트한 경험이 있는데, 동료가 스트레스를 받았을 때, 서로의 포지션을 바꾸자고 했고 그것은 효과적이었습니다. 저는 그것이 동료가 기분 전환하는 데 도움이 되었을 것이라고 생각합니다.

I would carefully listen to what she says, and try to understand her. In my case, it's because I feel relaxed when I talk to someone and get understood. Also I would keep smiling and be more energetic at work, so she can be motivated. If necessary, I would try to cover her duties till she becomes fine.

> 저는 그녀가 하는 말을 주의 깊게 듣고 이해하려 애쓸 것입니다. 제 경우, 누군가에게 이야기하고 이해받을 때 기분이 편안해지기 때문입니다. 또한 저는 그녀가 자극을 받을 수 있도록 계속해서 웃고 더욱 열정적으로 일할 것입니다. 만약 필요하다면, 그녀가 괜찮아질 때까지 업무를 대신해 주도록 노력하겠습니다.

If it didn't work, what would you do?

그 방법이 효과가 없다면 어떻게 하겠습니까?

If it didn't work, I would ask her how she wants me to help. Maybe, she wants my help. Also I would like to ask for help to rest of co-workers, because they might have better ideas to help her. During working, I would keep encouraging her.

효과가 없다면, 저는 제가 어떻게 도와주길 원하는지 그녀에게 물어보겠습니다. 아마 그녀는 제 도움을 원할지도 모릅니다. 또한 저는 다른 동료들에게도 도움을 청할 것입니다. 왜냐하면 그들이 그녀를 도울 수 있는 더 좋은 방법을 알고 있을 수도 있기 때문입니다. 일하는 동안 저는 계속해서 그녀를 격려할 것입니다.

If a passenger complained of having a snoring passenger next to him, how would you handle it?

코를 고는 옆 좌석 승객에 대해 불평하는 승객이 있다면 어떻게 대처하겠습니까?

예시답변 1

I would try to find any available seat to move him. If it's not possible, I would apologize to him and offer things which he might need such as earplugs. Also, I could try to wake up the snoring passenger gently if necessary, and ask for a meal or a drink so it wouldn't let him notice why I woke him up.

저는 불평하는 승객을 위해 빈 자리가 있는지 찾아보겠습니다. 빈 자리가 없다면, 그분에게 사과드리고 귀마개와 같은 필요한 것을 제공하겠습니다. 또한 필요하다면 코 고는 승객을 조심스레 깨워 보려 할 것이며, 식사나 음료를 권하여 깨운 이유를 눈치채지 못하게 하겠습니다.

예시답변 2

I would apologize to him immediately because if a passenger feels uncomfortable during flight, I think it is my responsibility. Also, if he wants, I would offer him earplugs. Lastly, I would inform it to my co-workers, because they might have better ideas so they can help me.

만약 승객이 비행 중 불편함을 느꼈다면 그것은 저의 책임이라 생각하기에 즉시 사과를 드리겠습니다. 또한 원하신다면, 그분께 귀마개를 드리겠습니다. 마지막으로 이 사실을 동료에게 알리겠습니다. 그들에게 더 좋은 아이디어가 있다면 도움을 받을 수 있기 때문입니다.

03 If there was a passenger who can't speak English and your mother tongue language, what would you do?

영어나 당신의 모국어를 모르는 승객에게는 어떻게 서비스하겠습니까?

예시답변 1 If I can't use my language skills, I would find out a co-worker who can speak the passenger's mother tongue language. If it failed, I think body language is one of the good communication skills, so I would try to provide service to him with my body language.

> 제 언어 능력이 소용이 없다면, 그 승객의 모국어를 할 줄 아는 동료를 찾아보겠습니다. 이 역시 실패한다면, 보디랭귀지 역시 좋은 의사소통 수단이므로 보디랭귀지를 사용해 그분께 서비스를 제공하도록 하겠습니다.

예시답변 2 First of all, I would try to use body language or facial expressions. I think they deliver more messages than we can imagine. Also I try to keep smiling, and anticipate what he needs. Then he should feel how I try to satisfy him with my service, and it would make him feel warm. I believe it would make him chill out.

> 무엇보다 저는 보디랭귀지와 얼굴표정을 활용하겠습니다. 보디랭귀지나 얼굴표정은 우리가 상상하는 것 이상의 메시지를 전달해 준다고 생각합니다. 또한 미소를 유지하고 승객에게 필요한 것을 예측하려 노력할 것입니다. 그러면 제 서비스에 승객이 만족할 수 있도록 제가 얼마나 노력하고 있는지 느낄 수 있을 것이고, 따뜻함을 느낄 것입니다. 저는 그것이 그 승객의 긴장을 풀어 줄 수 있다고 믿습니다.

How can you recognize an angry passenger?

화가 난 승객을 어떻게 알아볼 수 있습니까?

예시답변 1 When I worked in the restaurant, customers' gestures are really helpful to check their condition. So, his facial expressions and gestures are the important key to recognize. Also I would notice by this negative reactions from my service. So I think 'keep monitoring' and 'attention to detail' are really important to read customers' mind.

레스토랑에서 일할 때, 고객들의 상태를 확인하는 데 그들의 제스처는 정말 많은 도움이 되었습니다. 그러므로 고객의 표정과 몸짓이 감정 상태를 판별하는 중요한 열쇠가 될 것입니다. 또한 제 서비스에 대한 부정적인 반응으로도 알 수 있습니다. 따라서 '계속 지켜보는 것' 과 '꼼꼼하게 신경쓰는 것' 이 고객의 마음을 읽는 데 아주 중요하다고 생각합니다.

예시답변 2 I would regard a passenger who complains roughly or shouts as an angry passenger, or if he doesn't want anything from me, I would also check if he is angry or just wants to be alone. Also I know some passengers would be quiet even if they are angry. So I always try to keep an eye on the passengers to check their feelings.

저는 거칠게 불평하거나 고함을 지르는 승객을 화난 승객으로 간주할 것입니다. 혹은 승객이 제게서 어떤 서비스도 원하지 않는다면, 그 승객이 화가 났는지, 아니면 단지 혼자 있고 싶은 것인지 역시 확인할 것입니다. 저는 어떤 승객들은 화가 난다 해도 조용히 있다는 것을 압니다. 그래서 그들의 감정을 확인하기 위해 승객들을 잘 살펴보려 항상 노력할 것입니다.

If an economy class passenger wanted to change his/her meal to first class, what would you do?

이코노미 클래스 승객이 퍼스트 클래스 식사를 원한다면 어떻게 대처하겠습니까?

예시답변 1

I would ask him the reason first, because he might have a reason. For example, he might be allergic to certain food, or he might be a vegetarian but economy class wouldn't serve it and so on. Also I check the company's regulations, and try to stick to the regulations. If it is against the rule, I would offer him other things from economy class such as dessert or a snack which he might like.

> 그 승객에게 어떤 사정이 있을지도 모르므로 먼저 이유를 묻겠습니다. 예를 들어 특정한 음식 알레르기가 있거나 채식주의자이지만 이코노미 클래스 식사에는 그에 해당하는 음식이 없는 경우일 수도 있습니다. 또한 저는 회사의 규정을 확인하고 이에 따르도록 하겠습니다. 규칙에 어긋난다면, 저는 그 승객이 좋아할 수 있는 이코노미 클래스의 디저트나 스낵 같은 것을 제공해 드리겠습니다.

예시답변 2

If it is against the company's rule, I would apologize to him and kindly explain the situation. Also if he wants, I would offer him a drink or other stuff from economy class. However if he keeps asking for it, I would ask him the reason because he might have good reasons. Then I would get advice from my senior, and follow her direction.

> 그것이 규칙에 어긋나는 것이라면, 저는 승객에게 사과하고 그 상황을 친절히 설명해 드릴 것입니다. 또한 원한다면, 음료나 이코노미 클래스의 다른 기념품 등을 제공하겠습니다. 하지만 승객이 계속해서 원한다면 저는 그 이유를 묻겠습니다. 왜냐하면 그 승객에게 타당한 이유가 있을지도 모르기 때문입니다. 그 후 저는 선배에게 조언을 구해 이를 따르도록 하겠습니다.

If a passenger took the goods on board, what would you do?

승객이 기내 비품을 가져가려 한다면 어떻게 하겠습니까?

예시답변 1
I'm not sure about the company' s regulations, so I would check it first and try to follow it. If it's not possible to let passengers take stuff on board, then I would tell them not to take it nicely and offer a complimentary souvenir on board if available.

> 회사의 규정을 잘 모르기 때문에 먼저 규정을 확인하고 그대로 따르겠습니다. 승객이 기내 비품을 가져가는 것이 가능하지 않다면, 정중하게 이를 전하고 제공 가능한 기내 기념품을 드리겠습니다.

예시답변 2
I would apologize to her not to let her take the goods, and explain why she can't. Of course, I would tell her in private not to make her feel shameful. If she is fine, I would offer her a drink or souvenir on board. Lastly, I would share it with my co-workers just in case other co-workers act differently, because the consistent service is important.

> 저는 그 승객에게 물건을 가져가지 못하게 하는 것에 대해 사과하고 왜 가져갈 수 없는지 설명해 드릴 것입니다. 물론 그 승객이 부끄러움을 느끼지 않도록 둘만 있는 장소에서 말할 것입니다. 그리고 괜찮다면, 그 승객에게 음료나 기내 기념품을 드리겠습니다. 마지막으로 동료들이 다르게 처신할 것을 대비해 이 사실을 공유하겠습니다. 서비스의 일관성은 중요하기 때문입니다.

If a passenger complained because the passenger next to him was very smelly, what would you do?

승객이 옆 좌석 승객에게 냄새가 난다며 불평하면 어떻게 대처하겠습니까?

예시답변 1

I would apologize to him first not to offer a pleasant flight, and I would change his seat if possible. If not, I would spray air freshener in the cabin. Also I would check the area frequently. Lastly, I would communicate with my co-workers because they might have good ideas to solve the problem.

저는 그 승객에게 쾌적한 비행을 제공하지 못한 것에 대해 먼저 사과를 드리겠습니다. 그리고 가능하다면 자리를 바꿀 수 있도록 하겠습니다. 하지만 가능하지 않다면 기내에 방향제를 뿌리겠습니다. 또한 그 구역을 확인해 보겠습니다. 마지막으로 동료들과 상의해 보겠습니다. 그들에게 그 문제를 해결할 좋은 아이디어가 있을지도 모르기 때문입니다.

예시답변 2

I would make a polite apology for uncomfortable flight. Then I would check the smelly passenger takes off his shoes. If so, I would give him slippers, and I offer a cup of coffee to the passenger who complained because the scent of coffee is helpful to deodorize. Also, I would spray my perfume to the area if necessary.

저는 불쾌한 비행에 대해 정중히 사과하겠습니다. 그 후 냄새가 나는 승객이 신발을 벗고 있는지 확인하겠습니다. 그렇다면, 그 승객에게 슬리퍼를 제공하고 불만을 제기한 승객에게는 커피를 한 잔 드리겠습니다. 커피 향이 악취를 없애는 데 도움이 되기 때문입니다. 또한 필요하다면 그 구역에 제 향수를 뿌리도록 하겠습니다.

If there was a bad rumor going around about you among your co-workers, what would you do?

동료들 사이에 당신에 대한 나쁜 소문이 퍼진다면 어떻게 대처하겠습니까?

예시답변 1

I wouldn't be very happy about it. However I think there is always a reason about rumoring around. So I would try to find out if there is anything I've done wrong. After that, I can try to communicate with my co-workers to solve the problem. I would ask them to talk to me first before spreading unclear rumors.

기분이 좋진 않을 것입니다. 하지만 루머가 떠도는 것에는 언제나 이유가 있으므로 제가 뭔가 잘못 행동한 것은 없었는지 스스로를 돌아보려 노력할 것입니다. 그 후 문제 해결을 위해 동료들과 대화를 하겠습니다. 그들에게 불확실한 루머를 퍼트리지 말고 제게 먼저 말해 달라고 부탁할 것입니다.

예시답변 2

I would feel hurt and offended if somebody spreads a vicious rumor. First of all, I would try to find what the rumor is, and break down misunderstandings with my co-workers. If there is my fault, I would try to fix it. I would try to do my best to get along well with co-workers.

누군가가 악성 루머를 퍼트린다면, 저는 상처받고 불쾌감을 느낄 것입니다. 먼저 저는 어떤 루머인지 확인하고 동료들과 오해를 풀 것입니다. 제 잘못이 있다면, 이를 고치려 애쓰겠습니다. 저는 동료들과 잘 어울리기 위해 최선을 다해 노력할 것입니다.

What is your own definition of the best service?

당신에게 최고의 서비스란 무엇입니까?

예시답변 1

I think the best service is the way to share my heart with customers. Even if I make a mistake or I do something wrong, they could be satisfied with my service as long as I try to treat customers sincerely and to show I really do my best to customers. That is why my service motto is 'To treat customers as I want to be treated'. That is the way to interact with customers, so I can anticipate what they need before they ask for.

저는 최고의 서비스란 고객들과 제 진심을 나누는 방법이라고 생각합니다. 제가 실수를 하거나 무언가 잘못을 한다 해도, 제가 진심으로 고객들을 대하고 최선을 다하는 모습을 보여 준다면 고객들은 만족할 것입니다. 그래서 제 서비스 신조는 '내가 대접받고 싶은 만큼 고객을 대접하자' 입니다. 이는 고객과 교감하는 방법이며, 따라서 고객이 요구하기 전에 그들이 원하는 바를 알 수 있을 것입니다.

꼬리질문   How would you treat customers as you want to be treated?

당신이 대접받고 싶은 만큼 고객을 대접하는 방법은 무엇입니까?

Whenever I worked in a service sector, I always thought what I would want and what I would like if I were them. Then I did whatever I thought that was the best. Of course, service is not one-sided relationship. So I didn't forget to check if they like my way. That is my way to treat customers as I want to be treated.

제가 서비스 분야에서 일할 때마다, 언제나 내가 고객이라면 무엇을 원하고, 무엇을 좋아할지를 생각했습니다. 그리고 제가 생각할 때 최고라 여겨지는 것을 행했습니다. 물론 서비스는 일방적인 관계가 아닙니다. 그래서 그들이 제 방식을 좋아하는지 확인하는 것을 잊지 않았습니다. 그것이 제가 대접받고 싶은 만큼 고객을 대접하는 방법입니다.

My own definition of the best service is to touch customers and to make them my loyal customers. I want my customers not only to be satisfied with my service but also to be touched. If I make customers feel specially treated, they would think they get more than they expect and it could touch them.

최고의 서비스에 대한 제 정의는 고객을 감동시켜 단골 고객으로 만드는 것입니다. 저는 고객들이 단지 제 서비스에 만족하는 것뿐만 아니라 감동받길 원합니다. 제가 고객들이 특별히 대접받고 있다고 느끼게 한다면, 그들은 자신이 기대한 것 이상을 받았다고 생각할 것이고, 그것은 그들을 감동시킬 수 있습니다.

Have you ever had a loyal customer?

단골 고객을 가져 본 적이 있습니까?

Yes, a lot. For example, when I worked in the bootery, there was an old woman who wanted to buy shoes for her husband as his birthday present. I stayed with her for almost 1 hour to find right shoes for her husband. I kindly explained everything in easy terms. Finally, she found one, but we were sold out of his size. Unfortunately, she couldn't buy the shoes. However she became my loyal customer. She said she remembered how I treated her.

네, 많습니다. 제가 구두 매장에서 일할 때, 남편의 생일선물을 사기 위해 할머니 한 분이 오셨습니다. 저는 거의 1시간 가량을 할아버지께 잘 어울릴 신발을 골라 드리기 위해 그 손님과 같이 있었습니다. 저는 친절하게 쉬운 단어로 할머니께 모든 것을 설명해 드렸습니다. 마침내 신발을 골랐지만, 그 사이즈는 모두 팔린 상태였습니다. 유감스럽지만 할머니는 신발을 사지 못했습니다. 하지만 할머니는 제 단골 고객이 되었습니다. 그분은 제가 어떻게 대우해 드렸는지 기억하고 계셨다고 하셨습니다.

그 외 가능한 꼬리질문

How did you share your heart with customers?
고객들과 어떻게 진심을 나눕니까?

Have you ever offered the best service with your service mind?
당신의 서비스 마인드로 최고의 서비스를 제공했던 적이 있습니까?

How do you make customers feel specially treated?
어떻게 고객으로 하여금 자신이 특별히 대접받고 있다고 느끼게 합니까?

Have you ever offered customers more than they expected?
고객이 기대한 것 이상을 제공해 본 적이 있습니까?

당신에게 있어 '성공'이란 무엇을 의미합니까?

역시 정의를 묻는 질문이므로, 이 질문에 뒤따를 수 있는 '경험'을 묻는 꼬리질문에 대비할 수 있어야 하겠습니다.

예시답변 1 I think success is self-satisfaction. If I'm very rich and beautiful, but not satisfied with myself, that is not a successful life. For me success is to know myself well and to find what I want. If I do my best to achieve it, it is success even if I fail to do, because I would be satisfied with myself and my efforts.

성공이란 자기만족이라고 생각합니다. 경제적으로 풍족하고 외모가 아름답다 해도 자신에게 만족할 수 없다면, 그건 성공적인 인생이라 할 수 없습니다. 제게 있어 성공이란 나 자신을 잘 알고, 내가 원하는 것을 찾는 것입니다. 원하는 것을 얻기 위해 최선을 다한다면 설사 실패한다 하더라도 그것은 성공입니다. 왜냐하면 저는 스스로에게, 그리고 제 노력에 만족할 것이기 때문입니다.

So, did you find what you want?

그래서 당신이 원하는 것을 찾았습니까?

Yes, I did. What I want is to have a happy life and to enjoy my job. That is why I want to be a flight attendant for ○○ air. I know I can enjoy my job and life as a flight attendant from my experiences and personalities. I believe being a flight attendant would give a chance to be happier.

네, 찾았습니다. 제가 원하는 것은 행복한 삶을 살고, 제 일을 즐기는 것입니다. 그렇기에 저는 ○○항공의 승무원이 되고자 하는 것입니다. 제 경험과 성격으로 비추어 보아, 승무원으로서의 일과 삶을 즐길 수 있다고 생각합니다. 승무원이 되는 것이 제가 더 행복해질 수 있는 기회가 될 것이라 믿습니다.

Success means fulfilling my dreams. I don't mean the dream which this society or others expect from you, I mean the dream which you expect of yourself. It could be a CEO or having children or a doctor or a flight attendant as I want. When we have our own dreams, and do our best to fulfill, that is success which is a different name of truly living.

성공은 자신의 꿈을 성취하는 것을 의미합니다. 이 사회가 혹은 다른 사람들이 제게 기대하는 꿈을 말하는 것이 아닙니다. 제가 자신에게 기대하는 꿈을 의미합니다. 그것은 CEO일 수도 있고, 아이를 갖는 것일 수도 있고, 의사나 혹은 제가 원하는 것처럼 승무원일 수도 있습니다. 우리가 우리만의 꿈을 갖고, 이를 달성하기 위해 최선을 다할 때, 그것이 바로 진실한 삶의 다른 이름, 즉 성공인 것입니다.

What do you expect from you through your life?
당신이 당신의 인생을 통해 기대하는 것은 무엇입니까?

It is simple. I want to be happy. Even if I have a hard time or undergo trials, I want myself to be stronger, so I would be still happy. I expect myself to find what I want, what I like, what makes me happy and how I overcome the difficulty. Then I am sure I would live a life without regrets.

간단합니다. 저는 행복해지길 원합니다. 설사 힘든 시간을 보내고 시련을 겪는다 해도 저는 더 강해지길 원하고, 그래서 여전히 행복할 것입니다. 저는 제가 원하는 것, 제가 좋아하는 것, 절 행복하게 해 주는 것과 어려움을 극복하는 법을 찾길 기대합니다. 그러면 후회 없는 삶을 살 것이라고 믿습니다.

그 외 가능한 꼬리질문

Have you ever done your best to achieve something, and failed?
무언가를 성취하기 위해 최선을 다했지만 실패한 적이 있습니까?

What is your way to be satisfied with yourself?
스스로에게 만족할 수 있는 방법은 무엇입니까?

What is your dream?
당신의 꿈은 무엇입니까?

Why do you want to be a flight attendant?
승무원이 되고 싶은 이유는 무엇입니까?

03 What is the most important value of life?

인생에서 가장 중요한 가치로 꼽는 것은 무엇입니까?

자신이 인생에서 가장 중요하게 여기는 가치를 말하고, 그 이유를 설명하면 됩니다. 이 답변을 통해 면접관은 지원자의 가치관이나 성품을 엿볼 수 있으므로 신중히 생각하고 답하도록 합시다.

예시답변 1

In my opinion, the most important value of life is 'happiness'. I think that is why people work hard and love each other. Also that is why I apply for this position in ○○ air, because I believe this position should give me more chances to be happy. My happiness is to work where I want to be, and to be with people who I love.

제게 있어 인생의 가장 중요한 가치는 '행복' 입니다. 때문에 사람들이 열심히 일하고 서로 사랑하는 것이라고 생각합니다. 또한 그렇기에 제가 ○○항공에 지원하는 것입니다. 이 직업이 제게 더 행복해질 기회를 줄 수 있다고 믿기 때문입니다. 제 행복은 제가 원하는 곳에서 일을 하고 제가 사랑하는 사람들과 함께 있는 것입니다.

꼬리질문

Why do you believe this position gives you more chances to be happy?

어째서 이 직업이 당신에게 행복해질 기회를 더 많이 준다고 믿습니까?

Because I know I can fully enjoy my job as a flight attendant. It meets my aptitude. I am very sociable and a skilled communicator. So I am sure I can handle customers well and mix well with various co-workers. I think I should be happy when I enjoy my job.

왜냐하면 저는 승무원으로서 이 직업을 충분히 즐길 수 있기 때문입니다. 이 일은 제 적성에 맞습니다. 저는 매우 사교적이고 능숙하게 의사를 전달합니다. 그래서 고객에게 잘 대응하고 다양한 동료들과 잘 어울릴 수 있다고 확신합니다. 저는 제가 일을 즐길 때 행복해진다고 생각합니다.

The most important value of life is 'family'. I think family means hope, love and healing. Whenever I feel hurt or undergo trials, I always think of my family. They are my biggest supporters and advisers. When I am loved and love, I am more proud of myself, and my family always gives me steadfast love.

인생의 가장 중요한 가치는 '가족' 입니다. 가족은 희망, 사랑, 치유를 의미한다고 생각합니다. 제가 상처받을 때나 시련을 겪을 때마다, 저는 언제나 가족을 생각합니다. 그들은 저의 가장 큰 지지자이자 조언자입니다. 제가 사랑받고 사랑할 때, 저는 스스로를 보다 자랑스럽게 여기며, 가족은 언제나 제게 변함없는 사랑을 줍니다.

What did they say about your plan to be a flight attendant?

가족들은 승무원이 되려는 당신의 계획에 대해 뭐라 말했습니까?

At first, they were little bit embarrassed, because they thought I should get a job in my major of study. However, I told them why I wanted this job and they supported me. They think this job fits me well.

처음에는 약간 당황해 했습니다. 왜냐하면 그들은 제가 전공을 살려 취직을 할 것이라고 생각했기 때문입니다. 하지만 저는 그들에게 왜 이 직업을 원하는지 설명했고, 그들은 절 지지해 주었습니다. 그들은 이 직업이 저와 잘 맞는다고 생각합니다.

그 외 가능한 꼬리질문

Why do you think happiness is the most important value of your life?

왜 행복이 당신의 인생에서 가장 중요한 가치라고 생각합니까?

How would you work as a flight attendant in ○○ air?

○○항공에서 승무원으로 어떻게 일하겠습니까?

Tell me any advice you got from your family.

가족에게 받았던 조언에 대해 말해 보십시오.

Have you been comforted by your family when you got through hard time?

힘든 시간을 겪을 때, 가족들에게 위로를 받은 적이 있습니까?

04 What do you think of plastic surgery?

성형수술에 대해 어떻게 생각합니까?

한국인 여성 지원자들이 많이 받는 질문입니다. 자신의 솔직한 생각을 말하되, 전적으로 옳다 혹은 그르다는 식의 극단적인 답변은 피하도록 합니다.

예시답변 1

I'm not for it, but not against it. I am kind of in between. Some people really need to get plastic surgery for their life. However what I would like to highlight is too many people are obsessed with it these days. Ironically, they lose confidence more as they get plastic surgery more. As I said, I am not against it, but I think it is really important to be confident of how they look first.

저는 찬성도 반대도 아닌 중립적인 입장입니다. 어떤 사람들은 그들의 삶을 위해 성형수술이 정말 필요한 경우가 있습니다. 하지만 제가 강조하고 싶은 것은 요즘 너무 많은 사람들이 성형수술에 사로잡혀 있다는 것입니다. 아이러니하게도 성형수술을 받으면 받을수록 자신감을 더 잃게 됩니다. 말씀드렸듯, 저는 반대하는 입장은 아니지만 먼저 자신의 모습에 자신감을 갖는 것이 정말 중요하다고 생각합니다.

Have you ever thought of having plastic surgery?

성형수술을 받고 싶다는 생각을 한 적이 있습니까?

Yes, I did. When I was 20 years old, I didn't like my features. I wanted to change everything if possible. So I put on heavy makeup and thought of getting plastic surgery. As time went by, I realized I have my own individuality and I wanted to keep it. Now, I am satisfied with my looks, because it is me.

네, 있었습니다. 제가 20살 때, 저는 제 생김새가 마음에 들지 않았습니다. 가능하다면 모든 것을 바꾸고 싶었습니다. 그래서 두꺼운 화장을 하고 성형수술 받는 것에 대해 생각했습니다. 시간이 흐르면서, 저는 저만의 개성이 있다는 것을 깨달았고 그것을 지키고 싶었습니다. 지금은 제 모습에 만족합니다. 왜냐하면 그게 저니까요.

I don't take it ill. Everyone has a right to do what they want unless it harms others. Also if someone is satisfied with having plastic surgery, she could be happier and more positive. However, I am worried about people who get plastic surgery habitually. It is a different issue. I think it is more related with a mental problem.

> 저는 성형수술을 나쁘게 생각하지 않습니다. 다른 사람에게 해를 끼치는 것이 아니라면, 누구나 자신이 원하는 것을 할 권리가 있습니다. 또한 성형수술을 받는 것에 만족한다면, 그 사람은 더 행복해지고 긍정적이 될 수 있습니다. 하지만 습관적으로 성형수술을 하는 사람들은 걱정이 됩니다. 그것은 다른 문제입니다. 저는 그것이 정신적인 문제와 좀 더 연관이 있다고 생각합니다.

Have you ever got plastic surgery?
성형수술을 한 적이 있습니까?

Yes, I got a nose job. My flat nose always gave me an inferiority complex. I have thought about it for a long time, and finally discussed with my parents. They agreed with me getting a nose job. So I got a nose job, and now I am very happy and satisfied.

네, 코를 세웠습니다. 저는 납작한 코에 늘 열등감이 있었습니다. 저는 오랜 시간 생각했고, 결국 부모님과 상의했습니다. 부모님은 코 수술에 동의해 주셨습니다. 그래서 코를 세웠고, 현재 저는 매우 행복하고 만족합니다.

그 외 가능한 꼬리질문

Are you confident of your looks?
당신은 외모에 자신이 있습니까?

Why do you think people are so obsessed with plastic surgery these days?
왜 요즘 사람들은 성형수술에 그렇게 사로잡혀 있다고 생각합니까?

What do you think that people are so appearance-oriented these days?
요즘 사람들이 외모지상주의에 빠져 있는 것에 대해 어떻게 생각합니까?

Why do you think plastic surgery can make people happy and positive?
어째서 성형수술이 사람들을 행복하고 긍정적으로 만들어 준다고 생각합니까?

Do you think capital punishment should be abolished?

당신은 사형제도가 폐지되어야 한다고 생각합니까?

한국은 현행법상 사형을 인정하지만, 집행하지는 않고 있습니다. 하지만 잔인한 범죄가 많이 발생하면서 최근 다시 사형제도에 대한 논쟁이 일고 있습니다. 예전부터 종종 나왔던 질문이니 반드시 자신의 생각을 정리하는 시간을 갖는 것이 좋습니다.

예시답변 1

I am a bit confused with it, because I can understand both of opinions. However I think it is better to abolish capital punishment, because I think no human being can judge and decide someone's life. Also, it is possible that innocent people might get capital punishment mistakenly. So life sentence should be the severest possible penalty.

제게는 다소 어려운 문제입니다. 왜냐하면 저는 양쪽 의견 모두 이해하기 때문입니다. 하지만 저는 사형제도는 폐지되는 편이 낫다고 생각합니다. 어느 누구도 누군가의 삶을 판단하고 결정할 수 없다고 생각하기 때문입니다. 또한 결백한 사람이 실수로 사형을 선고받을 가능성도 있습니다. 그래서 무기징역이 최고형이 되어야 한다고 봅니다.

Do you believe life sentence is helpful to lower the crime rate?

무기징역이 범죄율을 낮추는 데 도움이 된다고 생각합니까?

Not really, but the death penalty is neither. I think we have to strengthen the education for crime prevention, and neighborhood watch should be generalized to the whole country. I believe these ways will be more effective than deciding the penalty.

꼭 그렇진 않습니다. 하지만 사형제도 역시 마찬가지입니다. 저는 범죄 예방 교육을 강화하고 자율방범대를 전국적으로 보편화시켜야 한다고 생각합니다. 저는 이런 방법들이 형량을 정하는 것보다 더욱 효과적일 것이라 믿습니다.

예시답변2 Not really. I think it is much better to have death penalty. Some people said death penalty is against the sanctity of life, but I think it protects the sanctity of life. If we punish criminals severely, they would think once more before committing a crime. I think the human right of victims is much more important than the human right of criminals.

> 꼭 그렇진 않습니다. 저는 사형제도는 유지되는 편이 낫다고 생각합니다. 어떤 사람들은 사형제도가 인간의 존엄성에 위배된다고 하지만 저는 오히려 인간의 존엄성을 지켜 주는 것이라고 생각합니다. 만약 우리가 범죄자들을 엄중히 처벌한다면, 그들은 범죄를 저지르기 전에 한 번 더 생각할 것입니다. 저는 희생자들의 인권이 범죄자들의 인권보다 훨씬 더 중요하다고 생각합니다.

What made you think like that?

당신으로 하여금 그렇게 생각하게 한 것은 무엇입니까?

Recently, atrocious crimes in the world has increased. Ironically, the criminals have been treated better. If it is to lower a second conviction rate, I don't think that is very effective. Whenever I watched the news about atrocious crimes, I felt anger and frustrated. I think criminals should be responsible for their crimes as an adult.

최근 세계적으로 흉악한 범죄가 늘고 있습니다. 아이러니하게도 범죄자에 대한 대우는 점점 좋아지고 있습니다. 만약 그것이 재범률을 낮추기 위한 것이라면 그렇게 효과적이라는 생각은 들지 않습니다. 흉악한 범죄에 대한 뉴스를 볼 때마다, 저는 분노를 느끼고 좌절합니다. 범죄자들은 성인으로서 자신들의 범죄에 책임을 져야 한다고 생각합니다.

그 외 가능한 꼬리질문

예시답변1 Why do you believe no one can judge others' life?

어째서 그 누구도 타인의 삶에 대해 왈가왈부할 수 없다고 믿습니까?

Don't you think it could bring higher crime rate?

그것이 더 높은 범죄율을 가져올 수 있다고 생각하지 않습니까?

예시답변2 Why do you think death penalty protects the sanctity of life?

어째서 사형제도가 인간의 존엄성을 지켜 준다고 생각합니까?

Don't you think it is possible that innocent people get death penalty by mistake?

실수로 결백한 사람이 사형 선고를 받을 가능성이 있다고 생각하지 않습니까?

Can you tell me any good ideas to raise the birthrate in Korea?

한국의 출산율을 높일 수 있는 좋은 방법이 있다면 말해 보겠습니까?

이 질문은 옳고 그름의 문제도 아니며, 답하기 민감한 주제도 아닙니다. 자신의 생각을 솔직하고 자유롭게 말하면 됩니다.

예시답변 1

I think it could be a good idea that the government takes charge of educational expense, because we need a lot of money for children to receive their schooling, and many parents can't afford it. So it could be one of the reasons they are afraid of having a child. If the government has many good policies for parents, they wouldn't hesitate to have a baby.

정부가 교육 비용의 부담을 지는 것이 좋은 방법이 될 수 있다고 생각합니다. 왜냐하면 한국에서는 아이들 교육하는 데 많은 돈이 들어가는데, 많은 부모들이 그 비용을 감당하기 힘들어 합니다. 그것이 아이를 갖는 데 두려움을 느끼는 이유 중 하나일 것입니다. 정부가 부모를 위해 좋은 정책을 많이 시행한다면, 그들은 아이 낳기를 주저하지 않을 것입니다.

꼬리질문 **Why do you think Koreans need a lot of money to get a proper education?**

왜 한국인은 적절한 교육을 받는 데 많은 돈이 필요하다고 생각합니까?

There are a lot of people and limited seats, so people have to fight for jobs in a highly competitive market. Which means, the zeal for children's education in Korea is very high. So we pay a lot of money for private education. I don't think we go in the right direction, but unfortunately it is true that many people are afraid of having a child because of it.

사람은 많고 자리는 한정되어 있습니다. 그래서 사람들은 대단히 경쟁이 심한 시장에서 일자리를 놓고 싸워야 합니다. 한국은 아이들에 대한 교육열이 매우 높습니다. 그래서 우리는 사교육에 많은 돈을 투자합니다. 저는 이것이 올바른 방향으로 나아가는 것이라 생각지 않습니다만, 유감스럽게도 많은 사람들이 이 문제 때문에 아이 갖기를 꺼려하는 것은 사실입니다.

It is never easy to have a baby and raise her. I think these days many young couples feel afraid of parenting, so having a baby is pushed back on their priority list. If many kinds of preparental education take effect, we could raise the birthrate in Korea. Also having many benefits for unmarried mothers would be a good way to raise the birthrate.

아이를 낳고 기르는 것은 절대 쉬운 일이 아닙니다. 저는 요즘 많은 젊은 부부들이 양육에 두려움을 느껴, 아이를 갖는 것이 그들의 우선순위에서 밀리고 있다고 생각합니다. 다양한 예비 부모 교육이 시행된다면, 출산율을 높일 수 있을 것입니다. 또한 미혼모들을 위한 다양한 지원 제도를 마련하는 것 역시 출산율을 높이는 좋은 방법이 될 것입니다.

Why do you believe benefits for unmarried mothers can go to raise the birthrate?

미혼모에 대한 지원이 출산율을 높일 수 있다고 생각하는 이유는 무엇입니까?

Because the perception of unmarried mothers are not good in Korea, so they often decide to get abortion. Normally, many unmarried mothers are in a difficult situation, but there are not many places they can ask for help even if they want to raise the baby. If the government makes many benefits for them, the birthrate in Korea would be raised.

왜냐하면 한국에서는 미혼모들에 대한 인식은 좋지 않기에 그들은 종종 낙태를 결정하기 때문입니다. 보통 많은 미혼모들이 어려운 상황에 처해 있지만, 그들이 아이를 키우길 원한다고 해도 도움을 청할 수 있는 곳이 많지 않습니다. 정부가 그들을 위한 지원책을 많이 만든다면, 한국의 출산율은 올라갈 것입니다.

그 외 가능한 꼬리질문

What else?

그 밖에 더 있습니까?

What kind of good policies do you expect from the government?

정부로부터 어떤 좋은 정책을 기대합니까?

Why do you think many young couples feel afraid of having a child?

왜 젊은 커플들이 아이를 갖는 것에 두려움을 느낀다고 생각합니까?

What kind of benefits could be effective for unmarried mothers?

어떤 종류의 혜택이 미혼모들에게 효과적이라고 생각합니까?

 # What is the worst crime in your opinion?

최악의 범죄는 무엇이라고 생각합니까?

이 질문 역시 정답은 없습니다. 경범죄에 해당될 만한 수준의 범죄만 아니라면, 자신이 생각하는 최악의 범죄를 들고, 그렇게 생각하는 이유를 논리적으로 설명할 수 있으면 됩니다.

예시답변 1

Every crime is bad, and can't be repeated. Specially, I strongly oppose to murder people. No one can deprive of other's life. Once it happens, it's not only for the victim, people around the victim are also suffered from it for the rest of their life. Specially, it is the worst to murder a child or elderly, because they can't even resist.

모든 범죄는 나쁘고 반복되어서는 안 됩니다. 특히 저는 살인을 강하게 반대합니다. 누구에게도 타인의 인생을 빼앗을 권리는 없습니다. 살인이 한 번 발생하면 희생자뿐 아니라 희생자 주변 사람들 역시 남은 인생 동안 고통을 받습니다. 특히 아이나 노인을 살해하는 것은 최악의 범죄라고 생각합니다. 왜냐하면 그들은 저항조차 할 수 없기 때문입니다.

꼬리질문

Have you ever watched such news recently?

최근 관련 뉴스를 본 적이 있습니까?

Yes, there was one serial killer arrested few months back. He killed only elders who lived alone. He didn't kill them for money or rape, just killed for nothing. I hope there are no more heinous crimes that target the elderly.

네. 몇 달 전 한 연쇄살인범이 체포되었습니다. 그는 독거노인들만 살해했습니다. 돈이나 강간을 위한 살인이 아닌, 아무 이유 없는 살인이었습니다. 더 이상 노인을 목표로 하는 흉악한 범죄가 일어나지 않았으면 좋겠습니다.

I think the worst crime is to kill someone's soul. For example, I believe child rape and child kidnapping are a killing of someone's soul. Someone means both of the victim and her parents. I think destroying someone's soul is worse than killing someone's body. That is why I think the crime which kills someone's soul is the worst crime ever.

저는 영혼을 죽이는 것이 가장 나쁜 범죄라고 생각합니다. 예를 들어, 유아 강간이나 유아 유괴는 누군가의 영혼을 죽이는 일이라고 믿습니다. 여기서 '누군가' 란 희생자와 그 부모 모두를 뜻합니다. 영혼을 파괴하는 일이 몸을 죽이는 것보다 더 나쁘다고 생각합니다. 그렇기에 영혼을 죽이는 범죄가 가장 나쁘다고 여깁니다.

Do you have any good ideas to lower such crime rate?
그런 범죄 발생률을 낮추기 위한 좋은 생각이 있습니까?

Yes. The maximum penalty for child offenders is not that heavy. So I strongly believe the government should plan to toughen up sentences for child offenders. Also they should receive counseling in prison. However, the most important thing is that parents always make sure their children stay safe.

네. 현재 아동 대상 범죄자들의 최고 형량은 그다지 높지 않습니다. 그래서 저는 정부가 이런 범죄에 대한 형량을 더욱 높여야 한다고 믿습니다. 또한 그들은 감옥에서 상담 치료를 받아야만 합니다. 하지만 무엇보다 중요한 것은 부모가 언제나 아이들의 안전을 확인해야 하는 점입니다.

그 외 가능한 꼬리질문

What kind of punishment do you think they should get?
그들이 어떤 처벌을 받아야 한다고 생각합니까?

Do you have any ideas to decrease such crimes?
그러한 범죄를 줄일 수 있는 묘안이 있습니까?

What kind of punishment do you think they should get?
그들이 어떤 처벌을 받아야 한다고 생각합니까?

Have you ever watched such news recently?
최근 관련 뉴스를 본 적이 있습니까?

승무원은 환상 속의 직업이 아니다. 엄연히 노동에 상응하는 대가를 받고, 때로는 하기 싫어도 해야 하는 다른 모든 직업과 다르지 않은 직업이다.

높은 연봉, 예쁜 유니폼, 세계 각지로의 여행, 면세점에서의 자유로운 쇼핑, 이것이 승무원의 전부라고 생각해서는 안 된다. 일하면서 체력이 따라 주지 않아 기내에서 쌍코피를 터뜨리기도 했고, 밤샘 비행에 쏟아지는 잠을 주체 못해 각성제를 먹고 일한 적도 있고, 비행 전날 알람시계를 5개나 맞춰 놓고도 일어나지 못할까 매번 불안해 하며 잠이 들고, 바뀌는 시차 때문에 아무리 노력해도 잠을 잘 수 없어 수면유도제를 먹고 잠든 적도 있다. 비행을 마친 후 피곤에 지쳐 쓰러져 자다가 새벽에 문득 깨어나 외로움에 눈물짓거나, 말도 안 되는 요구를 하는 승객 때문에 속상하고 자존심 상해 기내 화장실에서 눈물을 훔친 일도 많다. 내가 하지도 않은 일을 선배의 횡포나 인종차별로 인해 억울하게 덮어쓰기도 했고, 분한 마음에 당장 사표를 집어던지고 한국으로 오고 싶은 충동을 누른 게 몇 번이었다.

그래도 내가 승무원의 길을 택한 것을 후회하지 않는 이유는, 지금의 나는 더 이상 이전의 내가 아니기 때문이다. 최악의 상황에 놓였다고 좌절했을 때 나보다 곱절은 힘든 상황에서도 열심히 사는 사람들을 만났고, 낯선 내게 무조건적인 호의를 베풀어 주는 사람들, 정말 기본조차 되어 있지 않은 사람들을 만나고 겪으며 배우고 다짐한 것들 때문이다. 세상의 낯선 곳을 구석구석 누비며 내 머리는 자랐고 심장 역시 뜨거워졌기에.

승무원을 희망하는 분들에게 내 개인적인 경험을 근거로 의욕을 주거나 꺾을 생각은 없다.

그러나 진정 자신이 원한다고 믿으면 무조건 뛰어들라는 말만은 하고 싶다. 시도해 보지도 않고 미리 겁먹는 것만큼 바보 같은 일은 없을 테니, 이 일을 원하고 적성에 맞는다고 생각한다면, 바로 그런 당신이 Well-Qualified Person이다.

중동 지역 항공사

에미레이트항공, 카타르항공, 에티하드항공, 걸프항공, 오만항공

중동 지역 항공사 면접의 특징은 질문이 상당히 자세하다는 점입니다. 한 번 면접관의 질문에 답변을 잘했다 해서 끝나는 것이 아니라, 지원자에 대한 면접관의 궁금증이 해소될 때까지, 답변에 이은 답변을 유도하는 꼬리질문이 계속됩니다. 중동 지역 항공사 기출문제 상당수가 직장 경력, 서비스 관련 경험, 인간관계에 관한 것을 묻고 있습니다. 또한 낯선 문화권에서 살아야 하기 때문에 한국인에게는 지원자의 적응 능력이나 독립심을 확인할 수 있는 질문도 자주 합니다. 따라서 지원자는 자신의 이력서를 바탕으로 자신만의 기출문제와 꼬리질문을 만들어 연습하는 것이 중요합니다.

에미레이트항공 EK

- 거주지 : 두바이(UAE)
- 지원자격 : 고졸 이상, 만 21세 이상, Arm reach 212cm 이상, 교정시력 1.0 이상, 영어능력에 능통한 자
- 면접주안점 : 활발하고, 사교적이며, 도전정신이 있는 자. 다양한 국적과 인종의 승무원들과 함께 일해야 하므로 다른 문화에 대해 포용력 있는 모습을 보여 주는 것이 중요.

카타르항공 QR

- 거주지 : 도하(카타르)
- 지원자격 : 고졸 이상, 만 21세 이상, Arm reach 212cm 이상, 교정시력 1.0 이상
- 면접주안점 : 사교적인 성격에 대인관계 능숙하며, 팀으로 일하는 능력이 수월한 자.

에티하드항공 EY

- 거주지 : 아부다비(UAE)
- 지원자격 : 고졸 이상, 만 21세 이상, 여자 160cm 이상, 남자 170cm이상, 교정시력 1.0 이상
- 면접주안점 : 스스로 동기 부여를 할 수 있고, 높은 품질의 고객 서비스를 전달하려는 의지가 있는 자

걸프항공 GF

- 거주지 : 마나마(바레인)
- 지원자격 : 2년제 대학 이상 학력, 만 20~34세, 신장 156cm 이상, 교정시력 1.0이상
- 면접주안점 : 뛰어난 서비스 능력을 발휘할 수 있는 자

오만항공 IW

- 거주지 : 무스카트(오만)
- 지원자격 : 고졸 이상, 만 21세 이상, 신장 158cm 이상, 교정시력 1.0이상, 영어 능통자
- 면접주안점 : 팀의 일원으로서 일하며 뛰어난 서비스 능력을 발휘할 수 있는 자

Why do you want to work at this company?

이 회사에서 일하고 싶은 이유는 무엇입니까?

에미레이트항공

I would like to work for Emirates Airlines because I believe both of myself and the company could satisfy each other. I am very open-minded and have a cooperative attitude. So I expect I can handle passenger's various needs and mingle well with team members from diverse cultures. Also I know Emirates Airlines knows how to treat their employees with respect. I would be so happy if I can utilize my skills and abilities in such a worthy company, Emirates Airlines.

제 자신과 회사가 서로에게 만족할 수 있다고 믿기 때문에 에미레이트항공에서 일하길 원합니다. 저는 매우 열린 사고방식과 협력적인 태도를 갖고 있습니다. 그래서 저는 승객들의 다양한 요구를 해결할 수 있고 다양한 문화권에서 온 동료들과 잘 어울릴 수 있을 것이라 기대합니다. 또한 에미레이트항공은 직원들을 존중하는 법을 알고 있다고 생각합니다. 제가 만약 그러한 가치 있는 회사, 에미레이트항공에서 저의 기술과 능력을 활용할 수 있다면 정말 행복할 것입니다.

카타르항공

Because Qatar Airways is the most valuable company in this field. Qatar Airways is growing rapidly, and has an excellent international reputation as a first class airline. "Excellence in everything that we do" is the slogan for Qatar Airways. I am a service-oriented person. I have many working experiences in a service sector, and normally got good feedback from co-workers and customers. I wish I could contribute to Qatar Airways with my service skills and mind.

왜냐하면 카타르항공은 이 분야에서 가장 가치 있는 회사이기 때문입니다. 카타르항공은 빠르게 성장하고 있으며 일류 항공사로서 훌륭한 국제적 명성을 갖고 있습니다. "우리가 하는 모든 일에 최상의 것을"이 카타르항공의 슬로건입니다. 저는 서비스 지향적인 사람입니다. 서비스 분야에 많은 경험이 있고 동료와 고객들에게 대체로 좋은 평가를 받았습니다. 저의 서비스 스킬과 마인드로 카타르항공에 도움이 되고 싶습니다.

걸프항공

I am sure I am the one you're looking for, and Gulf Air is the company I'm looking for. I got good communication skills from my previous job which was a counselor. Also I am diplomatic and positive. I know how to make people comfortable, and how to resolve a conflict. Gulf Air offers very attentive and professional service to passengers. I want to improve myself in Gulf Air and also to be helpful to the company's growth. That is why I applied to Gulf Air.

저는 제가 걸프항공이 찾는 인재라는 것과 걸프항공이 제가 원하는 회사라는 것을 확신합니다. 카운셀러였던 전 직업에서 저는 커뮤니케이션 스킬을 익혔고, 또한 재치 있고, 긍정적인 성격입니다. 저는 사람들을 편안하게 만들고 갈등을 해결하는 법을 알고 있습니다. 걸프항공은 승객들에게 매우 세심하고 전문적인 서비스를 제공하고 있습니다. 저는 걸프항공에서 발전하고 싶고, 또한 걸프항공의 성장에 도움이 되고 싶습니다. 그렇기에 걸프항공에 지원하게 되었습니다.

오만항공

I want to work at Oman Air because I know this company is the place where I can work with a happy heart. I am very team-oriented and have good service skills. So I can get along well with various co-workers from everywhere, and also I get ready to offer excellent service for Sindbad frequent flyer as well as other passengers in Oman Air. I would like to improve myself with Oman Air, and I am sure we can satisfy each other.

오만항공이 제가 행복하게 일할 수 있는 회사라 생각하기에 이곳에서 일하길 원합니다. 저는 매우 팀워크 지향적이며 훌륭한 서비스 스킬을 가지고 있습니다. 그러므로 세계 각지에서 온 다양한 동료들과 잘 지낼 수 있으며, 또한 단골 고객, 신밧드 프리퀀트 플라이어는 물론 다른 승객들에게도 뛰어난 서비스를 제공할 준비가 되어 있습니다. 저는 오만항공과 함께 성장하고 싶고 우리는 서로를 만족시켜 줄 수 있으리라 확신합니다.

에미레이트항공

Emirates Airlines is a world leading company, founded in 1985 and based in Dubai. Emirates flies to more than 120 destinations including Seoul. Also Emirates flights to Ho Chi Minh city in Vietnams will start from 4th June, 2012. Emirates Airlines won numerous awards due to its achievements and service and now, Emirates Airlines consistently expands new routes, and continue to grow.

에미레이트항공은 1985년 두바이를 거점으로 설립된 세계를 선도하는 기업입니다. 에미레이트항공은 서울을 포함해 120곳 이상에 취항하고 있습니다. 또한 2012년 6월 4일부터 베트남 호치민 시로 취항할 예정입니다. 에미레이트항공은 실적과 서비스를 인정받아 다수의 상을 수상했으며, 현재 지속적으로 새로운 노선을 확장하며 계속해 성장하고 있습니다.

에티하드항공

Etihad Airways was founded in 2003, and flies to more than 66 destinations. Even though Etihad Airways is a fledgling company, it is one of the fastest growing companies. "How would you like to fly with the best?" is the slogan for Etihad Airways. It means, Etihad Airways is willing to be the world's best airlines rather than the world's largest.

에티하드항공은 2003년 설립되어 66개 이상의 노선을 보유하고 있습니다. 에티하드항공은 신생 항공사이지만, 가장 빠르게 성장하고 있는 항공사 중 하나입니다. "How would you like to fly with the best?"는 에티하드의 슬로건입니다. 세계 최대가 아닌 세계 최고가 되려는 의지가 담긴 슬로건이라 하겠습니다.

 **카타르항공**

Qatar Airways was named Airline of the year's best(2012), and it is still growing fast. Qatar Airways plans to expand 7 destinations more including Kigali, Rwanda and Zagreb, Croatia in this year. Skytrax, which is the Airlines rating agency in UK, named Qatar Airways as 5 star Airlines. I believe it is because the airlines' high quality of service and the best cabin crew. Qatar Airways was founded in 1993, and based in Doha.

카타르항공은 2012년 올해의 항공사로 선정되었습니다. 그리고 여전히 빠르게 성장하고 있습니다. 카타르항공은 올해 르완다 키갈리와 크로아티아 자그레브를 포함한 7개의 노선을 확장할 계획입니다. 영국의 항공사 평가 기관인 스카이트랙은 카타르항공을 5성급 항공으로 선정했습니다. 그것은 카타르의 높은 수준의 서비스와 최고의 승무원 덕분이라고 생각합니다. 카타르항공은 1993년에 설립되었으며, 도하를 거점으로 합니다.

걸프항공

"Guaranteed to make you smile" is the slogan of Gulf Air, and I think Gulf Air works by the slogan. Gulf Air was awarded 'the best airline for onboard catering excellence' by Skytrax due to Sky chef service. Also Gulf Air was the world's first airline which introduced 'sky nanny' service. That is why passengers from everywhere are so obsessed with Gulf Air's service.

"당신에게 미소를 주는 항공사"는 걸프항공의 슬로건이며, 저는 걸프항공이 이 슬로건처럼 운영된다고 생각합니다. 걸프항공은 스카이 셰프 서비스로 스카이트랙이 뽑은 '기내식 제공이 우수한 최고의 항공사' 로 선정되었습니다. 또한 세계 최초로 기내유모서비스를 도입하기도 했습니다. 그렇기에 전 세계의 승객들이 걸프항공의 서비스에 그토록 사로잡힌 것입니다.

 ### 에미레이트항공

Dubai is a center of international trade. Dubai has been growing rapidly as a major sea trading port by tax free. Also Dubai is very popular for a tourist board, because Dubai is very dynamic and exotic. There are tradition and modernity in Dubai. Most of them are Muslim and religious, but they are very open-minded and welcome foreigners.

두바이는 무역의 중심지입니다. 면세로 인해 주요 바다 무역항이 되면서 빠르게 성장해 왔습니다. 또한 두바이는 매우 역동적이고 이국적이기 때문에 관광지로 매우 인기가 높습니다. 두바이는 전통과 현대가 공존해 있습니다. 대부분의 두바이 사람들은 무슬림이고 종교를 중시하지만, 그들은 매우 열린 사고를 하며 외국인들을 환영합니다.

 ### 에티하드항공

Abu Dhabi is the capital and the second largest city of the United Arab Emirates. Although the short history of Abu Dhabi, there are many international arts and cultural events, and the rich cultural heritage. Specially Sheik Zayed Mosque, also known as the Grand Mosque, is the newly built world's largest. Its' grand scale is spectacular.

아부다비는 아랍에미레이트의 수도이며 두 번째로 큰 도시입니다. 짧은 역사에도 불구하고 아부다비에서는 많은 국제적인 예술과 문화 행사가 열리고 있으며, 풍부한 문화유산을 자랑합니다. 특히 세계에서 가장 큰 모스크로 신축된, 그랜드 모스크로도 알려진 셰이크 자이드 모스크는 그 웅장한 규모로 장관을 연출합니다.

 **·카타르항공**

Qatar is located in the Middle East and Doha is the capital city. Qatar is growing fast and recently Qatar's trade with Korea has greatly increased. Over 95% people are Muslim and they are really religious and conservative. So foreigners in Qatar have to be aware of it not to have any misunderstandings.

카타르는 중동에 위치하며 수도는 도하입니다. 빠른 속도로 성장하는 중이며, 최근 한국과의 교류도 증가 추세에 있습니다. 국민 95% 이상이 무슬림으로 그들은 굉장히 종교적이고 보수적입니다. 그러므로 카타르에 있는 외국인은 오해가 생기지 않도록 이 점을 충분히 인지하고 있어야 합니다.

걸프항공

Bahrain's capital is Manama. Most of them are Muslim, so they have 'Ramadan' which is a very religious period. They don't eat, drink during daytime in Ramadan. It is in order to think about poor people and help them. On the other hand, they have 'Hospitality culture' which is similar to Korea.

바레인의 수도는 마나마입니다. 국민 대부분이 무슬림으로 그들은 매우 종교적인 기간인 '라마단' 을 갖습니다. 라마단 기간에는 낮 동안 먹지도 마시지도 않습니다. 이는 가난한 사람들을 생각하고 그들을 돕기 위함입니다. 한편으로 바레인에는 '환대 문화' 가 있는데 이는 한국과 비슷합니다.

04

Asian culture and Arab culture are very different. How would you adapt to ＿＿＿＿＿(항공사 거점 도시나 국가)＿＿＿＿＿ ?

아시아와 아랍의 문화는 많이 다릅니다. 어떻게 ＿＿＿＿＿(항공사 거점 도시나 국가)＿＿＿＿＿에서 적응할 것입니까?

에미레이트항공

Honestly, I am not familiar with the Middle East, but I like to socialize with new people. So, what I would like to do is to have many local friends. They should help me to get used to living in Dubai, so I can easily adapt myself to live there. Also I can make a cultural exchange between Korea and UAE. It would be helpful to understand each other more and also to expand my mind.

> 솔직히 말씀드리자면, 중동은 제게는 친숙하지 않은 지역이지만, 저는 새로운 사람들과 어울리는 것을 좋아합니다. 그래서 제가 하고 싶은 것은 많은 현지 친구들을 만드는 것입니다. 그들은 제가 두바이에 익숙해지도록 도와줄 것이고, 그러면 저는 그곳에 쉽게 적응할 수 있을 것입니다. 더불어 한국과 UAE 사이에 문화 교류도 가능해집니다. 이는 서로를 더 잘 이해하고 제가 열린 사람이 되는 데 도움이 될 것입니다.

 ### 카타르항공

First of all, I would get information about Qatar as much as I can. It is not to make any misunderstandings because of my ignorance. Also I would respect local people's way to live and think in Qatar. I believe when I am ready to respect them, they also respect me. Lastly, I wouldn't hesitate to ask people when I have things I don't know well.

> 무엇보다 저는 제가 할 수 있는 한 카타르에 대한 많은 정보를 얻을 것입니다. 저의 무지로 인해 어떤 오해도 만들지 않기 위함입니다. 또한 저는 카타르 현지인들이 사는 방식이나 가치관을 존중할 것입니다. 제가 그들을 존중할 준비가 되어 있을 때, 그들도 저를 존중해 줄 것이라고 믿습니다. 마지막으로 저는 잘 모르는 것이 있을 때 사람들에게 묻기를 주저하지 않을 것입니다.

걸프항공

I think Asian and Arab cultures have things in common such as 'Hospitality culture'. Both of us love to stay with people, and want to know each other. I would learn and accept the differences between Bahrain and Korea. Also I would enjoy spending time with them. I am sure I can adapt myself to a new environment.

아시아와 아랍 문화는 '환대 문화' 와 같은 공통점을 갖고 있다고 생각합니다. 양쪽 모두 사람들과 어울리는 것을 좋아하고, 서로에 대해 알고 싶어합니다. 저는 바레인과 한국의 차이점을 익히고 수용할 것입니다. 또한 그들과 시간을 함께 보내며 즐길 것입니다. 저는 새로운 환경에 제가 잘 적응할 수 있다고 확신합니다.

오만항공

I love something new because I can learn and enjoy the differences. Of course, I think I might have a bit hard time at the beginning. However, I am sure I would have a great time in Oman as a flight attendant. I would meet a wide range of people there, have a good relationship with them. Also I would like to learn Arabic so I can communicate with local people better.

저는 다른 점을 배우고 즐길 수 있기 때문에 낯선 것을 좋아합니다. 물론 처음에는 다소 힘든 시간을 가질 수도 있다고 생각합니다. 하지만 저는 승무원으로 오만에서 멋진 시간을 보낼 것이라고 확신합니다. 저는 그곳에서 다양한 사람들을 만날 것이고 그들과 좋은 인간관계를 쌓을 것입니다. 또한 아랍어도 배워 현지 사람들과 더 잘 소통하고 싶습니다.

05

If you become a flight attendant in ○○ air, you should live apart from your family and friends. How would you manage it?

○○항공의 승무원이 되면, 당신은 가족, 친구들과 떨어져 지내야 합니다. 가능하겠습니까?

에미레이트항공

Definitely, I can manage. Working as a flight attendant in Emirates Airlines has been my dream for a long time. I know I should be ready to live apart from my family and friends. I can keep in touch with them by online chatting or calling. Also I can travel with them when I get a vacation.

물론 가능합니다. 에미레이트항공에서 승무원으로 일하는 것은 저의 오랜 꿈입니다. 가족, 친구들과 떨어져 지낼 준비가 되어야 한다는 것을 잘 알고 있습니다. 저는 그들과 전화나 인터넷 채팅을 통해 연락할 수 있습니다. 또한 휴가를 얻으면 그들과 여행을 할 수도 있습니다.

에티하드항공

I love my family and friends. They are my most valuable assets, so I know it is not going to be easy to live apart from them. However I can manage it in many ways. First of all, I would fully enjoy my new life, new job and new friends in Abu Dhabi. Also I can do video chatting online whenever I miss them. Lastly, I would invite them to Abu Dhabi. Abu Dhabi is one of the hottest spot for tour these days. I am sure they would have a great time with me.

저는 가족과 친구들을 매우 사랑합니다. 그들은 제게 가장 소중한 자산이기에 그들과 떨어져 지내는 게 쉽지 않으리라는 것을 압니다. 하지만 저는 여러 가지 방법으로 잘 해결할 것입니다. 먼저 아부다비에서의 새로운 삶, 새로운 직업과 새로운 친구들과 충분히 즐길 것입니다. 또한 가족과 친구들이 그리울 때마다 화상채팅을 할 수 있습니다. 마지막으로 저는 그들을 아부다비로 초대할 것입니다. 요즘 아부다비는 관광으로 가장 주목받는 곳 중 하나입니다. 저는 그들이 저와 멋진 시간을 보낼 것이라고 확신합니다.

 ## 카타르항공

I am very independent. I have lived alone since I entered a university, so I know how to manage homesickness. My parents and friends fully know that I should live alone in Doha, but they still support me to work for Qatar Airways. My life motto is 'Enjoy every moment of my life'. So I wouldn't sit down and just miss them back home. Instead, I would go out and have many new friends, so I can enjoy my time with them there.

저는 매우 독립적입니다. 대학에 들어간 이래 혼자 살아 왔기에 향수병을 어떻게 달래야 하는지 알고 있습니다. 부모님과 친구들은 제가 도하에서 혼자 살아야 한다는 것을 잘 알고 있지만 여전히 제가 카타르항공에서 일하기를 바라고 있습니다. 제 삶의 철학은 '인생의 매 순간을 즐겨라' 입니다. 그래서 저는 앉아서 한국에 두고 온 그들을 그리워하고만 있지는 않을 것입니다. 대신 밖으로 나가 많은 새로운 친구들을 만나고 그들과 멋진 시간을 보낼 것입니다.

걸프항공

I have been in UK for a year in 2011. I was not used to their cultures, customs and ways to think. Also I missed my family and friends a lot. However, I got used to living there soon, and I realized I became much more independent and mature when I was back home. So I know even if I feel a bit lonely in Bahrain, I would get used to it as time goes by, and I would find myself being a better person. So I don't worry about it at all.

저는 2011년 1년간 영국에 있었습니다. 그들의 문화와 관습, 가치관에 적응할 수 없었습니다. 또한 가족과 친구들이 몹시 그리웠습니다. 하지만 저는 곧 적응했고, 집에 돌아왔을 때 저는 더욱 독립적이고 성숙해졌다는 사실을 깨달았습니다. 그래서 비록 바레인에서 다소 외로움을 느낄지라도 시간이 흐르면서 적응해 갈 것이며, 더 멋진 사람이 되어 있을 것입니다. 따라서 그 문제에 대해 전혀 걱정하지 않습니다.

에미레이트항공

Yes, I have a lot of experiences working in the service sector. I worked in the hotel, restaurant and golf resort and so on. I was always happy staff at work. I loved to treat customers, and felt fulfilled when they were satisfied with my service. I hope I can offer the skilled service to passengers in Emirates Airlines.

네. 저는 서비스 분야에 많은 경험이 있습니다. 호텔, 레스토랑, 골프 리조트 등에서 일했습니다. 저는 일할 때 언제나 행복한 직원이었습니다. 고객 응대를 좋아했고, 그들이 제 서비스에 만족했을 때 보람을 느꼈습니다. 저는 에미레이트항공에서 승객들에게 숙련된 서비스를 제공할 수 있게 되기를 희망합니다.

 ### 에티하드항공

Yes, I had worked in the wedding hall as a clerk at the information desk for 3 years. It was enough time to realize that working in the service industry just fits me well. Also I learned about service and communication skills. When I resigned from my job, I got some good feedback from my seniors. I want to utilize my skills and talents for Etihad Airways.

네. 저는 웨딩홀에서 안내원으로 3년간 일했습니다. 이는 서비스직에 제가 잘 맞는다는 사실을 깨닫기에 충분한 시간이었습니다. 저는 서비스와 커뮤니케이션 스킬 역시 배울 수 있었습니다. 회사를 떠날 때, 선배들로부터 많은 좋은 피드백을 받았습니다. 저는 에티하드항공에서 저의 스킬과 재능을 활용하고 싶습니다.

 **카타르항공**

Yes, I have been working in the service industry since university. I am working in the ice cream shop as a manager these days. My service motto is "Take care of customers as my family", so I have many loyal customers. I am sure I can make a significant contribution to Qatar Airways based on my working experiences.

네. 저는 대학교 때부터 서비스 분야에서 일을 해 왔습니다. 요즘은 아이스크림 가게에서 매니저로 일하고 있습니다. 저의 서비스 모토는 "고객들을 내 가족처럼 살피자"입니다. 그래서 제게는 많은 단골 고객이 있습니다. 저의 직장 경험으로 미루어 보아 카타르항공에 큰 공헌을 할 수 있으리라 확신합니다.

걸프항공

Of course! I love to work in the service sector. I worked in the department store and the hotel. I realized that working in the service industry was never easy, but it was really attractive to me. I was happy to interact with customers, and liked working in team. I would like to be a happy flight attendant of Gulf Air, who makes passengers happy.

물론입니다! 저는 서비스 분야에서 일하는 것을 좋아합니다. 백화점과 호텔에서 일한 경험이 있습니다. 저는 서비스 분야에서 일하는 것은 결코 쉽지 않지만 제게는 참 매력적인 일이라는 것을 깨달았습니다. 고객들과 교감하는 것이 행복하고, 팀으로 일하는 것이 좋았습니다. 저는 승객들을 행복하게 만들어 주는 걸프항공의 행복한 승무원이 되고 싶습니다.

 에미레이트항공

That would be a bit difficult, because I might make her feel offended. However, if such behaviors cause people any harm, I should point it out in a gentle way. I would try to talk to her in private, so she wouldn't feel embarrassed in front of people. Also, if there is anything I can do for her, I would help her with pleasure.

자칫하면 동료에게 불쾌감을 줄 수 있기에 다소 어려운 일입니다. 하지만 그런 행동이 다른 사람들에게 피해를 준다면, 부드러운 방식으로 지적해야 합니다. 동료와 사적으로 대화를 해 사람들 앞에서 그녀가 당황하지 않도록 하겠습니다. 또한 동료를 위해 할 수 있는 일이 있다면 기꺼이 돕겠습니다.

 에티하드항공

First of all, I would try to know why she does such behaviors, because she should have a reason. If she feels hard to work on board, I would help her de-stress. If possible, I want to let her take a break and cover her duty for a while. Lastly, if she wants to talk to somebody about her problems, I would be there for her.

무엇보다 그녀에게 이유가 있을 것이므로, 왜 그런 행동을 하는지를 알려고 할 것입니다. 기내에서 일하는 것에 어려움을 느낀다면, 저는 그녀가 스트레스를 푸는 데 도움을 줄 것입니다. 가능하다면 그녀가 휴식을 취하도록 하고, 제가 그녀의 임무를 담당하겠습니다. 마지막으로 그녀가 자신의 문제를 누군가에서 말하고 싶어한다면, 제가 그녀 곁에 있어 줄 것입니다.

 **걸프항공**

I would be very careful not to make any conflicts with her because of my way to speak. She might be stressed or be far too sensitive, so I would try to talk to her in a roundabout way. When she gets ready to accept my advice, I can tell her that her behaviors might cause problems at work even though she doesn't mean. I hope it will be effective.

저의 말하는 방식 때문에 그녀와 갈등을 만들지 않도록 매우 주의할 것입니다. 그녀는 아마 스트레스를 받거나 지나치게 예민한 상태일 수도 있으므로, 간접적인 방식으로 그녀에게 말하도록 노력할 것입니다. 그녀가 저의 조언을 받아들일 준비가 되었을 때, 그녀가 의도하지 않더라도, 그녀의 행동이 일에서 문제를 만들 수도 있다고 말할 수 있을 것입니다. 저는 이 방법이 효과가 있기를 바랍니다.

 **오만항공**

I would be worried about her behaviors which might make passengers uncomfortable. If everyone knows about her behaviors on board, I would let the senior talk to her first, but if I am the only one who notices the situation, I would ask her to talk in private. I can offer her a cup of coffee in a break time, and point it out in a soft way. If she wants, I would be willing to help her in anyways.

저는 승객들을 불편하게 만들 수도 있는 그녀의 행동 때문에 걱정이 될 것입니다. 만약 모두가 그녀의 행동을 알고 있다면, 상사가 그녀에게 먼저 말할 수 있도록 하겠지만, 만약 유일하게 저만 이 상황에 대해 알고 있다면, 그녀와 둘만의 대화를 할 것입니다. 쉬는 시간에 커피 한 잔을 대접하고, 부드러운 방식으로 그것에 대해 지적할 것입니다. 그녀가 원한다면, 어떤 방식으로든 그녀를 기꺼이 도울 것입니다.

중국 · 홍콩 지역 항공사

**에어차이나, 중국동방항공, 중국남방항공,
캐세이패시픽항공, 드래곤항공, 마카오항공, 홍콩항공**

중국 · 홍콩 지역 항공사의 영어 질문은 무난한 편입니다. 지원자의 취미나 가족, 날씨 등을 묻는 경우가 많으며, 간혹 부모님의 직업과 같은 사적인 질문을 하기도 하니, 당황하지 마시길 바랍니다. 또한 중국 · 홍콩 지역 항공사 면접은 지원자가 '중국어와 영어' 중 선택해서 답변할 수 있도록 하는 경우가 많아 영어에 대한 부담이 다른 항공사에 비해 덜한 편입니다. 중국 · 홍콩 지역 항공사 면접에는 국내 항공사의 예와 마찬가지로 '서비스 마인드'에 대한 질문이 많이 나옵니다.
캐세이패시픽항공의 경우, 다른 중국 · 홍콩 지역 항공사 면접에 비해 절차가 까다롭고 심층 질문도 많은 편이니 꼼꼼히 준비하는 것이 좋습니다.

에어차이나 CA

- 거주지 : 서울(한중 노선, 중국 국내선 근무)
- 지원자격 : 4년제 대학 졸업자 및 졸업예정자, 나이 제한 없음, 신장 162cm 이상, 교정시력 1.0 이상
- 면접주안점 : 중국어와 영어 회화 가능자, TOEIC 550점 이상, (신)HSK 5급 이상

중국동방항공 MU

- 거주지 : 서울(한중 노선, 중국 국내선 근무)
- 지원자격 : 2년제 대학 졸업자 및 졸업예정자, 나이 제한 없음, 신장 163cm 이상, 나안시력 0.1 이상(난시 불가), 교정시력 1.0 이상, TOEIC 550점 이상 필수
- 면접주안점 : 외모를 중시하여 피부, 신장, 자세, 치아 중요하게 봄, 미인대회 출신 지원자 선호, 능통한 영어 실력보다 기본적인 회화나 자신의 의견을 피력할 수 있을 정도의 실력이면 됨.

캐세이패시픽항공 CX

- 거주지 : 홍콩
- 지원자격 : 고졸 이상, 만 18세 이상, Arm reach 208cm 이상, 입사 전 메디컬테스트에서 통과한 건강한 신체
- 면접주안점 : 고객 지향적이고 적극적인 태도를 지닌 사람

드래곤항공 KA

- 거주지 : 홍콩
- 지원자격 : 고졸 이상, 만 19세 이상, Arm reach 212cm 이상, 교정시력 1.0 이상
- 면접주안점 : 영어, 한국어 능통과 동시에 제2외국어 능통자 우대, 서비스직 경험자 우대

마카오항공 NX

- 거주지 : 마카오
- 지원자격 : 2년제 대학 졸업 이상, 만 19세 이상, 암리치 206cm 이상, 교정시력 1.0 이상, 영어 혹은 중국어로 의사소통 가능한 자, TOEIC 혹은 HSK 점수 보유자
- 면접주안점 : 친근한 미소 소유자, 외향적이고 다양한 국적의 사람들과 교류할 수 있는 친화력이 넘치는 자

Why do you want to work at this company?

이 회사에서 일하고 싶은 이유는 무엇입니까?

 ## 캐세이패시픽항공

I would like to be a part of Cathay Pacific Airways, because Cathay Pacific Airways is one of the Asia's leading Airlines, and is famous for excellent service and perfect safety. I would like to learn something new from different people from different countries and cultures in your company, which is the best in this field. I am sure we can satisfy each other. I will put my efforts and all my past experiences as cabin crew of Cathay Pacific Airways.

캐세이패시픽항공은 아시아의 대표적인 항공사 중 하나이며 뛰어난 서비스와 완벽한 안전으로 유명하기에 캐세이패시픽항공의 일원이 되고 싶습니다. 저는 업계 최고인 귀사에서 다른 나라, 다른 문화의 다른 사람들에게 새로운 것을 배우고 싶습니다. 저와 항공사는 서로 만족시킬 수 있을 것이라고 확신합니다. 캐세이패시픽의 승무원으로서 저의 모든 노력과 경험을 활용할 것입니다.

중국동방항공

Because I believe I am well-qualified for China Eastern Air. First of all, I am very service-oriented. I have many experiences in the service sector, so I have my own service mind and skills. Secondly, I can speak English fluently, and I am studying Chinese these days. Lastly, I am very interested in China and its culture. That is why I would like to work for China Eastern Air.

왜냐하면 저는 제가 동방항공에 잘 맞는 사람이라고 믿기 때문입니다. 첫째, 저는 매우 서비스 지향적입니다. 서비스 분야에 많은 경험이 있어 저만의 서비스 마인드와 스킬을 갖추고 있습니다. 둘째, 저는 영어를 유창하게 구사하며 요즘은 중국어를 공부하고 있습니다. 마지막으로 저는 중국과 중국 문화에 관심이 많습니다. 그렇기에 동방항공에서 일하고 싶은 것입니다.

마카오항공

Air Macau is an airline with a short history, which means, your company is expected to grow rapidly. I believe Air Macau cabin crew is required to be very passionate and creative, which are my favorite words. So, I think myself and the company could match perfectly with each other. I would like to make a significant contribution to Air Macau's growth.

마카오항공은 짧은 역사를 지닌 항공사입니다. 이는 빠른 성장이 기대되는 항공사라는 의미입니다. 마카오항공의 승무원은 매우 열정적이고 창의적인 자질이 요구된다고 믿습니다. 그리고 이는 제가 가장 좋아하는 단어들입니다. 그래서 저와 회사는 완벽하게 잘 맞을 것이라고 생각합니다. 저는 마카오항공의 성장에 큰 공헌을 하고 싶습니다.

홍콩항공

When I flew with Hong Kona Airlines few years ago, I was really impressed by the cabin crew's passion and professional service. I felt young and fresh. I am very energetic and I am able to work effectively under pressure. I would like to help its growth and I believe I can improve myself in Hong Kong Airlines. That is why I apply to Hong Kong Airlines.

몇 년 전 홍콩항공을 이용했을 때, 저는 승무원들의 열정과 전문적인 서비스에 감동받았습니다. 젊음과 신선함을 느꼈습니다. 저는 에너지가 넘치고 스트레스를 받는 상황에서도 효과적으로 일을 할 수 있는 능력이 있습니다. 홍콩항공의 발전에 도움이 되고 싶고, 또 제가 홍콩항공에서 많이 성장할 수 있으리라 믿습니다. 그래서 홍콩항공에 지원했습니다.

What do you know about ○○ air?

○○항공에 대해 무엇을 알고 있습니까?

 **캐세이패시픽항공**

Cathay Pacific is the world leading airlines which was established in 1946. It was chosen as 'one of the ten best airlines' this year. I think it is because of the company's innovative service. Cathay Pacific Airways is faithful to the traditional service values of Asia. So they know how to anticipate what passengers need, and how to satisfy them. That is why people say your company is so speicial.

캐세이패시픽항공은 1946년에 설립된 세계를 선도하는 항공사입니다. 올해 '가장 뛰어난 10개 항공사' 중 하나로 선정되기도 했습니다. 저는 그것이 회사의 혁신적인 서비스 덕분이라고 생각합니다. 캐세이패시픽항공은 아시아의 전통적인 서비스 가치에 충실합니다. 그래서 그들은 승객이 필요로 하는 것을 미리 파악해 이를 충족시키는 방법을 알고 있습니다. 때문에 사람들이 귀사를 정말 특별한 항공사라 여기는 것입니다.

중국남방항공

China Southern Airlines is based in Guangzhou, and operated in 1989. China Southern Airlines is one of the 3 major airlines in China with Air China and China Eastern Air. It flies to 152 cities and 577 destinations. Specially, I love your company's service philosophy which is "To treat customers with a bright smile". I also believe the best service comes from a bright smile for passengers.

중국남방항공은 광저우를 거점으로 하고 있으며, 1989년 운행을 시작했습니다. 중국남방항공은 에어차이나, 중국동방항공과 더불어 중국의 3대 항공사입니다. 남방항공은 152개 도시, 577개 노선을 보유하고 있습니다. 특히 저는 "고객을 밝은 미소로 모신다"는 귀사의 서비스 이념을 좋아합니다. 저 역시 최고의 서비스는 승객들을 위한 밝은 미소에서 오는 것이라고 믿습니다.

 에어차이나

Air China flies to the most destinations in the world. Also Air China has established a global airline image, because it considers the passengers' safety as the first priority of the company. Air China became a member of Star Alliance in 2007. Air China is the only flag airline in China and it was founded in 1988.

에어차이나는 전 세계에서 가장 많은 노선을 운항합니다. 또한 국제적인 항공사의 이미지를 구축하고 있는데, 이는 귀사가 승객의 안전을 첫 번째로 삼고 있기 때문입니다. 에어차이나는 2007년에 스타 얼라이언스에 가입하였습니다. 에어차이나는 중국의 유일한 국적기로, 1988년 설립되었습니다.

드래곤항공

Dragon Air is a subsidiary of Cathay Pacific Airways, and based in Hong Kong. Dragon Air was established in 1985 and joined 'One World' which is the global airlines alliance in 2007. Recently, Dragon Air started to fly to Jeju Island 3 times a week. Lastly, I love Dragon Air's uniform, because I think it gives confidence and stability to passengers.

드래곤항공은 캐세이패시픽항공의 자회사로 홍콩에 기반을 두고 있습니다. 드래곤항공은 1985년 설립되어 2007년 세계적 항공사 동맹체인 '원 월드' 에 가입했습니다. 최근 드래곤항공은 주 3회 제주도 운항을 시작했습니다. 끝으로 저는 드래곤항공의 유니폼을 좋아합니다. 왜냐하면 승객들에게 신뢰와 안정감을 준다고 생각하기 때문입니다.

캐세이패시픽항공

Hong Kong is called 'The peal of the Orient', and it is my favorite place to travel. I've been there more than 3 times. Hong Kong is very beautiful and attractive, so there are a lot of the world's famous attractions. Also Hong Kong is a center of global trade and finance. I love Hong Kong's night view because I can feel exotic and lively.

> 홍콩은 '동양의 진주' 로 불리며, 제가 가장 좋아하는 여행지입니다. 그곳에 세 번 이상 가 봤습니다. 홍콩은 매우 아름답고 매력적입니다. 세계적으로 유명한 관광 명소들이 많이 있습니다. 또한 홍콩은 세계 무역과 금융의 중심지이기도 합니다. 저는 홍콩의 야경을 사랑합니다. 왜냐하면 이국미와 더불어 생동감을 느낄 수 있기 때문입니다.

중국동방항공

Shanghai is the largest city by population of China. It is a global city with influence in commerce, culture, finance, media, fashion, technology, and transport. It is a major financial center and the busiest port in the world. Also Shanghai is a popular tourist destination renowned for its historical landmarks.

> 상하이는 중국에서 가장 인구가 많은 도시입니다. 상하이는 상업, 문화, 금융, 미디어, 패션, 기술과 교통에 영향을 주는 국제 도시입니다. 주요 금융 중심지이자 세계에서 가장 바쁜 항구를 갖고 있습니다. 또한 역사적인 랜드마크로 유명한 인기 있는 관광지이기도 합니다.

 ## 에어차이나

China is the world's most-populous country, with a population of over 1.3 billion, and is the world's second-largest country by land area. Also China has become the world's fastest-growing major economy. As of 2012, it is the world's second-largest economy, after the United States. I think China is a very attractive country, because it has both of modern and traditional images.

중국은 13억 명 이상의 인구로 세계에서 가장 인구가 많은 나라이자, 세계에서 두 번째로 큰 면적을 가진 나라입니다. 또한 중국은 세계에서 가장 빨리 성장하는 주요 경제국이 되고 있습니다. 2012년 에는 미국의 뒤를 이어 세계에서 두 번째로 큰 경제 시장이 되었습니다. 저는 중국이 현대적이고 전통적인 이미지 모두를 갖추고 있기에 매우 매력적인 나라라고 생각합니다.

마카오항공

Macau's economy is heavily dependent on gambling and tourism, but also includes manufacturing. For me, Macau is like a dream city, because there are a lot of festivals for 365 days and everyone looks happy and enjoys their life. Also Macau has the second highest life expectancy in the world. I think it is because people in Macau have a happy life as I imagined.

마카오의 경제는 제조업을 포함해 도박과 관광에 크게 의존하고 있습니다. 저에게 마카오는 꿈의 도시와 같습니다. 왜냐하면 365일 수많은 축제가 열리고 모두가 행복해 보이며 그들의 삶을 즐기는 것 같기 때문입니다. 또한 마카오는 세계에서 두 번째로 높은 기대수명을 자랑합니다. 이는 제가 상상한 대로 마카오 사람들이 행복한 삶을 살기 때문이라고 생각합니다.

What do you think of your English level, and how did you study English?

당신의 영어 실력에 대해 어떻게 생각합니까? 그리고 어떻게 공부했나요?

CATHAY PACIFIC 캐세이패시픽항공

I think I speak very fluent English. I have been in US for 1 year as an exchange student last year. It was a good chance to take up my English skill. I am very interested in American culture, so I love to watch Hollywood movies without subtitles. I think that also helps me to speak fluent English.

저는 제가 영어를 유창하게 구사한다고 생각합니다. 작년에 교환학생으로 1년간 미국에 있었습니다. 그것은 영어 실력을 향상시킬 좋은 기회였습니다. 저는 미국 문화에 관심이 많아 자막 없이 할리우드 영화를 보는 것을 좋아합니다. 이 역시 제가 유창한 영어를 구사하는 데 도움이 된다고 생각합니다.

DRAGONAIR 드래곤항공

I can't speak English like English native speakers. However, I majored in English and English literature. So I can communicate with foreigners without any problems. Also I am a member of international students' club. I have many chances to speak English with club members. That is very effective to be familiar with international cultures and to have good English skill.

저는 영어를 모국어로 쓰는 사람들만큼 영어를 하지는 못합니다. 하지만 저는 영어영문학을 전공했고, 따라서 문제 없이 외국인들과 소통할 수 있습니다. 또한 저는 국제학생클럽의 회원입니다. 클럽 회원들과 영어로 말할 기회가 많이 있습니다. 이는 국제적인 문화에 친숙해지고 훌륭한 영어 실력을 쌓는 데 매우 효과적입니다.

![中国南方航空 CHINA SOUTHERN] **중국남방항공**

Honestly, I don't speak very excellent English, and I haven't stayed in English speaking world. However, my Chinese skill is quite good and I study English very hard these days. I take English conversation class at the English institute, and write a diary in English every day. Also I joined English study club, so I can practice speaking English.

![HONGKONG AIRLINES 香港航空] **홍콩항공**

I love learning foreign languages, so I like to study English and try to have many chances to speak English. I don't think I would have a big problem because of my English skill if I work for Hong Kong Airlines as a flight attendant. I have few foreign friends, and they are my good English teachers. These days, I started taking Chinese language classes online. I hope I can use my English and Chinese skill in Hong Kong Airlines.

05

What would you do if you passed both of ○○ air and other competitors?

○○항공과 경쟁사 모두에 합격한다면 어떻게 하겠습니까?

 **캐세이패시픽항공**

Of course, I would choose Cathay Pacific Airways, because I wanted to become cabin crew of Cathay Pacific Airways. It is because Cathay Pacific Airways is a world leading company in the aviation industry, and I would like to be the best cabin crew in the best company. So, Cathay Pacific is always my first priority.

물론 저는 캐세이패시픽항공의 승무원이 되고 싶었기에 캐세이패시픽항공을 선택할 것입니다. 왜냐하면 캐세이패시픽항공은 항공업계에서 세계적으로 앞서 나가는 회사이며, 저는 최고의 회사에서 최고의 승무원이 되고 싶기 때문입니다. 그러므로 캐세이패시픽은 제겐 언제나 첫 번째입니다.

중국동방항공

That is a happy question! In that case, I would choose China Eastern Air. China Eastern Air is very famous for excellent service and professional cabin crew. I am a very service oriented person. I think we can match well with each other. I am sure I would work happily with China Eastern Air, and it can return to the company's growth. So I would like to choose China Eastern Air.

행복한 질문이네요! 그런 경우, 저는 중국동방항공을 선택하겠습니다. 동방항공은 훌륭한 서비스와 프로페셔널한 승무원으로 유명합니다. 저는 매우 서비스 지향적인 사람입니다. 우리는 서로에게 잘 어울릴 것이라고 생각합니다. 저는 동방항공에서 행복하게 일할 것이며, 그것은 곧 회사의 성장으로 이어질 것이라 확신합니다. 그래서 저는 동방항공을 선택하고 싶습니다.

 **에어차이나**

First of all, I would be really happy if it really happens, because it means, I am really well qualified for this position. If I can choose one company, I would like to say it is Air China. I have been interested in China for a long time, and Air China is the best Airlines in China. I am sure I would be proud of working in the best airlines in China, and I would do my best to make a big contribution.

무엇보다 그러한 일이 생긴다면 매우 행복할 것 같습니다. 왜냐하면 제가 정말 이 포지션에 자질이 충분한 사람이라는 의미가 될 테니까요. 회사 하나를 선택할 수 있다면, 저는 에어차이나를 택할 것입니다. 오랫동안 중국에 관심을 가져 왔고, 에어차이나는 중국 최고의 항공사니까요. 저는 중국 최고 항공사에서 일한다는 자부심을 갖고 큰 공헌을 하기 위해 최선을 다할 것임을 확신합니다.

마카오항공

My heart should be overflowing with big joy. If possible, I would like to work for Air Macau. I know Air Macau is not the biggest major airlines, but it is the most potential and successful young growth company in this field. I am very passionate and challenging, so I would like to improve myself with Air Macau.

저는 큰 기쁨으로 감정이 벅차오를 것입니다. 가능하다면, 저는 마카오항공에서 일하고 싶습니다. 마카오항공이 가장 큰 메이저 항공사는 아니지만, 이 분야에서 가장 잠재력 있고 성공적인 젊은 성장 기업이라는 것을 알고 있습니다. 저는 매우 열정적이고 도전적이기에 마카오항공과 함께 성장하고 싶습니다.

06

What is the most important thing to you in choosing a job?

직업을 선택할 때 가장 중요하게 고려하는 것은 무엇입니까?

 **캐세이패시픽항공**

I think the most important thing when I choose a job is 'my aptitude'. I want to have a job which meets my aptitude. Then, I can love and enjoy my job, so I can put all my efforts and passion. I am sure it should help both of the company's and my growth. That is why I want to be a flight attendant, specially in your company.

직업을 선택할 때 가장 중요한 것은 '적성'이라고 생각합니다. 저는 제 적성에 잘 맞는 직업을 갖고 싶습니다. 그러면 저는 제 직업을 사랑하고 즐길 수 있으며, 제 모든 노력과 열정을 쏟을 수 있습니다. 그것이 회사와 저의 성장에 도움이 될 것이라 확신합니다. 그렇기 때문에 저는 승무원, 특히 귀사의 승무원이 되고 싶은 것입니다.

DRAGONAIR 드래곤항공

The most important thing to me in choosing a job is to choose a good company which I can grow in through the years. I don't want myself to be consumed in the company. I want to develop myself and the company. I think a good company also encourages employees to grow in the company, because it is the way to grow the company.

직업을 선택할 때 가장 중요한 것은, 해를 거듭할수록 제가 성장할 수 있는 좋은 회사를 선택하는 것입니다. 저는 회사에서 소모되고 싶지 않습니다. 저는 회사와 저 모두가 성장하길 원합니다. 좋은 회사는 직원들이 회사 안에서 성장하도록 고무할 것이라고 생각합니다. 왜냐하면 그것이 곧 회사가 성장하는 길이기 때문입니다.

중국남방항공

'Good people' is the most important thing when I choose a job. I want to work with people who believe in each other and share communally. There is no 'I' in team, it is 'we'. So when I work with good people, I can work more efficiently, and get less stressed. I also want to be a good co-worker, so we can work happily and enjoy our job.

> '좋은 사람들'이 직업을 선택할 때 가장 중요합니다. 저는 서로를 신뢰하고 모든 것을 공유하는 사람들과 일하고 싶습니다. 팀에 '나'는 없습니다. '우리'가 있을 뿐입니다. 좋은 사람들과 일할 때, 저는 좀 더 효과적으로 일할 수 있고 스트레스도 덜 받게 됩니다. 저 또한 좋은 동료가 되길 원하는데, 그러면 우리는 행복하게 일하고 우리의 직업을 즐길 수 있습니다.

홍콩항공

I think the most important thing to me in choosing a job is to check how much I want it, and how much it wants me. It means, I should be happy and fulfilled when I work, and at the same time, I should be well qualified for the position. Then I can make a significant contribution to the company, and I also have a happy life with the job.

> 직업을 선택할 때 가장 중요한 것은 내가 그 직업을 얼마나 원하며, 그 직업은 날 얼마나 원하는지를 확인하는 일입니다. 즉 일을 할 때 행복과 보람을 느낄 수 있어야 하며, 동시에 그 직업에 대해 제가 충분한 자질을 갖추고 있어야 한다는 뜻입니다. 그러면 저는 회사에 크게 기여할 수 있고, 저 역시 그 직업으로 행복한 삶을 살 수 있습니다.

07

If you get an angry passenger on board, how would you treat him or her?

기내에 화가 난 승객이 있다면, 그 승객을 어떻게 대하겠습니까?

 **캐세이패시픽항공**

I would apologize to him immediately, because I am responsible for passengers' comfortable flight. Also I would try to make him calm down, because I don't want other passengers to get annoyed. Lastly, I would check what makes him upset, and solve a problem quickly.

저는 그 승객에게 즉시 사과하겠습니다. 왜냐하면 저는 승객의 편안한 비행을 책임지고 있기 때문입니다. 또한 다른 승객들에게 불편함을 주지 않기 위해 그 승객을 진정시키려 노력할 것입니다. 마지막으로 그 승객이 화가 난 이유를 확인해 빨리 해결하도록 할 것입니다.

중국동방항공

I would be very polite and gentle even if he is upset and rough. I would find the reason that he was upset, and try to resolve the problem. If he wants, I would offer him a cup of tea and cookies, so he can refresh himself and be calm his nerves. Also I would keep an eye on him during the flight, and try to make him satisfied with the flight.

비록 그 승객이 화내고 흥분해도 저는 매우 정중하고 부드럽게 대할 것입니다. 그 승객이 화가 난 이유를 찾아 그 문제를 해결하고자 노력할 것입니다. 승객이 원한다면, 차와 쿠키를 준비해 승객이 기분 전환도 하고 마음을 진정시킬 수 있도록 하겠습니다. 또한 비행하는 동안 그 승객을 지켜보겠습니다. 그래서 그 승객이 비행에 만족할 수 있도록 노력할 것입니다.

 ## 에어차이나

I would kneel beside him and smiled first, and open my ears to agree with what he says. Then I would make an apology to cause the inconvenience. Also, I would find a way to solve the problem. If possible, I would ask my senior if she has any better ideas, and I would follow her direction.

먼저 그 승객 옆에 무릎을 꿇고 앉아 미소를 짓고 그분의 이야기에 공감할 수 있도록 들을 준비를 할 것입니다. 그리고 불편함을 초래한 것에 대해 사과하겠습니다. 또한 문제를 해결할 방법을 찾아보겠습니다. 가능하다면, 다른 좋은 생각이 있는지 선배에게 물어보고 선배의 지시를 따를 것입니다.

마카오항공

First of all, I would apologize to him first, because sometimes making an apology is helpful to have a soft atmosphere. After that, I would listen to him carefully, and try to find a way to make him feel better. Lastly, I would share it with my co-workers, so everyone can take care of him for the rest of the flight.

무엇보다 먼저, 저는 그 승객에게 사과하겠습니다. 왜냐하면 가끔씩 사과를 하는 것이 부드러운 분위기를 만드는 데 도움이 되기 때문입니다. 그런 다음 그 승객의 이야기를 주의 깊게 듣고 승객의 기분을 나아지게 할 방법을 찾으려 노력하겠습니다. 마지막으로 이런 사실을 동료들과 공유해 모두가 남은 비행 시간 동안 그 승객에게 신경을 쓸 수 있도록 하겠습니다.

동남아시아 지역 항공사

싱가포르항공, 타이항공, 필리핀항공, 말레이시아항공, 베트남항공

동남아시아 지역 항공사는 서비스 마인드가 투철하고 밝은 인상의 지원자를 선호합니다. 기출문제라 할 만큼 자주 나오는 질문이 있는 것은 아니지만, 항공사의 인재상에 맞는 지원자를 가리기 위해 면접관은 다양한 질문을 던질 것입니다. 서비스 경력과 서비스 마인드에 대한 질문은 물론, 직장 경력과 지원자의 성격을 알아볼 수 있는 질문들에 대한 답변을 생각해 보는 것이 좋습니다.

싱가포르항공 SQ

- **거주지** : 싱가포르
- **지원자격** : 4년제 대학 이상 졸업자 및 졸업예정자, 만 18세 이상, 신장 158cm 이상, 교정시력 1.0 이상
- **면접주안점** : 영어회화가 유창한 지원자 선호, 승객에게 친절한 서비스 제공이 가능한 자

타이항공 TG

- **거주지** : 방콕(태국)
- **지원자격** : 4년제 대학 이상 졸업자 및 졸업예정자, 만 26세까지 지원 가능, 신장 160cm 이상, 교정시력 1.0 이상, TOEIC 600점 이상, 50m 수영 가능자
- **면접주안점** : 첫인상, 용모 중시, 부드럽고 온화한 성격, 밝고 상냥하며 친절한 지원자 선호

필리핀항공 PR

- **거주지** : 서울
- **지원자격** : 2년제 대학 졸업이상, 나이 제한 없음, 신장 160cm 이상, 교정시력 1.0 이상
- **면접주안점** : 밝고 긍정적인 성격의 소유자

말레이시아항공 MH

- **거주지** : 쿠알라룸푸르(말레이시아)
- **지원자격** : 2년제 대학 졸업자 및 졸업 예정자, 나이 제한 없음, 신장 157cm 이상, 교정시력 1.0 이상
- **면접주안점** : 영어 회화 및 작문 능통자, 서비스 업종에서 일했던 경험 있는 사람 우대

베트남항공 VN

- **거주지** : 베트남
- **지원자격** : 2년제 대학 졸업 이상, 만 20~28세, 신장 160~175cm, 교정시력 1.0 이상, TOEIC 550점 이상
- **면접주안점** : 투철한 서비스 마인드, 상냥하게 고객을 대할 줄 아는 자

싱가포르항공

Singapore Airlines is one of the best airlines in the world. It is well-known as the best cabin crew and the best service. I would like to learn and grow while working. Of course, I would return it to your company, and I am already ready to fly with Singapore Airlines. So I applied to your company.

> 싱가포르항공은 세계 최고의 항공사 중 하나입니다. 최고의 승무원과 최고의 서비스로 잘 알려져 있습니다. 저는 일하면서 배우고 성장하고 싶습니다. 물론 그것을 다시 귀사에 돌려드릴 것이며, 저는 이미 싱가포르항공에서 비행할 준비가 되어 있습니다. 그래서 귀사에 지원했습니다.

 ## 말레이시아항공

'Going beyond expectations' is the slogan for Malaysia Airlines. I just love it. I have worked in the service sector for 4 years, so I have my own know-how and service motto. My service motto is to anticipate customers' needs, and fill it more than they expected. I am sure you are satisfied with me in Malaysia Airlines. That is why I applied to your company.

> '기대를 넘어서는' 은 말레이시아항공의 슬로건입니다. 저는 이 말을 정말 사랑합니다. 저는 서비스 분야에서 4년간 일했고, 그래서 저만의 노하우와 서비스 모토가 있습니다. 저의 서비스 모토는 고객의 요구를 미리 예상하고, 그들이 기대하는 것 이상으로 채워 주는 것입니다. 저는 면접관님이 말레이시아항공 안에서의 제게 만족할 것이라 확신합니다. 그래서 귀사에 지원했습니다.

THAI 타이항공

Because I know I am well-qualified for your company. I am very service-oriented and sociable. I know how to treat customers in any situations and I love to work in team. I would like to work happily and satisfactorily in Thai Airways. Being a flight attendant in Thai Airways should be the best stepping stone of my future.

왜냐하면 귀사 승무원이 되는 데 제가 자질이 충분하다는 것을 알고 있기 때문입니다. 저는 매우 서비스 지향적이며 사교적입니다. 어떤 상황에서라도 고객들을 대하는 법을 알고 있고 팀으로 일하는 것을 좋아합니다. 저는 타이항공에서 행복하고 만족스럽게 일하고 싶습니다. 타이항공의 승무원이 되는 일은 제 미래를 위한 최고의 디딤돌이 되어 줄 것입니다.

Philippine Airlines 필리핀항공

I think Philippine Airlines is well-balanced between service and safety. Philippine Airlines has never had any accidents in international flights since 1941. Also it makes a constant effort to offer the best service for passengers. Your company is the best company for me, so I would like to contribute to Philippine Airlines jumping up to be a leading company in the world.

필리핀항공은 서비스와 안전 사이의 균형을 잘 이루고 있다고 생각합니다. 필리핀항공은 1941년 이후 국제선에서 어떤 사고도 없었습니다. 또한 승객들에게 최상의 서비스를 제공하기 위해 끊임없이 노력하고 있습니다. 귀사는 제게 있어 최고의 항공사입니다. 그래서 저는 필리핀항공이 세계 일류 기업으로 도약하는 데 기여하고 싶습니다.

싱가포르항공

Singapore Airlines is the flag carrier airline of Singapore. Its uniform is based on the traditional Malay sarong-kebaya which represents of Asia's beautiful and elegant images. Also Singapore Airlines operates the world's two longest non-stop commercial flights from Singapore to New York and Los Angeles. The company has a strong presence in the Southeast Asia, East Asia and South Asia. In other words, I can say Singapore Airlines is the No. 1 company in Asia.

싱가포르항공은 싱가포르 국적기입니다. 유니폼은 아시아의 아름답고 우아한 이미지를 표현하는 전통 말레이 사롱, 케바야를 본떠 만들었습니다. 또한 싱가포르항공은 세계에서 가장 긴 2개 직항노선을 갖고 있는데, 싱가포르–뉴욕, 싱가포르–로스앤젤레스입니다. 회사는 동남아시아, 동아시아, 남아시아에서 강력한 입지를 굳히고 있습니다. 싱가포르항공이 아시아 넘버원 항공사라 말할 수 있는 것입니다.

 ## 말레이시아항공

Malaysia Airlines was founded in 1937, and has over 100 destinations in the world. Malaysia Airlines gets awarded almost every year because of its convenience, the best cabin crew and the guaranteed safety. Recently, the company got The Most Promising Brand Award (2012). It should be honored to be a part of Malaysia Airlines.

말레이시아항공은 1937년 설립, 현재 전 세계 100여 곳 이상에 취항하고 있습니다. 말레이시아항공은 항공사의 편리함, 최고의 승무원과 보장된 안전으로 거의 매해 상을 받고 있습니다. 최근에는 가장 유망한 브랜드상을 수상했습니다. 말레이시아항공의 일원이 되는 것은 분명 영광스러운 일이 될 것입니다.

❀THAI 타이항공

Thai Airways was established in 1988, and is the national flag carrier and largest airline of Thailand. Thai Airways flies to over 70 destinations in 35 countries, and holds over 90 aircrafts. Also Thai Airways is very famous for the excellent service, so the company got Skytrax awards for Worlds' Best Cabin Staff and Best Airline in the world in 2006. I would like to be the best cabin crew of Thai Airways to make it the best in the world.

타이항공은 1988년 설립되었으며, 태국 국적기이자 가장 큰 항공사입니다. 타이항공은 전 세계 35개국 70여 곳 이상으로 취항하고 있으며, 90대 이상의 항공기를 보유하고 있습니다. 또한 타이항공은 뛰어난 서비스로 유명하여, 2006년 세계 최고의 승무원과 세계 최고의 항공사로 스카이트랙 상을 받았습니다. 저는 타이항공을 세계 일류 항공으로 만들기 위한 타이항공 최고의 승무원이 되고 싶습니다.

Philippine Airlines 필리핀항공

I think Philippine Airlines is a shinning company as its slogan, 'Shinning Through', because it knows how to change a crisis into an opportunity. The company was severely affected by 1997 Asia Financial crisis, but look now! It has been awarded a 3-star rating by Skytrax. Philippine Airlines was founded in 1941 and is the first and oldest commercial airline in Asia operating under its original name. Philippine Airlines is so attractive company to me.

필리핀항공은 '빛을 발하다' 라는 슬로건처럼 빛나는 항공사라고 생각합니다. 왜냐하면 위기를 기회로 바꾸는 법을 아는 회사이기 때문입니다. 회사는 1997년 아시아 금융 위기에 심각한 타격을 받았습니다. 하지만 지금을 보세요! 스카이트랙에서 3스타 등급을 수여받았습니다. 필리핀항공은 1941년 설립되어 아시아에서 원래의 이름으로 비행하는 최초의, 가장 오래된 항공사입니다. 필리핀항공은 제게는 참 매력적인 회사입니다.

What do you know about ___(항공사 거점 도시나 국가)___ ?

___(항공사 거점 도시나 국가)___ 에 대해 알고 있는 것은 무엇입니까?

싱가포르항공

Singapore is the one of a kind cosmopolitan city-state. It has been Southeast Asia's most modern city for over a century. The city blends Malay, Chinese, Arab, Indian and English cultures and religions. Also Singapore is well-known for clean and safe city. If possible, I would like to live in Singapore and work as a flight attendant.

> 싱가포르는 매우 특별한 세계적인 도시국가입니다. 한 세기 이상 동남아시아의 가장 현대적인 도시였습니다. 싱가포르는 말레이, 중국, 아랍, 인도, 영어 문화와 종교가 섞여 있습니다. 또한 싱가포르는 깨끗하고 안전한 도시로 잘 알려져 있습니다. 가능하다면 저는 싱가포르에 살면서 승무원으로 일하고 싶습니다.

말레이시아항공

Malaysia is a country with fascinating people and a wide range of attractions. Its three major races are the Malays, Chinese and Indians. Malaysia's capital is Kuala Lumpur and majority religion is Islam. I have been there few years back, and I think Malaysia is one of the most beautiful and progressive country in Asia.

> 말레이시아는 매력적인 사람들과 다양한 볼거리가 많은 나라입니다. 국민은 말레이계, 중국계, 인도계 주민들로 구성돼 있습니다. 말레이시아의 수도는 쿠알라룸푸르이며, 국민 다수가 이슬람교도입니다. 몇 년 전 말레이시아에 간 적이 있는데, 저는 말레이시아가 아시아에서 가장 아름답고 진보적인 나라 중 하나라고 생각합니다.

✿THAI 타이항공

'Busy, colorful and energetic', I think these words are very suitable for Thailand. It is one of the best places to travel, good for shopping and sighting and relaxing! Its capital is Bangkok and it is located in Southeastern Asia. Thailand experienced rapid economic growth between 1985 and 1995, and is presently a newly industrialized country and a major exporter.

'바쁜, 다채로운, 열정적인'. 저는 이 세 단어가 태국과 아주 잘 어울린다고 생각합니다. 태국은 여행하기에 가장 좋은 장소 중 하나입니다. 쇼핑, 관광, 휴식에 모두 좋습니다. 수도는 방콕이며 동남아시아에 위치하고 있습니다. 태국은 1985년에서 1995년 사이 빠른 경제적 성장을 이루었으며, 현재 신흥공업국이자 주요 수출국입니다.

Philippine Airlines 필리핀항공

The Philippines is one of the most famous tourist board. There are a lot of lovely scenery, and we can enjoy the high quality of service. Manila is the capital of Philippines. The culture of the Philippines reflects the country's complex history. It is a blend of the Malayo-Polynesian and Hispanic cultures, with influence from Chinese, Indians, Arabs, and other Asian cultures.

필리핀은 가장 유명한 관광국 중 하나입니다. 수많은 아름다운 풍광이 있고 높은 수준의 서비스를 누릴 수 있습니다. 마닐라는 필리핀의 수도입니다. 필리핀의 문화는 필리핀의 복잡한 역사를 보여 줍니다. 필리핀 문화는 말레이 폴리네시안과 히스패닉 문화가 섞여 있으며 중국, 인도, 아랍 그리고 다른 아시아 문화의 영향을 받았습니다.

싱가포르항공

Singapore Airlines flies to 63 international destinations over 30 countries around the world. For example, it flies to Abu Dhabi in UAE, Athens in Greece, Seoul in South Korea, Sydney in Australia and Las Vegas in Unite States.

> 싱가포르항공은 전 세계 30개국 이상 63개 취항 노선을 가지고 있습니다. 싱가포르항공은 UAE의 아부다비, 그리스의 아테네, 한국의 서울, 호주의 시드니, 미국 라스 베가스에 취항합니다.

 ## 말레이시아항공

Malaysia Airlines flies to more than 100 destinations worldwide. For example, it flies to Istanbul in Turkey, Hyderabad in India, Auckland in New Zealand, Seoul in South Korea and Hanoi in Vietnam

> 말레이시아항공은 전 세계 100곳 이상으로 취항합니다. 터키 이스탄불, 인도 하이드라바드, 뉴질랜드 오클랜드, 한국 서울, 베트남 하노이에 취항하고 있습니다.

THAI 타이항공

Thai Airways flies to all over the world including Asia, Europe, North America and Oceania. Specially, it has a lot of destinations in Asia. For example, it flies to Tokyo in Japan, Seoul in South Korea, Dhaka in Bangladesh, Phnom Penh in Cambodia and Dubai in United Arab Emirates.

타이항공은 아시아, 유럽, 북미 오세아니아를 포함한 전 세계 노선을 보유하고 있습니다. 특히 아시아에 많은 노선이 있습니다. 일본의 도쿄, 한국의 서울, 방글라데시 다카, 캄보디아 프놈펜, 아랍에미레이트의 두바이로 취항합니다.

Philippine Airlines 필리핀항공

Philippine Airlines currently flies to 19 domestic destinations and 26 international destinations in 16 countries across Asia, North America and Oceania. For example, it flies to Seoul in South Korea, Zurich in Switzerland, Vancouver in Canada, Paris in France and Karachi in Pakistan.

필리핀항공은 현재 19개 국내 노선과 더불어 아시아, 북미, 오세아니아 16개국 26개 국제 노선을 보유하고 있습니다. 한국의 서울, 스위스 취리히, 캐나다 밴쿠버, 프랑스 파리, 파키스탄 카라치에 취항 중입니다.

싱가포르항공

My impression of Singapore Airlines is 'exotic and classy'. Singapore Airlines' uniform and the cabin crew's smile make me feel exotic and mysterious. Also Singapore Airlines' service on board is the best in the world, and it is the most admired company in Singapore. So I think Singapore Airlines is a classy company.

싱가포르항공에 대한 제 인상은 '이국적이고 고급스럽다' 입니다. 싱가포르항공의 유니폼과 승무원의 미소는 이국적이고 신비로운 느낌을 갖게 했습니다. 또한 싱가포르항공의 기내 서비스는 세계 최고이며 귀사는 싱가포르에서 가장 존경받는 기업으로 꼽힙니다. 그래서 저는 싱가포르항공은 고급스러운 항공사라는 생각을 가지고 있습니다.

말레이시아항공

Whenever I fly with Malaysia Airlines, I always think it is safe and professional. Recently, Malaysia Airlines has been selected as one of the 15 safest airlines. Malaysia Airlines' safety was highly regarded internationally. Also I have never seen any cabin crew who looks tired or lazy in Malaysia Airlines. That is why I think Malaysia Airlines' images are safe and professional.

말레이시아항공을 이용할 때마다, 저는 언제나 항공사가 안전하고 전문적이라는 생각을 합니다. 최근 말레이시아항공은 가장 안전한 15대 항공사로 뽑혔습니다. 항공사의 안전은 국제적으로 높이 평가받고 있습니다. 저는 말레이시아항공에서 피곤해 보이거나 게을러 보이는 승무원을 본 적이 없습니다. 그렇기에 저는 말레이시아항공의 인상이 안전하고 전문적이라고 보는 것입니다.

❄THAI 타이항공

Thai Airways is well-known for the excellent service on board and the best cabin crew. So I can say the impression of Thai Airways is 'kind and warm'. I believe people want to be relaxed and comfortable during the flight trip, and in that sense Thai Airways' flight attendant know how to treat passengers on board. I would like to be a kind and warm flight attendant of your company.

> 타이항공은 기내의 뛰어난 서비스와 최고의 승무원으로 잘 알려져 있습니다. 그래서 저는 타이항공을 놓고 '친절하고 따뜻하다'고 말할 수 있습니다. 사람들은 비행하는 동안 느긋하고 편안함을 느끼길 원한다고 믿고 있습니다. 그런 의미에서 타이항공 승무원은 기내에서 승객들을 대하는 방법을 알고 있습니다. 저는 귀사에서 친절하고 따뜻한 승무원이 되고 싶습니다.

Philippine Airlines 필리핀항공

Philippine Airlines' images are tradition and challenge. As everyone might know, Philippine Airlines has a long history, it was founded in 1941. I feel Philippine Airlines tries to keep their traditional values. At the same time, Philippine Airlines is never lazy to keep growing. So my impression of Philippine Airlines is traditional and challenging at the same time.

> 필리핀항공의 이미지는 전통과 도전입니다. 모두 알다시피, 필리핀항공은 1941년 설립된 오랜 역사를 갖고 있습니다. 저는 필리핀항공이 전통적인 가치를 지키기 위해 노력하고 있다고 생각합니다. 동시에 필리핀항공은 계속해 성장해 나가는 것을 결코 게을리하지 않습니다. 그래서 필리핀항공에서 저는 전통적인 동시에 도전적이라는 이미지를 받습니다.

싱가포르항공

Yes, I do. I love to get along with people. People say I am sociable and friendly. Since high school, I have joined many clubs such as the travel club, the volunteer club and so on. Through the experiences, I met a wide range of people, and I learned how to be with various people.

네, 그렇습니다. 저는 사람들과 어울리는 것을 좋아합니다. 사람들은 제가 사교적이고 친절하다고 말합니다. 고등학교 때부터, 저는 여행 동아리나 봉사 동아리와 같은 많은 동아리에 가입했습니다. 그런 경험을 통해 다양한 사람들을 만났고, 그들과 함께 어울리는 법을 배웠습니다.

말레이시아 항공

Of course, I mix well with diverse people. I think human being is the most important value in the world, so I always try to treat people nicely as I want to be treated. When they are in trouble, I don't hesitate for a moment about helping them, and vice versa. So I have a lot of good friends, and they are my biggest asset in my life.

물론, 저는 다양한 사람들과 잘 어울립니다. 저는 사람이 세상에서 가장 중요한 가치를 지니고 있다고 생각합니다. 그래서 언제나 제가 대접받고 싶은 만큼 사람들을 친절하게 대하려고 노력합니다. 그들에게 문제가 생겼을 때, 저는 그들을 돕는 데 조금도 망설이지 않습니다. 그들 역시 그렇습니다. 그래서 저는 많은 좋은 친구들이 있고, 그들은 제 인생의 가장 큰 자산입니다.

베트남항공

Yes. I like to meet new people, and get to know each other, and to build up good relationships. I am a good listener, so whenever they feel hard, they come to talk to me. I learn many things from relationships, and I feel growing as time goes by. So I like to socialize with people.

네. 저는 새로운 사람들을 만나고, 서로를 알아 가고, 좋은 인간관계를 쌓아 가는 것을 좋아합니다. 저는 남의 말을 잘 들어줍니다. 그래서 그들이 힘겨워할 때면 언제나 제게 와서 이야기합니다. 저는 인간관계를 통해 많은 것을 배우고, 시간이 흐를수록 제가 성장하고 있다는 것을 느낍니다. 그래서 저는 사람들과 어울리는 것을 좋아합니다.

필리핀항공

Sure! Being with people makes me happy. I love to be with people, and to do something with them. I always respect and accept others as they are, and I think such an attitude makes people comfortable being with me. I think the best way to be with people is not to lose respect for others.

물론입니다! 사람들과 함께 있는 것은 저를 행복하게 해 줍니다. 저는 사람들과 어울리고, 그들과 무엇인가 같이 하는 것을 좋아합니다. 저는 언제나 사람들을 있는 그대로 존중하고 수용합니다. 그리고 그러한 태도로 인해, 사람들은 저와 함께 있는 것에 편안해 합니다. 사람들과 어울리는 가장 좋은 방법은 상대방에 대한 존중을 잃지 않는 것이라고 생각합니다.

07 Tell me the reason that you quitted your job.

직장을 그만둔 이유에 대해 말해 주십시오.

싱가포르항공

First of all, I was happy to work there. I had good seniors, and the benefits package was so appealing. However, I wanted to have a job which I feel free and I can use my abilities more. I have good communication skills and excellent team spirit. Most of times, I worked alone in the previous job. So I quitted work and applied to your company.

먼저, 저는 그곳에서 일하는 것이 행복했습니다. 좋은 상사를 만났고, 복지 혜택 역시 매우 매력적이었습니다. 하지만 저는 자유로움을 느끼고 저의 능력을 더 활용할 수 있는 직업을 갖기를 원했습니다. 저는 의사소통 능력이 좋고 뛰어난 팀워크 정신을 갖고 있습니다. 저는 전 직장에서 대부분의 경우 혼자 일했습니다. 그래서 일을 그만두기로 했고 귀사에 지원한 것입니다.

말레이시아항공

The reason I quitted my job was to have a break time. I have been working for 4 years without any break since university. Of course, I learned many things from working experiences, but I wanted to take a break, and make it my stepping stone of my life. So I resigned the company. During break, I thought about my aptitude, my abilities, and my future, and that is why I am here with you today.

제가 회사를 그만둔 이유는 휴식 시간을 갖기 위해서였습니다. 저는 대학 때부터 휴식 없이 4년을 일해 왔습니다. 물론 직장 경험을 통해 많은 것을 배웠지만, 저는 휴식을 원했고 그 시간을 제 인생의 디딤돌로 만들고 싶었습니다. 그래서 회사를 사직했습니다. 쉬는 동안, 저의 적성과 자질, 미래에 대해 생각했습니다. 그것이 오늘 제가 면접관님과 이곳에 함께 있는 이유입니다.

 **타이항공**

I fully enjoyed my job, but I felt something missing in my mind. As time went by, I realized it was passion. I wanted to have a job which makes my heart starts pounding. I wanted to challenge, and keep discovering. So I quitted work, and looked for a job which is suitable for me. I am sure working as a flight attendant is the job I was looking for.

> 저는 제 일을 충분히 즐겼지만, 무엇인가 아쉬운 점이 있었습니다. 시간이 흐르면서, 그것이 열정임을 알았습니다. 저는 심장을 뛰게 만드는 일을 하고 싶습니다. 도전하고 계속해서 발견해 나가고 싶습니다. 그래서 일을 그만두었고 제게 잘 맞는 직업을 찾았습니다. 저는 승무원으로 일하는 것이 제가 찾던 길임을 확신합니다.

베트남항공

While working, I found out I am very suitable for a service job, so I wanted to build up my career in the service sector. Specially, I thought it was time to move on to the next step for my future, because I wanted to grow with the company. I would like to use my service skills and learn more about it. That is why I decided to change my job.

> 일하면서, 저는 서비스 업종이 제게 매우 잘 맞는다는 것을 알게 되었고, 그래서 서비스 분야에서 제 커리어를 쌓고 싶었습니다. 특히 저는 회사와 함께 성장하고 싶기에 제 미래를 위해 다음 단계로 나아가야 할 시점이라고 생각했습니다. 제 서비스 스킬을 활용하고 서비스에 대해 더 많은 것을 배우고 싶었습니다. 그래서 이직을 결심했습니다.

유럽 지역 항공사

핀에어, KLM, 루프트한자

유럽 지역 항공사 면접에 나오는 질문은 다른 지역 항공사들에 비해 선뜻 답하기 까다롭고 어려운 질문들이 많습니다. 가끔은 승무원이라는 직업과 전혀 관련 없어 보이는 특이한 질문들도 나옵니다. 한국인 지원자들이 유럽 지역 항공사 면접에 대해 많은 부담감을 갖고 있는데, 이는 적극적이고 융통성 있는 지원자를 찾는 유럽인에게 공손하고 배려심 깊은 한국인은 다소 소극적이고 수동적인 인상을 주는 경우가 있기 때문입니다. 하지만 어떤 면접의 질문도 지원자의 이력서에서 벗어나는 내용을 묻는 일은 적습니다. 이력서 기재 사실을 바탕으로 다양한 기출문제에 대한 답변을 생각해 보는 것이 도움이 될 것입니다.

FINNAIR 핀에어 AY

- 거주지 : 서울(인천-헬싱키 노선 근무)
- 지원자격 : 2년제 대학 이상 학력, 만 22~35세, 신장 160~188cm, 교정시력 0.7 이상, 수영 50m 완주 가능한 자
- 면접주안점 : 전직 승무원 우대, 문신, 피어싱 불가

KLM KLM KL

- 거주지 : 서울(인천-암스테르담 노선 근무)
- 지원자격 : 2년제 대학 졸업 이상의 학력 소지자, 만 21세 이상, 승무원직 수행에 적합한 신체 조건, 수영능력 보유자
- 근무조건 : 계약직 최장 2년이며 재계약 없음.
- 면접주안점 : 수영능력 보유자, 팀플레이 정신과 유머감각 소유자, 영어 비중 높음, 서비스 경험자 우대

Lufthansa 루프트한자 LH

- 거주지 : 프랑크푸르트(독일)
- 지원자격 : 고졸 이상, 만 18세 이상, 160cm 이상, 교정시력 1.0 이상
- 면접주안점 : 영어와 한국어 능통자, 기초 독일어 가능자 우대.

 핀에어

Finnair is very famous for the perfect safety and the excellent service in Europe. I am very service-oriented. I have many experiences in the service sector more than 5 years, also I had worked in the foreign company. So I know how to treat customers from diverse cultures. I am sure we would be happy for each other if I get hired. That is why I apply to your company.

> 핀에어는 완벽한 안전과 뛰어난 서비스로 유럽에서 매우 이름나 있습니다. 저는 매우 서비스 중심적인 사람입니다. 5년 이상 서비스 분야에서 많은 경험을 했으며, 또한 외국계 회사에서 일한 경험도 있습니다. 그래서 저는 다양한 문화권에서 온 고객들을 어떻게 대해야 하는지를 알고 있습니다. 제가 채용된다면 회사와 저는 분명 서로 만족할 것이라 확신합니다. 그래서 귀사에 지원했습니다.

KLM

KLM is very attractive to me. KLM plays a leading role in the airline industry, and it has the longest history as an airline. I would like to work for the best company, then I can get a chance to grow with full of pride. Also I am confident of making a contribution to your company based on my working experiences and personality. I hope I can show you what I have in KLM.

> KLM은 제게 참 매력적인 항공사입니다. KLM은 항공산업을 이끌어 나가는 주역이며, 항공사로서 가장 오랜 역사를 가지고 있습니다. 저는 최고의 항공사에서 일하고 싶습니다. 그러면 자부심을 갖고 성장할 수 있는 기회를 얻을 수 있을 겁니다. 또한 제 직장 경력과 성격을 바탕으로 귀사에 기여할 수 있다는 자신감도 있습니다. 제가 가진 것을 KLM에서 보여 드리고 싶습니다.

I still remember the service I've got in Lufthansa Airlines few years back. It was professional and touching. I think I am a very qualified-person for this position. I can get along well with various co-workers and offer the excellent service to passengers. I would like to work as a flight attendant in Lufthansa Airlines, which is my favorite company, and to offer the professional and touching service to passengers as Lufthansa' flight attendants always do.

저는 몇 년 전 루프트한자에서 받은 서비스를 아직도 기억하고 있습니다. 그것은 프로페셔널하고 감동적이었습니다. 저는 이 직업에 자질이 충분한 사람이라고 생각합니다. 다양한 동료들과 잘 어울릴 수 있고 승객들에게 훌륭한 서비스를 제공할 수 있습니다. 저는 제가 가장 좋아하는 회사인, 루프트한자에서 승무원으로 일하고 싶습니다. 그리고 루프트한자의 승무원들이 늘 하는 것과 같이 저도 승객들에게 프로페셔널하고 감동적인 서비스를 제공하고 싶습니다.

 **핀에어**

Finnair is the flag carrier and the largest airline of Finland. Skytrax ranks Finnair as a 4-star airline as of 2012. Finnair was founded in 1923, and became the first operator to fly non-stop from Western Europe to Japan in 1983. Specially, Finnair is very famous for safety. It hasn't been any fatal accident since 1963. I also want to offer a safe and clean flight to passengers in Finnair.

> 핀에어는 핀란드의 가장 큰 항공사이며 국적기입니다. 스카이트랙은 2012년 핀에어를 4성급 항공사로 선정했습니다. 핀에어는 1923년 설립되어 1983년 최초로 서유럽과 일본을 논스톱으로 운행하기 시작했습니다. 핀에어는 특히 그 안전성으로 매우 유명합니다. 1963년 이후 어떤 큰 사고도 없었습니다. 저 역시 핀에어에서 승객들에게 안전하고 깔끔한 비행을 제공하고 싶습니다.

KLM

KLM's slogan is 'Journeys of Inspiration', and the company's various events surprise customers by inspiring people during their trip. I just love it, because I can feel KLM is a company which really cares of its customers. KLM Royal Dutch Airlines is the oldest airline in the world, and the flag carrier of the Netherlands. I would like to be a flight attendant who can make passengers happy and surprised in KLM.

> KLM의 슬로건은 '영감의 여행' 이고, 회사가 진행하는 다양한 이벤트는 여행 중인 사람들에게 영감을 불어넣으며 고객들을 놀라게 하고 있습니다. 이는 KLM이 진심으로 고객들을 신경 쓰는 회사라는 인상을 주기에 저는 정말 좋습니다. KLM은 세계에서 가장 오래된 항공사이며 네덜란드 국적기입니다. 저는 KLM에서 승객들을 행복하고 놀라게 만들어 주는 승무원이 되고 싶습니다.

 루프트한자

Lufthansa is the world's fourth-largest airline operating services to 18 domestic destinations and 203 international destinations in 78 countries across Africa, Asia, Americas and Europe. Also it is the flag carrier of Germany and the largest airline in Europe. Lufthansa is a founding member of Star Alliance, the world's largest airline alliance, formed in 1997. Lastly, Lufthansa is an international company. People from 146 nationalities are working for Lufthansa Group. I hope I could be one of them.

루프트한자는 18개 국내 취항지와 아프리카, 아시아, 아메리카, 유럽을 가로지르는 78개국 203개 취항지를 보유한, 세계에서 네 번째로 큰 회사입니다. 또한 독일의 국적기이며 유럽에서 가장 큰 항공사입니다. 루프트한자는 1997년 발족한 세계에서 가장 큰 항공동맹체인 스타얼라이언스의 창립 멤버입니다. 끝으로 루프트한자는 국제적인 회사입니다. 146개 국적을 가진 직원들이 루프트한자 그룹에서 일하고 있습니다. 저 역시 그중 한 명이 되기를 희망합니다.

FINNAIR 핀에어

Finland is very famous for happy people, clean politics and higher levels of education in Korea. My impression of Finland is green, because there are more than 1000 lakes and many beautiful forests. Its capital is Helsinki, which is called 'The Lady of Baltics'. Finland has recently ranked as one of the world's most peaceful, competitive and livable coutries.

핀란드는 한국에서 행복한 사람들, 깨끗한 정치, 높은 수준의 교육으로 유명합니다. 핀란드에 대한 저의 인상은 녹색입니다. 천 개가 넘는 호수와 많은 아름다운 산림 때문입니다. 수도는 '발틱의 아가 씨' 라 불리는 헬싱키입니다. 핀란드는 최근 세계에서 가장 평화롭고, 경쟁력 있으며, 살기 좋은 나라 중 한 곳으로 뽑혔습니다.

KLM KLM

Netherlands is popular to travel for Koreans. I've also been to Netherlands few years back, and I was fascinated by its beautiful view. Netherlands is called 'Land of windmills', and it is also famous for tulips, cheese, many canals and klompen which is traditional shoes. Netherlands joined the ranks of advanced countries with its high economic level and stable politics.

한국인에게 네덜란드는 여행지로 인기가 높습니다. 저 역시 몇 년 전 네덜란드에 간 적이 있으며, 그 아름다운 경치에 매료되었습니다. 네덜란드는 '풍차의 나라' 로 불리며, 튤립, 치즈, 많은 운하, 전통 신발인 클롬펜으로도 유명합니다. 네덜란드는 높은 경제 수준과 안정된 정치로 선진국 대열에 들어 섰습니다.

Germany is located in the central Europe, and its capital is Berlin. Germany is famous for beautiful cities, antique buildings and Oktoberfest. Above all, Germany gives us valuable lessons through the reunification process. People say Germany and Korea have a lot in common such as thrifty living and divided nation. I think Germany is very attractive to Koreans in many ways.

독일은 유럽의 중부에 위치하며 수도는 베를린입니다. 독일은 아름다운 도시들, 고풍스러운 건축물, 맥주축제(옥토버페스트)로 유명합니다. 무엇보다 독일은 통일 과정을 통해 우리에게 소중한 교훈을 주는 나라입니다. 사람들은 독일과 한국이 검소한 생활방식과 분단국가인 점에서 공통점을 갖는다고 말합니다. 독일은 한국인에게 여러 가지로 매력적인 곳입니다.

04 Have you ever received advice from anyone?

누군가로부터 조언을 받아 본 경험이 있습니까?

 핀에어

Yes, I like to get advice, because it helps me grow. Recently, I got advice from my best friend. I was quite goal-oriented. So sometimes I got stressed when I prepared for this interview, because I really wanted to work for Finnair. However she said if you can't enjoy the process, you shouldn't enjoy the result either. That was really helpful, because I was able to be happy while preparing.

네. 조언이 저를 성장하게 만들기 때문에 저는 조언받는 걸 좋아합니다. 최근 저는 친한 친구에게서 조언을 들었습니다. 저는 꽤 목표지향적이었습니다. 그래서 가끔 이 인터뷰를 준비하면서 스트레스를 받았습니다. 왜냐하면 꼭 핀에어에서 일하고 싶었기 때문입니다. 하지만 그 친구는 과정을 즐길 수 없다면, 결과 역시 즐길 수 없을 것이라고 말해 주었습니다. 그것은 정말로 도움이 되었습니다. 준비하는 동안 행복함을 느낄 수 있게 되었기 때문입니다.

KLM

Yes. Sometimes, I ask for advice when I think it is needed. For example, when I worked in ○○ company, there was a junior whose way of talking was very direct and offensive, and I didn't know how to start to talk to her. At that time, I told it to my sister, and she told me that I should speak out otherwise I would get stressed ever, but give praise first, and then choose gentle words. It was really effective, and since then, I have always followed her advice when I have a similar situation.

네. 가끔씩 필요하다는 생각이 들면 조언을 구합니다. 제가 ○○회사에 일했을 때, 말하는 방식이 매우 직접적이고 공격적인 후배가 있어서 그녀와 어떻게 대화를 시작해야 할지 몰랐습니다. 당시 저는 언니에게 조언을 구했고, 언니는 말을 해야 하며 그렇지 않으면 계속 그렇게 지내게 될 것이라고 했습니다. 하지만 칭찬을 먼저 하고 부드러운 단어를 선택하라고 했습니다. 그것은 정말 효과가 있었고, 그 뒤부터 저는 언제나 비슷한 상황에서 언니의 조언을 따릅니다.

Yes. When I hesitated to study abroad, my senior gave me the really helpful advice. At that moment, I had worked for ○○ trading company, and I was worried if there was no space for me when I came back. However, she said no one knows what is going to happen in your future, then do what you want most and that would be the best choice. So I studied abroad and when I came back, I decided to be a flight attendant in Lufthansa. I think her advice was the best ever.

네. 제가 해외에서 공부하는 것을 망설일 때, 선배가 정말로 도움이 되는 조언을 해 주었습니다. 당시 저는 ○○무역회사에서 일하고 있었고, 제가 다시 돌아왔을 때 제자리가 없을까봐 걱정했습니다. 하지만 선배는 그 누구도 자신의 미래에 무슨 일이 생길지 알 수 없으니, 가장 좋아하는 일을 하라고, 그것이 최고의 선택이 될 것이라 했습니다. 그래서 저는 외국에서 공부하기로 했고, 돌아왔을 때 루프트한자의 승무원이 되기로 결심했습니다. 저는 선배의 조언이 최고의 조언이었다고 생각합니다.

 **핀에어**

I am sure I can contribute to Finnair in many ways. I am service-oriented and I have excellent communication skills. So I can anticipate what customers want and I know how I offer it to them. Also I am good at having the soft working environment with my communication skills. It would be useful to have strong teamwork at work. I really want to have a chance to use my ability in Finnair.

핀에어에 여러 가지 방법으로 공헌할 수 있다고 확신합니다. 저는 서비스 지향적이며 훌륭한 커뮤니케이션 스킬을 갖고 있습니다. 그래서 고객들이 원하는 것을 예측할 수 있고, 그것을 전달하는 방법을 알고 있습니다. 또한 저의 커뮤니케이션 스킬로 부드러운 근무 환경을 조성하는 데도 능합니다. 그것은 직장에서 강한 팀워크를 구축하는 데 유용할 것입니다. 저는 정말로 핀에어에서 제 능력을 발휘할 기회를 얻고 싶습니다.

KLM

I believe I can make a significant contribution to KLM with my skills and abilities. I can speak Korean, English and Chinese, so I can offer more delicate service to passengers who speak those languages. Also I am very sociable, so I can get along well with people from diverse cultures. I would interact well with customers, then they would feel more friendly toward KLM.

저는 저의 기술과 능력으로 KLM에 큰 공헌을 할 수 있다고 믿습니다. 저는 한국어, 영어, 중국어를 합니다. 그래서 이 언어를 사용하는 승객들에게 보다 섬세한 서비스를 할 수 있습니다. 또한 저는 매우 사교적인 성격이라 다양한 문화권의 사람들과 잘 어울릴 수 있습니다. 저는 고객들과 소통을 잘 할 것이며 그러면 그들은 KLM을 더욱 친근하게 느낄 것입니다.

I am a fast learner, and fast worker. I am sure everything should be new at first if I become a flight attendant. However I will learn quickly, and work fast but it is preciously. Also I am very positive. I can enjoy my work even under pressure, so I should motivate other team members and it would increase efficiency at work.

저는 배우는 속도와 일처리가 빠릅니다. 승무원이 되면 처음에는 모든 것이 새로울 것입니다. 하지만 저는 빨리 배울 것이고, 빠르지만 정확하게 일할 것입니다. 저는 또한 매우 긍정적입니다. 스트레스를 받아도 일을 즐길 수 있습니다. 그래서 다른 팀원들의 사기를 올릴 수 있고, 그것은 업무 효율을 높일 것입니다.

Have you ever applied to other airlines before? If yes, what was the reason for the failure to interview? And, do you have anything better prepared now?

다른 항공사에 지원한 경험이 있습니까? 그렇다면 과거 면접에 실패한 이유는 무엇이며, 현재 나아진 점에 대해 말해 주십시오.

 **핀에어**

Yes, I have applied to other airlines before. That was my first time to have a job interview, so I didn't know how to promote myself. I think I was kind of confused during interview. Now, I know what you want to know about me, and I can surely tell that I am a well-qualified person in Finnair. I would like to have a chance to prove it.

네. 전에 다른 항공사에 지원한 적이 있습니다. 그것은 저의 첫 번째 취직을 위한 면접이었습니다. 그래서 제 자신을 어떻게 알려야 할지 몰랐습니다. 면접 시간 내내 다소 혼란스러웠던 것 같습니다. 지금 저는 면접관님이 저에 대해 알고 싶어하는 것이 무엇인지 잘 알고 있고, 저는 핀에어에 자격이 충분한 사람이라고 자신 있게 말씀드릴 수 있습니다. 그것을 증명할 수 있는 기회를 갖고 싶습니다.

KLM

Yes. Honestly, this is my third time to apply for cabin crew. At first, I wasn't ready, because I didn't know what was required to be a flight attendant. For my second interview, I prepared hard before the interview, but I was very nervous. I think it was because I was still not ready enough. Today, I am confident of myself, and very excited because I think I am more ready than ever, and KLM is always my best airline.

네. 솔직히 말씀드리면 이번이 세 번째 승무원 지원입니다. 처음에는 승무원이 되기 위해 어떤 점이 필요한지 잘 몰랐기에 준비가 충분하지 않았습니다. 두 번째 면접에는 열심히 준비했지만 매우 긴장했습니다. 저는 그것이 여전히 제가 준비가 충분히 되지 않았기 때문이라고 생각합니다. 오늘 저는 스스로에게 자신 있으며, 매우 설렙니다. 왜냐하면 저는 그 어느 때보다 준비가 되어 있고, KLM은 언제나 제게 있어 최고의 항공사이기 때문입니다.

Lufthansa 루프트한자

Yes. Last time, I failed the final interview of Lufthansa, and this is my second challenge. I think last time I couldn't show you my abilities and potentialities enough. I was so impatient to pass the interview. This time, I want to show you how I am well-qualified for Lufthansa in a calm and orderly way. I have been growing up since last interview.

네. 저번에 저는 루프트한자 최종 면접에서 떨어졌습니다. 그리고 지금이 두 번째 도전입니다. 지난 번에는 제가 저의 능력과 잠재력을 충분히 보여 드리지 못했다고 생각합니다. 합격하기 위해 매우 조급했습니다. 이번에는 제가 루프트한자에 얼마나 자질이 충분한 사람인지 차근차근 보여 드리고 싶습니다. 지난 면접 이후로 저는 성숙해졌습니다.

 **핀에어**

I would like to grow with Finnair. I think the best company is the company which encourages employees to have more time for self-improvement, because it brings more efficiency and makes the company stronger. So I expect from Finnair to offer employees many opportunities to grow, and I am sure I will bring it back to Finnair.

저는 핀에어와 함께 성장하고 싶습니다. 최고의 회사는 직원들이 자기계발을 위해 좀 더 시간을 가질 수 있도록 힘을 주는 회사라고 생각합니다. 그것은 결국 더 큰 효율성을 가져오고 회사를 더욱 견고하게 만들어 주기 때문입니다. 그래서 저는 핀에어가 직원들에게 성장할 수 있는 많은 기회를 제공해 주길 원하고, 저는 반드시 그것을 핀에어에 되돌려 드릴 것입니다.

KLM

I expect many things from KLM. KLM is the oldest airline and a global leading company in the aviation industry. I would like to learn the high quality of service skills and know-how in the best company. I would make them mine, and I would recreate my own service skills and know-how for KLM. I think this is win-win for both of myself and KLM. That is what I expect from KLM.

저는 KLM에 많은 것을 기대합니다. KLM은 항공산업 부문에서 가장 오래된 회사이자 세계를 선도하는 회사입니다. 저는 최고의 회사에서 높은 수준의 서비스 스킬과 노하우를 배우고 싶습니다. 저는 그것들을 제 것으로 만들 것이며, KLM을 위한 저만의 서비스 스킬과 노하우로 재창조할 것입니다. 저는 이것이 저 자신과 KLM 모두에게 윈-윈이 된다고 생각합니다. 그것이 제가 KLM에게 기대하는 바입니다.

Lufthansa is well-known for taking good care of its employees. If I work for Lufthansa as a flight attendant, I want the company to consider me as a valuable asset. I believe it can boost the loyalty to the company. I want to be a flight attendant who really loves the company, and who is loved by the company. So I expect from Lufthansa to value its employees as a partner, then I am sure I would be a happy flight attendant in Lufthansa.

루프트한자는 직원들을 중히 여기는 것으로 잘 알려져 있습니다. 제가 루프트한자에서 승무원으로 일한다면, 회사가 저를 중요한 자산으로 여겨 주길 바랍니다. 그것이 애사심을 높일 수 있다고 믿습니다. 저는 회사를 사랑하는, 회사에서 사랑받는 승무원이 되고 싶습니다. 그래서 루프트한자가 직원을 동반자로서 소중하게 생각해 주길 기대합니다. 그러면 저는 루프트한자의 행복한 승무원이 될 것입니다.

비밀노트 **3**

토론

많은 외국 항공사에서 면접 절차 중 하나로 토론을 활용합니다. 토론 단계를 갖는 이유에 대해 지원자들이 잘못 알고 있는 것이 있는데, 토론은 지원자의 영어 실력을 확인하기 위한 것이 아닙니다. 지원자의 영어 실력은 간단한 스몰 토크나 면접 질문 한두 개를 통해서도 충분히 파악할 수 있습니다. 토론은 팀워크를 이루는 지원자의 태도, 상대방에 대한 배려심을 확인하려는 목적으로 치러지는 것입니다. 더불어 토론에 여러 가지 규칙을 부여하고 그 규칙을 끝까지 엄수하는지 보는 과정이기도 합니다. 따라서 토론에서 자신의 생각과 의견을 주장하는 데 집중하기보다는 상대방을 배려하고 팀의 전체적인 분위기를 고려하는 태도를 견지하는 것이 더 좋은 점수를 받는 비결이라 하겠습니다.

● 토론에서 이런 행동은 플러스!

– 토론에 주어진 시간에 맞추어 간단명료하게 자신의 의견을 밝히고 남은 시간에는 다른 팀원들의 의견을 경청하고 긍정적인 반응을 보일 수 있도록 합니다.

– 고개를 살짝 끄덕인다든가, 재미있는 이야기에 활짝 웃거나, 발언하는 동료 쪽으로 살짝 몸을 기울이는 등의 제스처는 토론에 적극적으로 참여하는 자세임과 동시에 상대를 배려하는 마음을 잘 드러내는 방법입니다.

– 끝까지 밝고 부드러운 표정을 잃지 않도록 합니다. 팀원들의 의견이 마음에 들지 않거나, 영어를 잘 못하는 지원자로 인해 답답하고 초조한 마음이 생길 수 있습니다. 하지만 팀원의 의견이 좋지 않고, 같은 팀에 영어를 못하는 지원자가 있다는 이유로 다른 지원자를 떨어뜨리는 면접관은 없습니다. 오히려 그런 마음을 표정으로 드러내는 지원자로 인해 팀워크가 무너질 수 있다는 점을 명심합시다.

– 반드시 시간을 엄수합니다. 얼마나 높은 수준의 의견들이 오고 갔는지보다 주어진 규칙을 지키는 것이 훨씬 중요합니다. 비록 토론을 통해 다양한 의견을 충분히 주고받지 못했더라도, 반드시 정해진 시간 안에 토론을 마무리하는 연습을 해 두는 게 좋습니다.

- 토론이 시작되기 무섭게 의견을 교환하기보다 토론의 주제와 규칙 등을 간단히 짚어 주고 시작하는 것이 좋습니다. 면접관의 지시를 미처 이해하지 못했거나, 정리가 필요한 팀원들을 위해 주제를 한 번 짚고 넘어가면 해당 지원자의 배려심과 리더십이 돋보일 수 있습니다.

- 자신의 의견이 반대에 부딪혔을 때, 내 의견이 옳다고 끝까지 주장하는 모습이 아닌, 일단 반대 의견을 수용하는 자세를 보이고, 나머지 팀원들의 의견을 구하도록 합니다. 의견이 채택돼 합격하는 확률보다 반대 의견을 가진 팀원들까지 포용하고 양보하는 모습 덕분에 합격할 확률이 훨씬 높습니다.

● 토론에서 이런 행동은 마이너스!

- 자신이 주인공인 모노드라마처럼 처음부터 끝까지 혼자만 말합니다. 시간과 상관없이 하고 싶은 말을 다 합니다. 지원자의 배려심 없는 태도를 면접관은 놓치지 않을 겁니다.

- 다른 팀원의 의견을 비웃거나, 직접적으로 비난 혹은 극단적인 영어 표현으로 상대방을 당황하게 만듭니다. 승무원은커녕 일반적인 인간관계도 잘 맺지 못할 사람으로 비춰질 것입니다.

- 토론도 면접의 일부로 모두가 긴장한 상태임은 너무나 잘 알 것입니다. 토론 중 팀원들에게 쉽게 대답할 수 없는 질문들을 끊임없이 던져 팀원들을 당황하게 만듭니다. 당황하는 팀원은 물론 배려 없는 지원자 자신에게도 마이너스가 될 것입니다. 상대방의 점수가 깎여야 내 점수가 올라가는 것이 아닙니다. 팀원 모두가 잘해야 내 점수도 같이 올라갑니다.

- 발언 중인 팀원의 말을 자르고 자기가 하고 싶은 말을 합니다. 상대방의 말을 다 듣고 자신의 의견을 말하는 게 예의입니다. 그렇다면 그 반대의 경우는 면접관에게 어떻게 보일까요? 만약 팀원 중 주제와 벗어난 이야기로 토론 시간을 모두 사용하는 사람이 있다 해도 중간에 말을 자르지 않고 최대한 인내하며 들어주다가, "I feel really sorry to interrupt you, but we have only few minutes left. I think it is time to make a decision about today's topic. I am very sorry to be rude. (방해해서 너무나 미안하지만, 우리에게 시간이 얼마 남지 않았으므로 주제로 돌아와야 할 것 같다. 예의 없이 굴어 미안하다)"며 양해를 구하는 것이 좋습니다.

토론에는 크게 자유 토론과 결론 도출 토론이 있습니다.

● 자유 토론이란?

하나의 주제를 놓고 팀원들이 자신의 생각이나 의견을 다양하게 제시하는 토론입니다. 자신의 의견을 조리 있게 전개하고 상대의 의견을 경청하며 배려하는 모습을 보여 주는 것이 핵심입니다. 한 번도 생각해 본 적 없는 주제라 말문이 막힌다 해도 당황하지 말고, 다른 팀원들의 의견에 덧붙이는 정도로만 간단히 의견을 피력하고, 적극적인 호응을 보여 준다면 크게 문제될 것은 없습니다.

● 결론 도출 토론이란?

팀원들이 다 같이 의견을 모아 결론을 내리거나, '미션'을 완수하는 형태의 토론입니다. 자유 토론보다 조금 까다롭습니다. 무엇보다 결과물이 있어야 하므로 시간을 적절히 분배해 의견 교환 시간, 규합 시간, 최종 결정을 내리는 데 소요되는 시간까지 부족함이 없어야 하며, 여러 의견들 가운데 하나를 선택하게 되므로 팀원들의 감정이 상하지 않도록 단어 사용에 신중해야 합니다. Time checker(시간을 확인하는 사람)와 Writer(정리하는 사람)의 역할이 중요한 토론입니다. 이 두 사람이 본인의 역할을 100퍼센트 소화하지 못하면 당사자는 물론, 팀원 전체가 좋은 점수를 받기 힘듭니다.

■ 주제에 따라 나뉘는 자유 토론과 결론 도출 토론과 달리, 토론이 진행되는 방식에 따라 나뉘기도 합니다. 면접관이 한 팀을 전담해 평가하는 방식과, 여러 팀이 동시에 토론을 진행해 면접관이 팀별로 돌아다니며 평가하는 방식이 있습니다. 전자는 지원자 자신의 말과 행동에 신경을 쓰는 것이 좋지만 후자의 경우는 다릅니다. 자신이 발언 중이더라도 면접관이 다른 팀을 평가하는 중이라면 자신의 발언은 면접관에게 아무 의미가 없기 때문입니다. 즉 면접관은 지원자가 무슨 말을 얼마나 많이 했는지 알 수 없습니다. 이런 경우 약간 큰 제스처로 팀원들의 의견에 호응하고 밝은 표정을 유지하여 좋은 인상을 심어 주는 것이 좋습니다.

● 의견을 제시할 때

In my case… 제 경우에는…

In my way of thinking… 제 생각에는…

In my point of view, 제 관점에서는,

In my opinion, 제 의견은,

I'd like to say that~ 저는 ~을 말하고 싶습니다.

I think… 제 생각에는…

Shall I start? 제가 시작할까요?

Can I go first? 제가 먼저 말해도 될까요?

Do you mind if I start first? 제가 먼저 시작해도 되겠습니까?

● 상대 의견에 동의를 표할 때

I agree with you. 당신의 의견에 동의합니다.

I understand. 이해합니다.

That's what I wanted to tell you. 바로 제가 하려던 말이었습니다.

I see, is that so? 알겠습니다. 그렇습니까?

That would be interesting! 흥미롭겠네요!

You've got a point there. 좋은 지적입니다.

Thank you for your comment. 의견 감사합니다.

Wonderful! 대단합니다!

That's natural. 당연하지요.

How exciting! 신나는데요!

I believe so. 그럴 것 같습니다.

That's encouraging. 고무적이네요.

That's the way it goes. 그렇게 되는군요.

That's right. 맞습니다.

I think so. 그렇게 생각합니다.

I see what you mean. 무슨 의미인지 알겠습니다.

That is exactly what I mean. 그게 바로 제가 하려던 말이었습니다.

I couldn't agree with you more. 전적으로 당신 의견에 동의합니다.

● **이견을 제시할 때**

I agree with you but I have an another idea which is~
당신의 의견에 동의하지만 저는 ~한 다른 의견이 있습니다.

I think your idea is great, but I am afraid that my opinion is a bit different.
당신의 생각은 훌륭하지만, 제 의견은 조금 다릅니다.

I have a different opinion. 제 의견은 다릅니다.

I have a different idea. 제 생각은 다릅니다.

I know what you mean, but~ 무슨 의미인지는 알겠지만~

That could be true, but I think~ 그것이 맞을 수도 있겠지만, 제 생각에는~

● **제안할 때**

Let's ~ ~을 합시다.

Why don't we start talking about~? ~에 대해 이야기를 나누는 것이 어떨까요?

How about~? ~은 어떻습니까?

Are there any other ideas? 다른 의견 있습니까?

Would you like to share your opinion with us? 공유하고 싶은 의견이 있습니까?

Can we draw a conclusion from various opinions?
다양한 의견에서 결론을 내려 볼까요?

Can we compactly summarize now? It is time to finish.
간단하게 요약할까요? 마칠 시간이라서요.

● 동시에 말을 시작했을 때

After you. 전 다음번에 할게요.

Please go ahead. 먼저 하세요.

You can go first. 먼저 하세요.

자유 토론

자유 토론의 예
주 제 : **Talk about unforgettable winter experience.**

01 **If you cook for the interviewer now, what would you like to cook?**

02 **What are the words that come to mind when you think of airplane or flight attendant?**

03 **What do you think of women smokers?**

04 **If you were able to invent anything you want, what would it be?**

05 **Have you ever regretted anything in your life?**

Talk about unforgettable winter experience.

■ 참여 인원 : 5명　　　　　　■ 토론 시간 : 5분

A : Hello! Very nice to see you all. Today's topic is to talk about unforgettable winter experience. I think it is very interesting! Would you like to share your opinion with us?

안녕하세요! 만나서 모두 반갑습니다. 오늘의 주제는 잊혀지지 않는 겨울에 대한 것입니다. 매우 흥미롭네요! 공유하고 싶은 의견 있나요?

B : Do you mind if I start first?

제가 먼저 시작해도 되겠습니까?

C, D, E : Sure, go ahead.

물론이죠, 먼저 하세요.

B : Thank you. My unforgettable winter story is to spend my time in Australia on Christmas day. It was my first time to have summer Christmas! I don't know anyone of you have same experience with me. It was exotic, hot and funny! I always think of it every Christmas day.

고맙습니다. 잊을 수 없는 제 겨울 이야기는 크리스마스에 호주에서 시간을 보낸 것입니다. 여름 크리스마스를 보낸 것은 처음이었습니다! 여러분 중 저와 같은 경험을 하신 분이 있는지 모르겠네요. 이국적이고, 뜨겁고 그리고 재미있었습니다! 매 크리스마스마다 언제나 그때를 생각합니다.

C : Wow! That should be nice! I've seen Santa Claus with bikini on TV. My story is quite similar to you. Few years ago, I went to Japan with my friends in winter time. That was unforgettable, because it was my first travel with my friends. I was very excited because I felt I was grown up. I think the first experience is always shining and it remains long.

와! 정말 좋았겠네요! 저는 텔레비전에서 비키니를 입은 산타클로스를 본 적이 있어요. 제 이야기는 당신과 좀 비슷하네요. 몇 년 전 겨울, 친구들과 일본에 갔습니다. 친구들과 함께 한 첫 번째 여행이었기에 잊을 수 없어요. 제가 어른이 되었다고 느꼈기 때문에 매우 설레었습니다. 첫 경험은 언제나 빛나고 오래도록 기억에 남는 것 같아요.

D : I agree with you. I met my first boy friend in winter, and broke up with him next winter. So winter is the season of love to me. My unforgettable winter experience is to cry a lot on the road with lots of snow. I think that was sad, but beautiful, because as you said, the first experience is always shining.

동감해요. 저는 제 첫 번째 남자친구를 겨울에 만났고 그다음 겨울에 헤어졌어요. 그래서 제게 겨울은 사랑의 계절이에요. 제 잊을 수 없는 겨울의 경험은 눈이 펑펑 내릴 때 길에서 크게 울었던 일이에요. 저는 그것이 슬프지만 아름답다고 생각합니다. 왜냐하면 말씀하셨듯이, 첫 경험은 언제나 빛나니까요.

A : That was sad, but romantic! I hope it doesn't make you sad any more.

슬프지만 낭만적이군요! 지금은 그 일이 당신을 더 이상 슬프게 하지 않았으면 좋겠어요.

D : No worry! I am totally fine now. Thank you!

걱정 마세요! 지금은 정말 괜찮습니다. 고마워요!

E : Good for you! I was a backing vocalist of the rock band in university. We had an outdoor performance in winter 2 years ago, and I felt on my back with ridiculous gesture and expression on the stage. The worst part was that my family and friends were there to see me. I was OK, but I was teased for a long time. Now, that is my pleasant unforgettable winter story, because it still makes everyone laugh.

잘됐네요! 저는 대학에서 록밴드의 백 보컬리스트였어요. 2년 전 우리는 야외에서 공연을 했는데, 저는 무대에서 우스꽝스러운 몸짓과 표정으로 뒤로 넘어졌답니다. 최악은 우리 가족과 친구들이 절 보러 왔었다는 사실이었어요. 저는 괜찮았지만, 오랫동안 놀림을 받았습니다. 지금은 유쾌한, 잊을 수 없는 겨울 이야기랍니다. 왜냐하면 여전히 모두를 웃게 만드니까요.

A : I guess that is a good memory for you, your family and friends. We have only 1 minute left now.

당신과 가족, 그리고 친구들에게 좋은 추억이 되겠네요. 지금 우리에게는 1분이 남아 있습니다.

C : Did you check the time? Thank you so much!

시간을 확인하셨어요? 정말 감사합니다!

A : You're welcome! It was really great to have your stories today. I hope we can share our unforgettable experience as a flight attendant of ○○ air next time.

천만에요! 오늘 여러분의 이야기는 정말 좋았습니다. 다음번에는 ○○항공의 승무원으로서 잊을 수 없는 경험에 대해 이야기했으면 합니다.

B : I wish we could! Good luck to all of you!

정말 그럴 수 있었으면 좋겠네요! 모두에게 행운을 빕니다!

● **평가**

A는 토론을 여는 역할을 담당했기에 지나치게 튀어 보이는 일을 피하고자 자신의 의견을 피력하기보다 다른 팀원들의 의견을 경청하고, 그에 적극적으로 호응했습니다. 또한 시간을 확인해 책임감 있는 리더 역할도 했습니다.

B,C,D,E 모두 적절히 자신의 의견을 밝히고 상대방의 의견에 긍정적으로 반응했습니다.

A,B,C,D,E 모두 긍정적인 태도로 적극적으로 토론에 참여했으며, 토론의 분위기도 전반적으로 좋았습니다.

I love cooking! I think she should try bibimbab in Korea. Bibimbab is Korean traditional food. It is steamed rice with greens, meet, egg and Korean chili paste sauce. I can make bibimbab very delicious! I hope she enjoys bibimbab.

저는 요리를 좋아합니다! 면접관님은 한국에서 비빔밥을 드셔 봐야 한다고 생각합니다. 비빔밥은 한국의 전통 요리로 밥과 함께 나물, 고기, 달걀, 고추장을 곁들인 음식입니다. 저는 비빔밥을 정말 맛있게 만들 수 있습니다! 면접관님이 비빔밥을 좋아하셨으면 좋겠습니다.

I have a same idea with you! Bibimbab is really healthy food, and she can have it without meet if she is a vegetarian. Also if she doesn't like spicy food, she can add soy sauce instead of Korean chili paste sauce. I heard bibimbab is foreign travelers' favorite food. I also want to cook bibimbab for her today.

저도 같은 생각이에요! 비빔밥은 정말 건강에 좋은 음식이고, 혹 면접관님이 채식주의자라면 고기가 들어가지 않은 비빔밥도 드실 수 있습니다. 또 매운 음식을 좋아하지 않는다면, 고추장 대신 간장을 넣어도 좋습니다. 저는 비빔밥이 외국 관광객이 가장 좋아하는 음식이라 들었습니다. 저 역시 면접관님을 위해 오늘 비빔밥을 만들고 싶습니다.

Wow! She should like bibimbab. In my case, everyone loves my seafood pajeon, so I would like to cook pajeon for her. Seafood pajeon is a green-onion pancake with various seafood. It is also very popular for foreigners and it goes well with bibimbab!

와! 면접관님이 비빔밥을 좋아하실 것 같아요. 저는 모두가 저의 해물파전을 좋아하기에 면접관님을 위해 파전을 만들고 싶습니다. 해물파전은 다양한 해물을 곁들인 파로 만든 팬케이크라 할 수 있습니다. 이 역시 외국인들에게 매우 인기가 높으며 비빔밥과도 잘 어울립니다!

2. What are the words that come to mind when you think of airplane or flight attendant?

비행기나 승무원을 생각할 때 떠오르는 단어는 무엇입니까?

Can I go first? Whenever I hear of airplane or flight attendant, freedom is the first word that comes to mind. I think it is because both of two words are related with traveling. 'Bird' is also the word for airplane, because it looks like.

제가 먼저 할까요? 비행기나 승무원에 관해 들으면, 자유가 제일 먼저 떠오릅니다. 그것은 두 단어 모두가 여행과 관련이 있기 때문입니다. '새' 역시 비행기하면 생각나는 단어입니다. 비행기와 비슷하게 생겼기 때문입니다.

I see. That is interesting! In my case, excitement and longing are the words that come to mind first. When I see airplane in the sky, I think "Somebody should be excited to travel!" or "Somebody is crying for leaving her beloved". So excitement and longing are the words for airplane or flight attendant.

알겠습니다. 흥미롭네요! 제 경우에는 설렘과 그리움이 제일 먼저 떠오릅니다. 하늘의 비행기를 보면, 저는 "누군가는 여행할 생각에 설레겠지!" 혹은 "누군가는 사랑하는 사람을 떠나 보내고 울고 있겠지" 하는 생각을 합니다. 그래서 설렘과 그리움은 비행기나 승무원 하면 떠오르는 단어입니다.

That is romantic! When I think of airplane or flight attendant, the words that come to mind is shining and heart-pounding. It is because flight attendant is my dream job, and airplane is my dream workplace. I hope my dream will come true through this chance.

낭만적이네요! 비행기나 승무원을 생각할 때, 제 마음속에 떠오르는 말은 빛남과 두근거림입니다. 왜냐하면 승무원은 제 꿈의 직업이고, 비행기는 제 꿈의 일터이기 때문입니다. 제 꿈이 이번 기회를 통해 현실로 이루어졌으면 좋겠습니다.

3. What do you think of women smokers?

여성 흡연자에 대해 어떻게 생각합니까?

Honestly, I don't like smoking no matter it is women smoking or men smoking. Smoking is not good for both of smoker and people around him or her. However, I don't think we need to think separately between women smokers and men smokers, because it might be sexual discrimination.

솔직히, 저는 여성이든 남성이든 관계없이 흡연을 좋아하지 않습니다. 흡연은 흡연자뿐 아니라 그 주변 사람에게도 좋지 않습니다. 하지만 여성 흡연자와 남성 흡연자를 분리해서 생각할 필요는 없다고 생각합니다. 왜냐하면 그건 성차별이 될 수도 있기 때문입니다.

I understand what you mean. However, I think a bit differently. As you said, smoking is not healthy, but it is worse when woman is smoking. Woman smoking could directly have a bad effect on pregnancy and fetus. So if she thinks of having a baby, she should prepare as much in advance as possible.

무슨 말인지 잘 알겠습니다. 하지만 저는 조금 다르게 생각합니다. 말씀하셨듯, 흡연은 건강에 도움이 안 됩니다. 하지만 여성이 흡연을 하면 더욱 좋지 않습니다. 여성 흡연은 임신과 태아에 직접적인 영향을 줄 수 있기 때문입니다. 그러므로 만약 아기를 가질 생각이라면, 가능한 한 미리 준비를 해야 합니다.

I agree with both of opinions, I mean woman should think of her life plan before smoking. In addition, men should be involved, because having a baby is not only woman's issue. Men can also have a bad effect on it. However, if somebody says, women are not allowed to smoke because smoking is the exclusive property of men, I am against it. That is sexual discrimination.

저는 두 의견 모두에 동의합니다. 제 말은, 여성은 흡연에 앞서 자신의 인생 계획에 대해 생각해야 한다는 겁니다. 남성 역시 동참해야 합니다. 아기를 갖는 것은 여성만의 문제는 아니기 때문입니다. 남성 역시 임신에 좋지 않은 영향을 끼칠 수 있습니다. 하지만 만약 누군가 흡연은 남성의 전유물이므로 여성은 흡연할 수 없다고 말한다면, 그 말에는 반대합니다. 그것은 성차별입니다.

4. If you were able to invent anything you want, what would it be?

원하는 것은 무엇이나 발명할 수 있다면, 무엇을 발명하겠습니까?

Shall I start? I would like to invent a dream maker which makes people's dream come true. It is like a magic lamp and a genie. Then, I would make all my dreams come true including being a flight attendant, and let others use it! I think it could be awesome.

제가 먼저 할까요? 저는 사람들의 꿈을 현실로 이루어 주는 드림메이커를 발명하고 싶습니다. 그것은 요술램프와 지니 같습니다. 그러면 저는 승무원이 되고 싶다는 꿈을 포함해 제 모든 꿈을 현실로 만들고 다른 사람들에게 사용하게 하겠습니다! 정말 멋질 겁니다!

That is really interesting! I wish I had one. I also want to invent magic glasses which can read people's mind. If I can read other's mind, I wouldn't misunderstand them and I would be able to make people I like happy! Because I would be able to know what they want! Also the magic glasses should be useful as a flight attendant.

정말 흥미롭네요! 저 역시 하나 있었으면 좋겠어요. 저는 또한 사람들의 마음을 읽을 수 있는 마술안경을 발명하고 싶습니다. 다른 사람들의 마음을 읽으면, 그들을 오해할 일 없이 좋아하는 사람들을 행복하게 해 줄 수 있습니다! 왜냐하면 그들이 원하는 게 무엇인지 알 수 있게 될 테니까요! 또한 마술안경은 승무원에게도 필요할 겁니다.

How exciting! In my case, I would like to invent a magic bridge which is connected between the real world and heaven. Then I can meet my late grandmother. I really miss her. She was my best friend ever. So if possible, I would like to make a magic bridge to meet my grandmother.

정말 신나는데요! 저는 현실과 천국을 이어 주는 마술다리를 발명하고 싶어요. 그러면 저는 돌아가신 할머니를 만날 수 있습니다. 저는 할머니가 정말 그리워요. 할머니는 제 최고의 친구였습니다. 그래서 가능하다면, 저는 할머니를 보기 위해 마술다리를 만들겠습니다.

5. Have you ever regretted anything in your life?
살면서 후회해 본 적이 있습니까?

I think everyone has moments that regret something. I have a secret crush on my classmate, and recently he had a girlfriend. I regret that I didn't confess my love to him, because I was just afraid of being rejected. I should have been braver. If I have a same situation next time, I will act differently not to regret again.

누구에게나 무엇인가 후회하는 순간들이 있다고 생각합니다. 저는 과 친구를 짝사랑하는데, 최근 그에게 여자친구가 생겼습니다. 거절당할 것이 두려워 그에게 고백하지 않은 것을 후회합니다. 저는 좀 더 용기를 냈어야 했어요. 만약 다음번에 같은 상황이 벌어진다면, 저는 다시 후회하지 않기 위해 다르게 행동할 겁니다.

Oh… keep the steam up! I will tell you my story. Last year, I had a big argument with my mother because of nothing. We are fine now, but I still didn't say sorry to her. I want to say "I am sorry, and I love you", but I am very shy. I think I should do it today not to regret anymore.

오… 기운 내요! 제 이야기를 할게요. 작년에 저는 아무것도 아닌 일로 엄마와 크게 말다툼을 했습니다. 지금은 괜찮지만, 저는 아직도 미안하다고 말하지 않았습니다. "미안하고 사랑해요"라고 말하고 싶지만, 너무 부끄러워서요. 더 이상 후회하지 않기 위해 오늘 그 말을 해야 할 것 같습니다.

Your mom should be touched and happy! In my case, I regret I didn't go to Canada last year. I had a chance to go to Canada as an exchange student, but I didn't because I was worried about expenses there. I should have gone there, and found a way to live before just giving up. From next time, I am not going to stop myself in front of obstacles.

어머니가 분명 감동받고 행복해 하실 겁니다! 저는 작년에 캐나다에 가지 않은 것을 후회합니다. 교환학생으로 캐나다에 갈 기회가 있었지만, 그곳에서의 지출 비용이 걱정돼 가지 않았습니다. 저는 포기하기에 앞서 그곳에 가서 살 방법을 찾아봐야 했습니다. 다음부터는 장애 앞에 굴하지 않을 것입니다.

I think that is a big issue, because it is true that some people who are good at flattery get a quick promotion. However, I don't like it personally. I think if the promotion is not for my achievement, I don't think the promotion is mine. It sounds like stuffy, but I think the fair competition makes people grow.

저는 이것이 큰 논쟁거리라고 생각합니다. 왜냐하면 아첨을 잘하는 몇몇 사람들이 빠르게 승진한다는 것은 사실이니까요. 하지만 개인적으로 저는 좋아하지 않습니다. 승진이 내 성취 때문이 아니라면, 그 승진은 제 것이 아니라고 생각합니다. 고지식하게 들리겠지만, 저는 공정한 경쟁이 사람을 성숙하게 만든다고 생각합니다.

I totally agree with your opinion. I don't want to give up my self-regard for promotion. I believe there are other ways to have a happy and successful life. I think a flattering man can't have a true co-worker, and he never feels a sense of accomplishment.

전적으로 그 의견에 동감합니다. 저는 승진을 위해 제 자존심을 포기하고 싶지 않습니다. 행복하고 성공적인 인생을 사는 다른 방법이 있다고 믿습니다. 아첨하는 사람은 진정한 동료를 가질 수도 없고 성취감도 느낄 수 없을 것이라고 생각합니다.

I know what you mean. I also agree that we don't need flattery for promotion, but we need to respect our seniors and to have a good relationship with co-workers. So being nice and paying them a compliment are necessary. However that is different from flattery. That is human relation skills.

무슨 말인지 알겠습니다. 저 역시 승진을 위한 아첨은 필요하지 않다는 데 동의합니다. 하지만 선배를 존중하고, 동료들과 좋은 관계를 가져야 한다고 생각합니다. 그래서 친절하게 대하고 좋은 말을 해 주는 것은 필요하다고 봅니다. 이는 아첨과는 다릅니다. 이것은 인간관계 기술입니다.

7. Do you think we should study abroad for better English?

더 나은 영어 실력을 위해 해외연수가 필요하다고 생각합니까?

Well, I have seen many people who speak English very well without studying abroad. I haven't studied abroad either, but I don't think my English is not enough to communicate with foreigners. So I don't think studying abroad for English is not a must, because English ability is up to how strong my will is, not up to where I study.

글쎄요. 저는 외국에서 공부를 하지 않고도 영어를 매우 잘하는 사람들을 많이 봤습니다. 저도 해외연수를 하지 않았지만, 제 영어가 외국인과 소통하기에 충분하지 않다고 생각지 않습니다. 그래서 저는 영어를 위한 유학은 필수가 아니라고 생각합니다. 왜냐하면 영어 실력은 어디에서 공부하느냐가 아닌 내 의지가 얼마나 강한가에 달려 있기 때문입니다.

Somewhat I agree with your opinion. However, I think there is a positive effect about studying abroad. The best place to learn English is the country which English is a mother tongue, but it is true that it costs a lot to study abroad. So I think studying abroad for English is a matter of personal choice.

당신의 의견에 어느 정도는 동의합니다. 하지만 저는 해외연수에 긍정적인 영향이 있다고 생각합니다. 영어를 배우는 가장 좋은 장소는 영어를 모국어로 쓰는 나라입니다. 하지만 해외연수에 많은 비용이 드는 것은 사실입니다. 그래서 영어를 위한 유학은 개인의 선택에 달려 있다고 봅니다.

Both of opinions are reasonable. In my opinion, I positively think about studying abroad for better English. As you said, we can learn English more effectively and faster. Also, there are many chances to get along well with people from diverse cultures, so it should be helpful to be more open-minded and to have a global mindset.

두 의견 모두 일리가 있습니다. 저는 더 나은 영어를 위해 해외연수를 떠나는 것을 긍정적으로 생각합니다. 말씀하셨듯이, 우리는 영어를 보다 효과적이고 빠르게 배울 수 있습니다. 또한 다양한 문화권에서 온 사람들과 어울릴 기회가 많기 때문에 좀 더 열린 사고를 하게 되고, 국제감각을 익히는 데 도움이 될 것입니다.

Can I go first? I want to talk about the growth of foreign criminals. We didn't have many foreigners in Korea before, but these days, there are a lot, and it keeps increasing. As a consequence of it, foreign criminals are also increasing. I'm worried that some Koreans become xenophobes. I think the government should do something for it.

제가 먼저 해도 되겠습니까? 저는 외국인 범죄자 증가에 대해 말하고 싶습니다. 과거 한국엔 외국인이 많지 않았지만, 현재는 많으며 또 그 수도 계속해 늘어나는 중입니다. 그 결과 외국인 범죄자 역시 증가하고 있습니다. 저는 몇몇 한국인에게서 외국인 혐오주의가 싹트는 것이 걱정됩니다. 정부가 나서야 한다고 생각합니다.

Yes, I totally agree with you. Also, I am very worried that animal abuse in Korea is on the rise. Recently, the media frequently reported news about animal abuse, and it is a big issue now. Many murderers started from animal abuse, and I believe all living things should be respected. So I hope there is no more animal abuse in this world.

네, 전적으로 동의합니다. 또한 한국에서 동물학대가 증가하는 것 역시 걱정스럽습니다. 최근 미디어에서 자주 동물학대에 대한 뉴스를 보도하고, 이는 지금 큰 논쟁거리입니다. 많은 살인자들이 동물학대에서부터 범죄를 시작하는 문제도 그렇고, 모든 생명체는 존중받아야 한다고 믿으니까요. 이 세상에 더 이상 동물학대가 없었으면 좋겠습니다.

I love pets. That is so sad. I would like to talk about something pleasant. These days, there is a craze for K-pop in the world, specially many Asian countries. The government has even set up a Korean Wave Committee. I am so proud of them, because I am also a big fan of K-pop. I hope this is not temporary.

저는 애완동물을 사랑합니다. 정말 슬픈 일이네요. 저는 뭔가 유쾌한 것에 대해 말하고 싶습니다. 요즘 전 세계적으로, 특히 많은 아시아 국가에서 K-pop 열풍이 불고 있습니다. 정부는 한류위원회까지 만들었습니다. 저 역시 K-pop 팬이기에 그들이 정말 자랑스럽습니다. 이것이 일시적인 현상이 아니었으면 좋겠습니다.

9. If you had one billion dollars, what would you do?

10억 달러가 있다면, 당신은 무엇을 하겠습니까?

That is a happy topic for us! If I had one billion dollars, I would go for the world travel. That is the first priority in my bucket list. I would meet various people, walk along the strange street and feel totally free. I would enjoy unfamiliar food, music and smell, and I am sure I will grow a lot after the travel.

행복한 주제로군요! 10억 달러가 있다면, 저는 세계 여행을 떠나겠습니다. 그것은 제 버킷리스트 최우선 순위에 있습니다. 저는 다양한 사람들을 만날 것이고, 낯선 거리를 걸을 것이며, 완벽한 자유를 만끽할 것입니다. 익숙하지 않은 음식과 음악, 냄새를 즐길 것이고, 여행이 끝나면 저는 분명 많이 성장해 있을 겁니다.

That is a good idea! I should think about it! However, first of all, I would like to buy a small villa by the seashore. So whenever I feel tired or stressed, I can relax myself there. It can be my own safe house. Sometimes, I will invite my friends, and we will have a party! I believe it can be a good memory for us.

좋은 생각이에요! 세계 여행에 대해 생각해 봐야겠어요! 하지만 무엇보다 먼저, 저는 해변가에 있는 작은 별장을 사고 싶습니다. 그러면 피곤하고 스트레스를 받을 때마다 그곳에서 쉴 수 있겠죠. 저만의 아지트가 될 겁니다. 때때로 친구들을 초대해 파티도 열어야죠! 우리에게 좋은 추억이 될 것이라 믿습니다.

That is romantic! I think I am more like a realist than you guys. I would like to save the money at the bank, and I would have a high interest every month. Then I would buy some presents for myself and my family, treat my friends to dinner and make a regular donation to charity with the money.

낭만적이군요! 저는 여러분보다는 현실주의자인 것 같습니다. 저는 은행에 돈을 저금하고 매달 높은 이자를 받겠습니다. 그런 다음 그 돈으로 저 자신과 가족들을 위해 작은 선물을 사고, 친구들에게 저녁을 사고, 후원단체에 정기적으로 후원도 하겠습니다.

First of all, I think I would be just happy no matter which gender I choose because I can live one more time. However, if I have to choose one, I would choose being a man because I am happy to live as a woman now, so I want to live as a man next time. What about your opinions?

무엇보다 저는 어떤 성을 선택하든 행복할 것 같습니다. 왜냐하면 한 번 더 살 수 있으니까요. 하지만 하나를 선택해야 한다면, 저는 남성을 택하겠습니다. 왜냐하면 현재 여성으로서의 삶이 행복하기 때문에 다음번에는 남성으로 살고 싶기 때문입니다. 여러분은 어떠세요?

Right! I would be also happy regardless of gender. I am also satisfied with being a woman, but I might have a different decision. I would choose woman again, because I want to have a totally different life as a same woman. For example, I am a student in Korea now, but I would be able to be the first female Indian chief in my next life.

맞습니다! 성에 상관없이 저 역시 행복할 것 같아요. 저 역시 여성인 것에 만족하지만, 제 결론은 다를 것 같습니다. 저는 다시 여성을 선택하겠습니다. 왜냐하면 같은 여성으로 전혀 다른 삶을 살고 싶기 때문입니다. 지금 저는 한국에 사는 학생이지만, 다음 인생에서는 최초의 여성 인디언 추장이 될 수도 있는 겁니다.

Wow! You are very creative! In my case, I would like to choose a man. I am very curious, so I want to know that I am never able to know like a life as a man. So if I have a chance to be reborn, I would like to choose a man. Then I would be able to know both of man and woman's life.

와우! 창의적이시군요! 제 경우에는 남성을 선택하겠습니다. 저는 호기심이 많아 남성의 인생과 같은, 제가 결코 알 수 없는 것을 알고 싶습니다. 그래서 다시 태어날 기회가 생긴다면, 남성을 선택하겠습니다. 그러면 저는 남성과 여성의 삶 모두 알 수 있을 것입니다.

11. What would you like to choose? Money or friend?

어떤 것을 선택하겠습니까? 돈입니까, 친구입니까?

That is really easy question for me. Definitely, I would like to choose friend. Because I believe friends can make me happy, but money can't. Of course, when I say 'friends', it means friends whom I fully trust and love. So they are like my family.

제게는 정말 쉬운 질문이네요. 당연히 저는 친구를 택할 것입니다. 왜냐하면 친구들은 저를 행복하게 해 주지만, 돈은 그렇지 못할 것이기 때문입니다. 물론 제가 '친구들' 을 말할 때는 충분히 신뢰하고 사랑하는 친구들을 가리킵니다. 그래서 그들은 제 가족과도 같습니다.

I understand. I also have some good friends whom I fully trust and love. However, I think I might waver little bit between friend and money, because I know money is also very important in our life. What I know for sure is that I shouldn't falter. So I want to choose friend same as your decision.

이해합니다. 저 역시 제가 충분히 신뢰하고 사랑하는 몇몇 좋은 친구들이 있습니다. 하지만 저는 친구와 돈 사이에 약간 흔들릴 수도 있을 것 같습니다. 왜냐하면 돈 역시 우리 인생에서 매우 중요한 것임을 알기 때문입니다. 제가 확실히 아는 건 흔들리면 안 된다는 것입니다. 그래서 저는 당신의 선택처럼 친구를 택하고 싶습니다.

That is what I was going to say! I totally agree that money is really important. I had a hard time for money few years back. However my decision will be same as yours. Money is important, but I can't buy friend with money, and I really need friend in my life. So we all have same decision. I am happy we choose friend, not money.

제가 하려던 말이었어요! 돈이 정말 중요하다는 데에는 전적으로 동의합니다. 몇 년 전, 저는 돈 때문에 힘든 시간을 겪었습니다. 하지만 제 결정은 여러분들과 같을 것입니다. 돈은 중요하지만 돈으로 친구는 살 수 없습니다. 그리고 제 인생에서 친구는 꼭 필요합니다. 그래서 우리 모두 같은 결정을 했군요. 돈이 아닌 친구를 선택해 기쁩니다.

I definitely believe that sports help develop good character. When I was a little, I was so shy and passive. So my parents asked me to learn taekwondo when I was 8 years old. Since then, I have become much more outgoing and active.

저는 분명히 스포츠가 좋은 품성을 기르는 데 도움이 된다고 믿습니다. 어렸을 때, 저는 소극적이고 수동적이었습니다. 그래서 부모님은 제가 8살 때 태권도를 배우게 하셨습니다. 그때부터 저는 좀 더 밝고 적극적이 되었습니다.

That makes sense. I think sports can help people get rid of stress, so it must have a good influence on developing character. I know many parents let their children learn sports for their healthy body and mind.

일리가 있네요. 스포츠는 스트레스를 풀게 해 준다고 생각합니다. 그러므로 인격을 형성하는 데 반드시 좋은 영향을 끼칠 것입니다. 많은 부모님들이 건강한 심신을 위해 자녀에게 운동을 배우게 한다고 알고 있습니다.

I agree with both of you. Of course, it could depend on each person. However, I think it is true that sports have a lot of strengths which can effect on having develop good character. People can learn teamwork, patience and consideration for others through sports.

여러분 모두의 의견에 동의합니다. 물론 개인에 따라 다를 것입니다. 하지만 저는 스포츠가 좋은 인격을 형성하는 데 영향을 끼칠 수 있는 많은 장점을 지닌 것은 사실이라고 생각합니다. 사람들은 운동을 통해 팀워크, 인내심, 타인을 위한 배려를 배울 수 있습니다.

13. If you could have a conversation with a famous person (living or dead), whom would you choose and why?

유명인(생존 인물이거나, 이미 죽은 인물 중)과 대화할 수 있다면, 당신은 누굴 선택하겠으며, 그 이유는 무엇입니까?

That is a really interesting topic! Actually, it is my dream to see Steve Jobs. I really admire him. In spite of many failures, his courage, which challenged to the end without fear, brought him a great gift which is called 'success'. Unfortunately he was dead last year. If possible, I would like to talk to him and get inspired with his enthusiasm.

정말 흥미로운 주제네요! 사실 제 꿈은 스티브 잡스를 만나는 것입니다. 저는 그를 정말 존경합니다. 많은 실패에도 불구하고, 두려움 없이 끝까지 도전하는 용기는 그에게 '성공'이라 불리는 엄청난 선물을 가져다주었습니다. 안타깝게도 그는 작년에 세상을 떠났습니다. 가능하다면 그와 대화하고 그의 열정에 고무되고 싶습니다.

Wow! I didn't know about him very well, but maybe I should. In my case, I want to have a conversation with Mother Teresa. As you all know, she already passed away. Love was the worth which she pursued through her life. She was always happy because she lived on love. I want to know how she could live like an angel.

와! 그에 대해 잘 몰랐는데, 알아야 할 것 같네요. 저는 마더 테레사를 만나 대화하고 싶습니다. 모두가 알겠지만, 그녀는 이미 돌아가셨습니다. 사랑은 그녀가 전 인생을 통해 추구한 가치였습니다. 그녀는 사랑으로 살았기에 언제나 행복했습니다. 저는 어떻게 그렇게 천사처럼 살 수 있었는지 알고 싶습니다.

I also love her. The person I really want to meet is alive. He is Dalai Lama. He is a spiritual guide of Tibet. He reminds me of the Korean independence fighters in the Japanese colonial period. He said "If you conduct your life on the basis of truth and honesty, it gives you a sense of satisfaction and self-confidence". His books always make me peaceful and warm.

저 역시 그녀를 좋아합니다. 제가 만나고 싶은 사람은 살아 있습니다. 그는 달라이 라마예요. 그는 티베트의 영적 지도자입니다. 그는 제게 일제강점기의 한국 독립투사들을 떠올리게 합니다. 그는 "진실과 정직을 바탕으로 살아간다면, 만족감과 자신감을 얻을 수 있을 것이다"라고 했습니다. 그의 책은 언제나 저를 평화롭고 따뜻하게 해줍니다.

14. If you had the power to change any event in history, which would you choose to change, and why?

역사에서 한 가지를 바꿀 수 있는 힘이 생긴다면, 바꾸고 싶은 건 무엇이며, 그 이유는 무엇입니까?

Can I go first? I would like to delete the word 'war' in history. A lot of people were killed, injured, raped and tortured through the First and Second war, American civil war, Iraq war and so on. I don't like people suffered for nothing. That is why I would like to change it.

제가 먼저 해도 될까요? 저는 역사에서 '전쟁' 이란 단어를 지우고 싶습니다. 많은 사람들이 제 1·2차 세계대전, 미국 남북전쟁, 이라크 전쟁에서 목숨을 잃고, 부상 당하고, 성폭행 당했으며, 고문을 받았습니다. 저는 아무것도 아닌 걸로 인해 사람들이 괴로워하는 것을 보고 싶지 않습니다. 그래서 저는 그것을 바꾸고 싶은 것입니다.

That is what I was going to say! I totally agree with you. Wars also destroyed cultural traditions. Specially, the history I would like to change is to get rid of the Korean war. My grandfather came from North Korea and he missed his hometown so much until he passed away. I think this is one of the saddest histories in Korea.

제가 하려던 말이었어요! 전적으로 동의합니다. 전쟁은 또한 문화유산을 파괴하기도 했습니다. 특히 제가 바꾸고 싶은 역사는 한국전쟁입니다. 제 할아버지는 북에서 피난 와 돌아가실 때까지 고향을 무척 그리워하셨습니다. 저는 이것이 한국에서 가장 슬픈 역사 중 하나라고 생각합니다.

That is sad. In my case, I would like to make people fail to develop smartphone if possible. I know it is very convenient and has many strengths. However I believe people were still happy without the development of science. When it is excessive, our life would be subordinate to science. I want to have a happy and slow life instead of a mechanical and fast life.

슬프네요. 제 경우는 가능하다면 스마트폰 개발을 실패하게 하고 싶습니다. 스마트폰은 매우 편리하며, 많은 장점을 가진 걸 압니다. 하지만 저는 과학의 발전 없이도 사람들은 여전히 행복했다고 믿습니다. 그것이 지나치게 되면, 우리의 삶은 과학에 종속되고 맙니다. 저는 기계적이고 빠른 삶 대신 행복하고 느린 삶을 살고 싶습니다.

15. Could you live without the internet?

인터넷 없이 살 수 있습니까?

Wow! I have never imagined that I can live without internet. Internet is necessary in the modern society. We can do everything through internet such as chatting with friends, searching anything for fun, getting any information and even building relationships by social network. I can stand for a while, but definitely I need internet in my life.

와우! 인터넷 없이 살 수 있다는 상상을 한 번도 해 본 적이 없네요. 인터넷은 현대 사회에 꼭 필요합니다. 우리는 친구와 채팅하거나, 재미를 위해 검색하거나, 어떤 정보든 얻을 수 있으며, 소셜네트워크로 인간관계도 맺는 등 인터넷으로 모든 것을 할 수 있습니다. 한동안은 참을 수 있지만 제 인생에 인터넷은 꼭 필요합니다.

I also think internet is necessary. Internet makes our life easier and more convenient. I can even get food delivery service through internet. I much prefer living with internet to without it. However I think we should be care of its harmful effect. There are a lot of people who were addicted to internet and they can't have normal social activities. I am worried about it.

저 역시 인터넷은 필수라고 생각합니다. 인터넷은 우리의 삶을 더욱 쉽고 편리하게 해 줍니다. 저는 심지어 인터넷을 통해 음식도 배달시켜 먹습니다. 인터넷이 없는 것보다 있는 것을 훨씬 선호합니다. 하지만 인터넷의 폐해에 대한 주의는 필요하다고 생각합니다. 많은 사람들이 인터넷에 중독돼 정상적인 사회생활을 하지 못하고 있습니다. 전 그게 걱정됩니다.

Yes, you are right! One of my friends was addicted to internet game, and it was so hard to get out of it. I also use internet, but I can live without it. I just check emails and that's it. Too much is as bad as too little. I don't enjoy the internet, but I know it is necessary as you all said. So it is important to control ourselves when we use it.

네, 맞습니다! 제 친구 중 한 명은 인터넷 게임 중독에서 벗어나기가 무척 힘들었습니다. 저 역시 인터넷을 하지만 없어도 살 수 있습니다. 저는 이메일 확인만 합니다. 지나친 것은 모자란 것만 못하다고 했습니다. 저는 인터넷을 즐기지는 않지만 여러분이 말씀하셨듯 꼭 필요하다는 것을 알고 있습니다. 그래서 우리가 인터넷을 사용할 때, 스스로 조절하는 게 중요한 겁니다.

16. Which country would you like to travel?

여행하고 싶은 나라는 어디입니까?

This topic should be fun! I love traveling, especially I am very interested in Africa. So I would like to travel to one of countries in Africa like Kenya or South Africa. I want to have safari tour and enjoy superb natural landscape. It should be fun! What about you?

이 주제는 재미있겠네요! 저는 여행을 좋아합니다. 특히 아프리카에 관심이 많습니다. 그래서 케냐나 남아프리카 공화국 같은 아프리카의 한 나라를 여행하고 싶습니다. 사파리 투어도 하고 빼어난 자연경관도 즐기고 싶습니다. 분명 재미있을 겁니다. 여러분은 어떠세요?

Wow! It should be exotic! In my case, I want to go to London in UK for 2012 London Olympics. I love sports. The Olympics were my favorite global festival. So if possible, I would like to see the games in person. After the Olympics, I also want to travel every part of UK.

와우! 이국적이겠군요! 저는 2012년 올림픽이 열리는 런던에 가고 싶습니다. 저는 운동을 좋아합니다. 올림픽은 제가 가장 좋아하는 지구촌 축제입니다. 그래서 가능하다면, 저는 경기를 직접 보고 싶습니다. 올림픽이 끝난 후에는, 영국 구석구석을 여행하고 싶습니다.

That should be a rememberable memory. For me, Thailand is the country I would like to travel. My best friend emigrated to Thailand few years ago. I really miss her, and I promised her to visit there to see her. I want to travel with her there.

그거 기억할만한 추억이 되겠네요. 제가 여행하고 싶은 나라는 태국입니다. 제 베스트 프렌드가 몇 년 전 태국으로 이민을 갔습니다. 그 친구가 정말 그립고 만나러 가겠다고 약속도 했습니다. 그녀와 함께 그곳을 여행하고 싶습니다.

Actually, I thought about it before. I think I can liken myself to a dog. A dog is very trueness and friendly. I don't turn on my back on people around me first, and I always try to be nice to them. So I think a dog can be a fitting comparison for me.

사실, 전에 생각해 본 적이 있습니다. 저는 스스로를 강아지에 비유할 수 있다고 생각합니다. 강아지는 의리가 있고 상냥합니다. 저는 주변 사람들에게 먼저 등을 돌리지 않습니다. 그리고 언제나 그들에게 잘하려고 노력합니다. 그래서 강아지는 제 적절한 비교 대상이라고 생각합니다.

That is interesting! In my case, I can liken myself to a tiger. You might be surprised. People around me always say I am very brave and have good leadership skills. For me, tiger is a leader of other animals and he is very brave. Also my Chinese zodiac sign is tiger. So I would like to liken myself to a tiger.

흥미롭네요! 제 경우에는, 호랑이에 비유하고 싶습니다. 놀라실지도 모르겠네요. 제 주변 사람들은 언제나 제가 용감하고 리더십 스킬이 뛰어나다고 말합니다. 저에게 호랑이는 여타 동물들의 리더이자 매우 용맹한 동물입니다. 또한 저는 호랑이 띠입니다. 그래서 저를 호랑이에 비유하고 싶습니다.

I see. For me, a monkey is good. A monkey is very cheerful and sociable. I am also happy when I make others laugh, and I love to be with people. Besides, a monkey is very clever and wise! I also want to be clever and wise. So I liken myself to a monkey.

알겠습니다. 제게는 원숭이가 잘 어울립니다. 원숭이는 매우 유쾌하고 사교적입니다. 저 역시 사람들을 웃길 때가 행복하고 사람들과 함께 있는 것을 좋아합니다. 더구나 원숭이는 매우 영리하고 지혜롭습니다! 저 또한 영리하고 지혜로워지고 싶거든요. 그래서 저를 원숭이로 비유하고 싶습니다.

First of all, I think that is very encouraging that foreign companies hire Koreans as a Korean. I think the reason is that Korean has a strong sense of responsibility and patient. Koreans don't give up easily even if there are many obstacles. So I believe foreign company rates it highly.

무엇보다 저는 한국인으로서 외국회사에서 한국인을 채용하는 것이 매우 고무적인 일이라 생각합니다. 한국인은 책임감과 인내심이 강하기 때문입니다. 한국인은 많은 장애물이 있다 해도 쉽게 물러서지 않습니다. 그래서 외국 회사에서 그 점을 높이 사는 것 같습니다.

That makes sense. I would like to add few more points on your opinion. Koreans has a lot of strengths at work as you said. Koreans are fast workers and sociable. So Koreans can raise the efficiency at work, and they have good relationships with co-workers. I think these are also good reasons that many foreign companies hire Koreans.

맞습니다. 당신의 의견에 몇 가지 더 덧붙이고 싶습니다. 한국인은 당신이 말한 것처럼 일하는 데서 많은 장점을 보여 줍니다. 한국인은 신속하게 일하며, 사회성이 좋습니다. 그래서 한국인은 업무 효율을 높일 수 있고, 동료들과 좋은 관계를 맺습니다. 저는 이런 점 역시 많은 외국회사에서 한국인을 채용하는 좋은 이유라고 생각합니다.

Both of your opinions are reasonable. These days, Korean wave is sweeping all over the world, and Korean economic power is getting increased. So many foreign companies got interested in Korea, and found out Koreans' strengths. I think that is a considerable reason for that.

두 분 의견 모두 맞습니다. 현재 한류는 전 세계를 휩쓸고 있고 한국의 경제력도 상승세입니다. 때문에 많은 외국계 회사에서 한국에 관심을 갖게 되었고, 한국인의 장점을 발견한 겁니다. 저는 그것이 무시할 수 없는 이유라고 생각합니다.

19. What do you think of religion?

종교에 대해 어떻게 생각합니까?

Should I go first? I don't have any religions. So I don't know many things about religion. However, if people can have hope by religion, I think that really hits the spot. I know people can be all turned around by religion. So I think that is good to have religion if they want.

제가 먼저 할까요? 저는 어떤 종교도 믿지 않습니다. 그래서 종교에 대해 많은 것을 알지는 못합니다. 하지만 사람들이 종교를 통해 희망을 가질 수 있다면, 저는 그것이 더할 나위 없이 좋다고 생각합니다. 종교를 통해 사람이 완전히 변할 수 있다는 것을 알고 있습니다. 그래서 원한다면 종교를 갖는 것이 좋다고 생각합니다.

I am a Christian, but I don't have any prejudice against religion. I think religion makes people peaceful and mature as long as the religion works properly. I know religion takes criticism these days. I hope the religious world takes it seriously and modestly, so can get admired by people again.

저는 기독교도지만, 종교에 대해 어떤 편견도 없습니다. 저는 종교가 제 역할을 하는 한, 사람들을 평화롭고 성숙하게 만든다고 생각합니다. 요즘 종교가 비판을 받고 있는 것을 압니다. 종교계가 그것을 심각하고 겸허히 받아들여 사람들에게 다시 존경받기를 희망합니다.

I agree with you. I can notice there are many crimes related with religion these days, and I am worried that people lose faith in their religion. I don't have any specific religion, but I want religion can be responsible for making people united. It is because the religion can change people as you said.

동의합니다. 요즘 종교와 관계된 많은 범죄가 일어나고 있습니다. 그리고 저는 사람들이 종교에 대한 신뢰를 잃는 것이 걱정됩니다. 저는 특정 종교를 갖지 않지만 종교가 사람들을 결속하는 역할을 담당할 수 있기를 원합니다. 여러분이 말한 것처럼 종교는 사람들을 변화시킬 수 있기 때문입니다.

20. **What do you use the internet for?**

당신은 인터넷을 어떤 용도로 사용합니까?

Well… Honestly, I don't know much about machines including computer. So I normally turn on the computer only for checking emails. Sometimes I search through newspaper articles on the internet, but not very often. However I feel I need to expand the use of the internet these days.

글쎄요… 솔직히, 저는 컴퓨터를 포함한 기계치입니다. 그래서 보통은 이메일 확인을 위해서만 컴퓨터를 켭니다. 가끔씩 인터넷으로 신문기사를 검색하기도 하지만 자주는 아닙니다. 하지만 요즘 저는 인터넷을 활용할 필요성을 느낍니다.

Yes, I agree with you. The internet makes our life much easier. For me, I have the smartphone, so I search on the internet whenever I need, and I keep in touch with my friends through social network such as face book and twitter. I like to share my life with people around me, and the internet helps me do so.

네, 동의합니다. 인터넷은 우리의 인생을 훨씬 편하게 만들어 줍니다. 저는 스마트폰이 있어 필요할 때마다 인터넷을 검색하기도 하고 페이스북이나 트위터와 같은 소셜네트워크를 통해 친구들과 연락하기도 합니다. 저는 주변 사람들과 제 삶을 공유하는 것을 좋아하고 인터넷이 그렇게 할 수 있도록 도와 줍니다.

Wow! You must be good at computer! I tried twitter before, but it was quite complicated. In my case, I check emails every day, and I like computer games, specially the starcraft and diablo. These computer games help me a lot to release my stress. So I guess I use the internet about 1 hour a day.

와우! 컴퓨터를 잘하시나봐요! 저는 전에 트위터를 해 봤지만 꽤 복잡했어요. 제 경우는 매일 이메일을 확인하고, 컴퓨터 게임 특히 스타크래프트와 디아블로를 좋아합니다. 이런 컴퓨터 게임은 스트레스를 푸는 데 많은 도움이 됩니다. 저는 하루에 보통 1시간 정도 인터넷을 사용하는 것 같습니다.

1. **Have you ever made an important decision in your life?**
   인생에서 중요한 결정을 내려본 적이 있습니까?

2. **What is your way to read other's mind?**
   다른 사람의 마음을 읽는 방법은 무엇입니까?

3. **Share your experiences in the service sector.**
   서비스 관련 업종에서의 경험에 대해 말씀해 보십시오.

4. **Tell me the happiest day in your life.**
   인생에서 가장 행복했던 날에 대해 말씀해 보십시오.

5. **Tell me anything you know about cabin crew.**
   승무원에 대해 아는 대로 말해보십시오.

6. **Do you think English is the most important to work as a flight attendant?**
   승무원으로 일하는 데 영어가 가장 중요하다고 생각합니까?

7. **How can you choose the best employee?**
   최고의 직원을 어떻게 선택하겠습니까?

8. **What can you practice to protect our environment?**
   우리의 환경을 보호하기 위해 할 수 있는 것은 무엇입니까?

9. **Do you agree with the transfer of a capital in Korea?**
   한국의 수도 이전에 동의합니까?

10. **What would you do if your fiancé disagree that you work as a flight attendant in a foreign country?**
    약혼자가 외국에서 승무원으로 일하는 것에 반대하면 어떻게 하겠습니까?

11. **Why do you think female flight attendants are more than male flight attendants?**
    여자 승무원이 남자 승무원보다 많은 이유는 무엇입니까?

12. **What do you think of dogmeat?**
    개고기에 대해 어떻게 생각합니까?

13. **How would you feel if your friend won the lottery?**
    친구가 복권에 당첨된다면 기분이 어떨 것 같습니까?

14. **What do you think of death penalty?**
    사형제도에 대해 어떻게 생각합니까?

15. **Why do you think people enjoy extreme sports?**
    사람들이 왜 익스트림 스포츠를 즐긴다고 생각합니까?

결론 도출 토론

결론 도출 토론의 예
주 제 : **Choose 2 good points and 2 bad points of living alone in a foreign country.**

01 **Let's suppose your group established a new airline. What are 3 important qualifications to hire cabin crew?**

02 **If you leave to the interior of Africa, what would you like to take? Choose 3 items.**

03 **What are the strong points of Korean? Choose 3.**

04 **Decide 3 things you can do for your best friend who just broke up with her boyfriend.**

05 **What are 3 important things for friendship?**

06 **Make a slogan for ○○ air.**

07 Choose 3 items for in flight sales.

08 Let's suppose the business class is overbooked, so you need to downgrade one passenger to economy class. What is the first priority to choose the person?

09 One of the passengers is a housekeeper and goes back to her hometown. She is so poor, tired and unhappy. Decide 3 extra services for her.

10 Choose 5 jobs you would like to take to a new planet to live.

11 Find the best person who will appear on ○○ air's commercial advertisement.

12 Find 3 countries you would like to save when the world ends.

13 Name 3 characteristics which you feel a person must possess to be considered 'educated', and explain why you consider these traits essential.

14 What are 3 essential characteristics of an effective leader?

15 Plan 1 day tour in Seoul for your interviewer.

16 Choose 3 things that you should consider when you buy a present.

17 What are 3 most important duties for cabin crew?

18 Choose 2 things you like to change about Korea.

19 There are 6 flight attendants with all different nationalities. Fix up the roommate by twos.

Korean, American, Indian, French, Kenyan, Pakistani

20 Choose only 1 person a doctor should save.

Choose 2 good points and 2 bad points of living alone in a foreign country.

■ 참여 인원 : 5명　　　　　　■ 토론 시간 : 10분

A : Good afternoon, everyone! Our topic is to choose 2 good and bad points of living alone in a foreign country. Let's have a good time.

여러분, 좋은 오후네요! 우리의 주제는 외국에서 혼자 사는 것의 장단점을 각각 2개씩 고르는 것입니다. 좋은 시간이 되었으면 합니다.

B : If you don't mind, can I write down what we discuss in order not to forget?

괜찮다면, 잊어버리지 않기 위해 제가 토론 내용을 기록해도 될까요?

A, C, D, E : Sure, Thank you!

물론이죠. 감사합니다!

E : Then let me check the time. I will let you know 5 and 2 minutes before time's up.

그러면 제가 시간을 확인하겠습니다. 끝나기 5분과 2분 전에 알려 드릴게요.

A, B, C, D : Thank you!

감사합니다!

D : Shall we start with some good points first? I think there are a lot of good points of living abroad. First of all, we can meet various people from all over the world. It could be a cultural exchange, so we would be able to learn how to accept the differences.

그럼 장점부터 시작할까요? 저는 외국에서 사는 것에는 많은 장점이 있다고 생각합니다. 무엇보다 우리는 세계 각지에서 온 다양한 사람들을 만날 수 있습니다. 문화 교류가 이루어질 수 있고, 그래서 차이점을 수용하는 법도 배울 수 있을 겁니다.

A : That is a good point! What about unfamiliar food and culture? We can have lots of new food and culture which are not common in Korea. That should be fun! When we accept the outside culture, we can create the better culture.

좋은 지적입니다! 그렇다면 익숙하지 않은 음식이나 문화는 어떤가요? 우리는 한국에 없는 많은 새로운 음식과 문화를 접할 수 있습니다. 재미있을 거예요! 외부의 문화를 수용할 때, 우리는 더 나은 문화를 창출할 수 있습니다.

C : I agree with you. It is also good to learn a foreign language. I believe speaking foreign languages are really useful in the various field including the aviation industry.

동의합니다. 새로운 언어를 배우는 것 역시 좋습니다. 저는 외국어를 하는 것이 항공산업을 포함해 다양한 분야에 매우 유용하다고 믿습니다.

B : Also, we can be more independent if we live alone in a foreign country. We should be more responsible of our own life.

더불어 외국에서 혼자 산다면 좀 더 독립적이 될 수 있습니다. 우리 자신의 인생에 좀 더 책임감을 갖게 됩니다.

E : I see. I would like to add my opinion. I think we can have some experiences which are not usual in Korea. So we can grow up and be more open-minded. By the way, we have 5 minutes left.

알겠습니다. 제 의견을 더하고 싶네요. 우리는 한국에서 접하기 힘든 경험을 할 수 있다고 생각합니다. 그래서 우리는 성장하고 보다 열린 사고를 할 수 있습니다. 그런데 지금 5분 남았습니다.

C : Thank you! Then why don't we talk about some bad points of living alone in a foreign country?

감사합니다! 그러면 외국에서 혼자 사는 것의 단점을 말해 볼까요?

A : I think we might feel lonely for a while. I think it is really important to have good people who we can rely on, so when we realize there is no one around us in the unfamiliar place, we would feel really lonely.

한동안 외로움을 느낄 것이라 생각합니다. 신뢰할 수 있는 좋은 사람이 있는 것은 정말 중요하다고 생각합니다. 따라서 낯선 곳에서 주위에 아무도 없음을 깨달을 때, 우리는 진정 외로움을 느낄 것입니다.

B : I know what you mean. When I was in UK, I also felt lonely until I had good friends.

무슨 뜻인지 알겠습니다. 영국에 있을 때, 저 역시 좋은 친구들을 만날 때까지 외로웠습니다.

D : It is also hard to live apart from family, and special people. We might feel homesick. However, we should be strong once we decide to live alone in a foreign country.

가족과 소중한 사람들과 떨어져 사는 것 역시 힘듭니다. 향수병에 걸릴 수도 있습니다. 하지만 외국에서 혼자 살기로 결심한다면, 우리는 보다 강해져야 합니다.

C : I guess that would be a hard part. In my case, I would like to point out some misunderstanding because of the culture difference. So we need to take care of our words and behaviors more. Also we should prepare for the language barrier, because it may lead to embarrassment and cause a problem in relationship.

힘든 부분이 되겠네요. 제 경우, 저는 문화 차이로 생기는 오해에 대해 말씀드리고 싶습니다. 우리는 우리의 말과 행동에 좀 더 신경을 써야 합니다. 또한 언어 장벽에도 대비해야 합니다. 왜냐하면 그것은 당혹감과 더불어 인간 관계에서의 문제도 유발할 수 있기 때문입니다.

E : That is what I was going to say! I totally agree with your opinion, and we have 2 minutes left. It is time to decide!

제가 하려던 말이었어요! 전적으로 당신의 의견에 동의합니다. 이제 2분 남았네요. 결정을 내릴 시간입니다!

B : Let me tell you the summary first. The good points are to meet various people, to have lots of new food and culture, to learn a foreign language and to have new experiences which are not usual in Korea. Also we discussed about some bad points. They are to feel lonely, to feel homesick, and to have some misunderstanding because of the culture difference, and the last one is to be ready for the language barrier.

먼저 제가 요점을 말씀드리지요. 장점은 다양한 사람들을 만나고, 많은 새로운 음식과 문화를 접하며, 외국어를 익히는 것과 한국에서는 일반적이지 않은 새로운 경험을 하게 된다는 것입니다. 또한 우리는 단점에 대해서도 토론했습니다. 외로움을 느끼고, 향수병에 걸리며, 문화 차이에 따른 오해가 생길 수 있다는 점, 마지막으로 언어 장벽에 준비해야 한다는 걸 꼽았습니다.

A : Thank you for your summary! I think learning a new language and having various friends are good ideas! What do you think?

정리해 주셔서 감사합니다! 새로운 언어를 배우는 것과 다양한 친구들을 만나는 것이 좋은 의견 같네요! 어떻게 생각하세요?

All : I agree with you. That is just same as my opinion. That is good.

동의합니다. 제 의견과 같습니다. 좋네요.

B : I guess we all agree with A's opinion. Then what about 2 bad points?

모두가 A씨의 의견에 동의한 것 같네요. 그러면 단점 2가지는 어떤가요?

C : In my opinion, to feel lonely and to feel homesick is the most common problems. What do you think?

외로움을 느끼는 것과 향수병에 걸리는 것이 가장 흔히 보는 문제입니다. 어떻게 생각하세요?

D : That makes sense, but I have a bit different opinion if you don't mind. I think loneliness and homesick is quite similar compared to other points we discussed. So what about taking just one of them?

일리가 있습니다. 하지만 괜찮으시다면, 저는 조금 다른 의견을 말해 보겠습니다. 외로움과 향수병은 우리가 토론한 다른 점들과 비교할 때 성격이 비슷한 문제라고 생각합니다. 둘 중 하나만 택하는 건 어떨까요?

C : I see. I think you are right. Then why don't we take feeling lonely?

그렇군요. 당신이 맞다고 생각합니다. 그러면 외로움을 느끼는 것을 택하는 건 어떻습니까?

All : That is good! I agree.

좋은데요! 동의합니다.

A : I also want to add 'some misunderstanding' if you don't mind.

괜찮다면, 저 역시 '오해'를 더하고 싶습니다.

E : I also wanted to add that one. What about you?

저 역시 그걸 추가하고 싶었어요. 어떻게 생각하십니까?

B, C, D : I agree. Let's fix it!

동의합니다. 그걸로 정하죠!

B : Then we choose learning new languages and having various friends as the good points of living alone in a foreign country, and 2 bad points are to feel lonely and to have some misunderstanding because of the culture difference.

우리는 새로운 언어를 배우는 것과 다양한 친구들을 만나는 것을 외국에서 혼자 살 때의 장점으로 선택했습니다. 그리고 2가지 단점은 외로움을 느끼는 것과 문화 차이로 인해 오해가 생길 수 있다는 점입니다.

A : Thank you. I had a great time with you today. I hope we can meet soon again.

고맙습니다. 오늘 여러분과 좋은 시간을 보냈습니다. 곧 다시 볼 수 있었으면 좋겠습니다.

● 평가

A는 토론의 시작과 끝을, B는 Writer를, E는 Time Checker의 역할을 했기에 면접관에게 뚜렷한 인상을 심어 줄 수 있습니다. 따라서 토론할 때, A는 가급적 자신의 의견은 짧게 말하고 다른 팀원들의 의견에 적극적인 호응을 보이는 태도로, 토론을 독식한다는 인상을 주지 않는 가운데 리더십을 보여 주는 것이 좋습니다.

B는 Writer 역할이므로, 토론에서 나온 의견들을 모두 정리해 두어야 하며, 결론을 내리기 전 팀원들에게 자신의 언어로 요점을 전달할 수 있어야 합니다. 물론 정리한다는 이유로 고개를 숙인 채 아무런 호응 없이 필기에만 몰두하는 모습은 지양해야 합니다.

E는 Time Checker 역할을 맡기로 한 순간부터 토론 내용에 따라 시간을 적절히 안배해 몇 분 전쯤 알려 줄 예정인지 미리 밝혀야 하며, 토론의 맥을 끊지 않는 범위 내에서 반드시 잊지 않고 시간 정보를 제공해야 합니다. 보통 10분의 토론 시간이 주어졌을 때, 두 차례 정도 시간을 알려 주는 게 적당합니다. 시간 분배에 자신이 없다면, 언제쯤 시간을 알리는 게 좋을지 팀원들의 의견을 구하는 것도 한 방법입니다.

C, D는 따로 맡은 역할이 없습니다. 하지만 토론에 적극적으로 임하여 책임감 있는 모습을 보여 주는 게 중요합니다.

마지막 부분의 C와 D처럼 의견이 엇갈리는 경우에는 최대한 부드러운 어조로 다른 의견을 밝히며, 받아들이는 쪽 역시 불쾌해 하거나, 자신의 의견을 계속해 주장하는 것보다 상대방의 의견을 인정하고 자연스럽게 넘어가는 것이 좋습니다.

1. Let's suppose your group established a new airline. What are 3 important qualifications to hire cabin crew?

여러분 팀이 새로운 항공사를 설립했다고 가정합시다. 승무원을 채용할 때 보는 3가지 중요한 자질은 무엇입니까?

Shall I start? I think many qualifications are required to be cabin crew. Above all, I think 'service mind' could be the first priority when we hire cabin crew. Cabin crew offers a high quality of service in a limited time. If cabin crew doesn't have her own service mind, she can't offer the best service. It is like a soldier without a gun.

제가 시작해도 되겠습니까? 승무원이 되는 데에는 많은 자질들이 요구된다고 생각합니다. 무엇보다 저는 승무원을 뽑을 때 '서비스 마인드'를 첫 번째로 고려해야 한다고 생각합니다. 승무원은 제한된 시간에 높은 수준의 서비스를 제공합니다. 만약 승무원에게 서비스 마인드가 없다면 그녀는 최고의 서비스를 제공할 수 없습니다. 그것은 마치 총 없는 군인과 같습니다.

I think 'English ability' should be one of the qualifications, because if cabin crew can't communicate with various passengers in English, it would be difficult to provide an excellent service smoothly. So I think 'English ability' is important thing to consider as well as 'Service mind'.

저는 '영어 실력'이 승무원이 갖춰야 할 자질 중 하나가 되어야 한다고 생각합니다. 영어로 다양한 승객들과 소통할 수 없는 승무원은 훌륭한 서비스를 원활하게 제공하기가 힘듭니다. 그래서 저는 '영어 실력'이 '서비스 마인드' 만큼이나 고려되어야 할 중요한 부분이라고 생각합니다.

Both of your opinions make sense. I would add one more thing, which is 'cheerful personality'. Cabin crew is a job which gets along with various people, so cabin crew should be sociable and cheerful. Then she can mix well with passengers and co-workers. I guess we choose 'service mind', 'English ability' and 'cheerful personality' as the 3 qualifications of cabin crew.

두 분 의견 모두 일리가 있습니다. 제가 하나 더 덧붙이자면, '밝은 성격'을 꼽겠습니다. 승무원은 다양한 사람들과 어울리는 직업이므로 사교적이고 밝아야 합니다. 그러면 승객과 동료들과 잘 융화될 수 있습니다. 우리는 '서비스 마인드', '영어 실력', '밝은 성격'을 승무원에게 필요한 3가지 자질로 골랐습니다.

First of all, I would like to take a diary. I think journey to the interior of Africa should be exciting but could be dangerous. So I would like to record the full particulars about journey. We can remember the valuable moments forever, and also it could be helpful in case of emergency situations. What do you think?

무엇보다 저는 일기장을 가지고 가겠습니다. 아프리카 오지 여행은 흥미롭지만 위험할 수 있습니다. 그래서 여행에 관한 모든 기록을 상세히 적고 싶습니다. 우리는 소중한 순간들을 영원히 기억할 수 있고, 또한 그것은 위험한 상황에 대비해 도움이 될 것입니다. 어떻게 생각하십니까?

I agree with you. If we record everything in detail, it will be a good guide for people after us. In my opinion, I recommend a tear gas gun. There are a lot of wild beasts, and we don't expect what is going to happen. So we should protect ourselves. That is why I recommend a tear gas gun.

동의합니다. 모든 것을 상세히 기록한다면, 우리 뒤에 오는 사람들에게 좋은 참고가 될 것입니다. 저는 가스총을 추천합니다. 야생 동물들이 많고 우리는 무슨 일이 생길지 예측할 수 없습니다. 그래서 스스로를 지킬 수 있어야 합니다. 그렇기에 저는 가스총을 추천합니다.

I think that is a good idea! A tear gas gun should be at least protective device for us. What about I-pad? Even though we can't use the internet, we can still use the music player and the camera functions. We will be relaxed with music, and have a good time with a camera. Also it is easy to carry. So our 3 items will be a diary, a tear gas gun and I-pad.

좋은 생각입니다! 가스총은 우리에게 최소한의 보호장치가 되어 줄 것입니다. 아이패드는 어떻습니까? 인터넷을 사용할 순 없어도, 우리는 음악을 들을 수 있고, 카메라 기능도 사용할 수 있습니다. 음악으로 여유를 찾을 수도 있을 것이고 카메라로 좋은 시간을 보낼 것입니다. 또한 휴대가 편합니다. 따라서 우리의 3가지 아이템은 일기장, 가스총, 아이패드가 되겠네요.

Can I go first? I think there are many good points of Korean. I would like to highlight a strong sense of responsibility among others. When I worked in a foreign company, my boss was so satisfied with Korean co-workers, because of our strong sense of responsibility.

제가 먼저 할까요? 한국인에게는 많은 장점이 있다고 생각합니다. 저는 그 중에서도 책임감을 강조하고 싶습니다. 제가 외국 기업에서 일할 때, 제 보스는 제 한국인 동료들에게 매우 만족했는데, 이는 그들이 보여 준 책임감 때문이었습니다.

You are right! I also think Korean has a strong sense of responsibility. In addition, I think Korean is very kind. They are always willing to help people in need. I think Korean knows the pleasure of sharing. What else?

맞습니다! 저 역시 한국인은 책임감이 강하다고 생각합니다. 게다가 저는 한국인이 매우 친절하다고 생각합니다. 언제나 곤경에 빠진 사람들을 도와 주려 합니다. 한국인은 나눔의 기쁨을 알고 있는 것 같습니다. 그 밖에 또 뭐가 있을까요?

In my case, I would like to point out Korean's good manners. We know how to behave in front of seniors and old men. I think Korean's polite character developed the service industry in Korea. We discussed about the strong points of Korean, and they are a strong sense of responsibility, kind and polite personality.

저는 한국인의 예의범절을 말하고 싶습니다. 우리는 연장자와 노인 앞에서 어떻게 행동해야 하는지 알고 있습니다. 저는 한국인의 예의 바른 성격이 한국의 서비스 산업을 발전시켰다고 생각합니다. 우리는 한국인의 장점에 대해 토론했고, 그것은 강한 책임감, 친절하고 예의 바른 성격이었습니다.

I know how she feels miserable, because I've been through it. In my case, it was really comforting when my friends call me every day. We didn't talk about anything special, but I felt getting better. So I would like to call her every day. It might work!

저 역시 그런 경험을 했기에 얼마나 기분이 엉망일지 알 수 있습니다. 제 경우에는 친구들이 저에게 매일 전화해 준 것이 정말 위로가 되었습니다. 특별한 이야기를 한 것은 아니었지만 저는 기분이 나아졌습니다. 그래서 저는 그녀에게 매일 전화를 하고 싶습니다. 아마 효과가 있을 것입니다!

That is a good idea! When someone has a hard time, people around her are helpful. What about taking her to some exciting places like a karaoke or an amusement park? She can forget about the sorrow of parting, and enjoy time with us.

좋은 생각이에요! 누군가 어려움을 겪을 때, 그 주변 사람들은 도움이 됩니다. 친구를 노래방이나 놀이공원 같은 신나는 장소로 데려가는 것은 어떤가요? 친구는 이별의 슬픔을 잊을 수 있고 우리와 즐거운 시간을 보낼 수 있습니다.

Wow! That is a good plan! So we call her every day, and ask her to come out for an amusement park. Lastly, we can go to a quiet and private place, and give her our shoulders to cry on. I think she would feel much better after crying. I hope we can comfort her with this plan.

와우! 좋은 계획이네요. 그래서 우리는 친구에게 매일 전화를 하고, 놀이공원에 가자고 불러낼 것이고요. 마지막으로, 조용하고 개인적인 공간에서 친구가 울 수 있게 어깨를 내주고 싶습니다. 친구는 울고 나면 기분이 훨씬 나아질 것입니다. 우리가 이 계획으로 그녀를 위로할 수 있으면 좋겠네요.

5. What are 3 important things for friendship?

우정을 위해 중요한 3가지는 무엇입니까?

There are many things which can keep the friendship. Above all, I think 'trust' is the most important thing in friendship. We are all different, so I can't have exactly same ideas, opinions and lifestyles with my friends. However if we fully trust each other, we can accept each other as it is. What do you think?

우정을 유지시켜 주는 요소는 많습니다. 무엇보다 저는 '신뢰' 가 우정에서 가장 중요하다고 생각합니다. 우리는 모두 다르고, 그래서 저는 친구들과 정확히 똑같은 생각과 의견, 라이프스타일을 가질 수 없습니다. 하지만 우리가 서로를 전적으로 신뢰한다면, 우리는 있는 그대로 서로를 수용할 수 있습니다. 어떻게 생각하십니까?

I totally agree with you. 'trust' is the basics of all human relationships. I think 'crying when I cry' is also important. We should support our friends no matter what, and we should be there when our friends are in a tough situation. I think that is what friend is.

전적으로 동의합니다. '신뢰' 는 모든 인간관계의 기본입니다. 저는 '내가 울 때 같이 울어 주는 것' 역시 중요하다고 생각합니다. 우리는 무엇이든 상관없이 친구를 지지해 줘야 하고, 친구가 어려운 상황에 있을 때 함께 있어 줘야 합니다. 그것이 친구라고 생각합니다.

My idea is similar with you guys. So we agree that 'trust' and 'crying when I cry' are important for friendship. Then what about 'honesty'? I think a real friend is not afraid of telling me the true, no matter how hard it is sometimes. We say 'All are not friends that speaks us fair'. So I think being honest is important.

제 생각도 여러분의 생각과 비슷합니다. 우리는 '신뢰' 와 '내가 울 때 같이 울어 주는 것' 이 우정에서 중요하다고 동의했습니다. 그러면 '정직함' 은 어떤가요? 저는 진정한 친구란 간혹 아주 어려운 일일지라도 솔직하게 말하는 것을 두려워하지 않는 것이라고 생각합니다. 우리는 '듣기 좋은 말을 한다고 모두가 다 친구는 아니다' 라고 말합니다. 그래서 저는 솔직한 것이 중요하다고 생각합니다.

6. Make a slogan for ○○ air.

○○항공을 위한 슬로건을 하나 만들어 보십시오.

It is interesting! ○○ air is a leading company in the aviation industry, and it keeps growing. So what about 'We never stop'. It sounds full-hearted and go-ahead. If I am a passenger for ○○ air, I would put full confidence in the company. What do you think of 'We never stop'?

흥미롭네요! ○○항공은 항공산업을 리드하는 회사입니다. 그리고 여전히 성장하고 있고요. 그래서 '우리는 절대 멈추지 않는다' 어떻습니까? 자신감 넘치고 진취적으로 들립니다. 제가 ○○항공의 승객이라면, 저는 이 회사에 확신을 가질 것입니다. '우리는 절대 멈추지 않는다' 에 대해 어떻게 생각합니까?

I think your idea is great, but I am afraid that my opinion is a bit different. I think it could be better if we have softer slogan like 'Feel your home with us' or 'Like your friend'. I believe passengers would feel more comfortable and relaxed with this slogan. Flight should be easy and comfortable. What about you?

좋은 아이디어예요. 하지만 제 의견은 좀 다릅니다. 저는 우리가 '우리와 함께 당신의 집을 느끼세요' 나 '당신의 친구처럼' 과 같은 좀 더 부드러운 슬로건을 갖는 게 나을 거라고 생각합니다. 승객들은 이 슬로건을 보고 보다 편안해지고 여유로움을 느낄 수 있으리라 믿습니다. 비행은 쉽고 편안해야 합니다. 어떻습니까?

Well, your opinions are good! Both of them are simple and clear. However, personally I prefer 'Feel your home with us'. It sounds familiar and cozy. When you mentioned the slogan, I just smiled unconsciously. Also this slogan can show ○○ air's excellent and careful service.

글쎄요. 두 분 의견 모두 좋아요! 모두 간단하고 명료합니다. 하지만 개인적으로 저는 '우리와 함께 당신의 집을 느끼세요' 가 좋습니다. 친근하고 포근하게 들립니다. 그 슬로건을 말씀하셨을 때, 저는 무의식 중에 미소를 지었습니다. 또한 이 슬로건은 ○○항공의 훌륭하고 사려 깊은 서비스를 보여 줍니다.

7. Choose 3 items for in flight sales.

기내에서 판매하면 좋을 아이템을 3가지만 고르십시오.

Whenever I flew, I always thought it would be better if I can buy some books on board. I think it is a good idea to sell books on board. Sometimes long flight is boring, and passengers want to do something besides eating, drinking and sleeping. If the airline sells the world best seller books on board, I believe passengers' response should be good.

비행할 때마다, 저는 언제나 기내에서 책을 판매하면 좋지 않을까 하고 생각했습니다. 기내에서 책을 판매하는 건 좋은 아이디어라고 생각합니다. 때때로 긴 비행은 지루하고, 승객들은 먹고 마시고 자는 것 이외의 무언가를 하길 원합니다. 비행기에서 세계적인 베스트셀러 도서를 판매한다면, 승객들의 반응은 좋으리라 봅니다.

That is a good idea! I had a same idea with you before. I think it would be also good if we have more various souvenirs of the company such as T-shirt or hat with ○○ air's logo. It would be able to inspire loyalty of the company in passengers, and also it can be a passenger's good memory of flying with ○○ air.

좋은 생각인데요! 전에 저도 당신과 같은 생각을 한 적이 있어요. 저는 항공사 로고가 찍힌 티셔츠나 모자와 같은 회사 기념품을 좀 더 다양하게 판매하는 것 역시 좋을 것이라고 생각합니다. 그것은 승객들에게 해당 항공사에 대한 충성도를 높일 수 있고, 또한 ○○항공에 대한 좋은 기억이 될 수 있습니다.

Wow! I would like to buy T-shirt and hat with ○○ air's logo! In my case, I would like to mention about cosmetics. There are normally various selections of cosmetics, but I haven't seen hydrating facial mist. Cabin is really dry, so it should be popular for both of woman and man. Today, we talked about the items for in flight sales, which are books, the company's souvenirs and hydrating facial mist.

와우! ○○항공 로고가 찍힌 티셔츠와 모자를 사고 싶네요! 저는 화장품에 대해 언급하고 싶습니다. 보통 다양한 종류의 화장품이 있지만, 수분 미스트는 본 적이 없습니다. 기내는 매우 건조해서 여성과 남성 모두에게 인기가 좋을 것입니다. 오늘 우리는 기내에서 판매하면 좋을 아이템에 대한 대화를 나누었고, 그것은 책과 회사 기념품, 수분 미스트가 되겠습니다.

That would be really embarrassing! It is not upgrading, it is downgrading! First of all, we have to apologize to the passenger before asking. I think it could be better if there is a volunteer. However, if not, I think the passenger who booked the last can be the first priority to be downgraded.

정말 당황스러운 상황인데요! 이건 업그레이드가 아니라 다운그레이드이니까요! 무엇보다 우리는 부탁하기 전에 먼저 그 승객에게 사과해야 합니다. 자원자가 있다면 더 좋을 것이라고 생각합니다. 하지만 없다면, 저는 가장 늦게 예약한 승객이 다운그레이드 될 첫 순위자가 돼야 한다고 생각합니다.

Yes, I would feel very sorry, and I hope there is a seat in first class for him. In my case, I think a young person with a small stature should be the first priority to be downgraded, because he or she could feel less tired than the old or big people. What do you think?

네, 무척 미안할 거예요. 그리고 그분을 위해 일등석에 자리가 있었으면 좋겠네요. 저라면 작은 체구의 젊은 승객을 첫 순위자로 하겠습니다. 왜냐하면 노인분들이나 큰 체구인 승객보다 피로감을 덜 느낄 테니까요. 어떻게 생각하십니까?

I agree with your opinion. I think it is the best plan to find a young person with a small stature. It would be better if we have eyes to find the nice and kind person who wouldn't be upset about our asking! Anyway, whoever is downgraded, it is unfair. We should compensate him for downgrading more than he expects not to lose our customer.

그 의견에 동의합니다. 저는 작은 체구의 젊은 승객을 찾는 것이 최선책이라고 생각합니다. 만약 우리가 우리의 부탁에 화내지 않을 착하고 친절한 사람을 발견할 눈이 있다면 더욱 좋겠지요! 어쨌거나 이코노미 클래스로 내려가는 사람이 누가 되든 이는 부당한 일입니다. 우리는 고객을 잃지 않기 위해 해당 승객에게 기대 이상의 보상을 해야 합니다.

That is sad! When everything is out of order, it is helpful to forget about everything for a while. So why don't we offer an eye patch and a cup of hot tea? It would make her calm and sleepy. What do you think?

슬프군요! 모든 것이 엉망진창일 때, 한동안 모두 잊는 것이 도움이 됩니다. 그래서 안대와 뜨거운 차 한 잔을 제공하는 건 어떻습니까? 그녀를 진정시키고 졸리게 만들 것입니다. 어떻게 생각합니까?

That is a good idea! However, she might want to have someone who can listen to her. What about writing a card? We can comfort her, encourage her and tell her just call us whenever she needs someone. When we offer the eye patch and a cup of hot tea, I would like to give her a card.

좋은 생각입니다. 하지만 그녀는 이야기를 들어줄 누군가를 원할지도 모릅니다. 카드를 쓰는 건 어떨까요? 그녀를 위로하고, 용기를 주고, 누군가가 필요할 때 우리를 불러 달라고 말할 수 있습니다. 안대와 뜨거운 차를 대접할 때, 저는 그녀에게 카드를 건네고 싶습니다.

I believe that should be touching! So far, we talked about giving an eye patch and a cup of hot tea, and writing a card. Lastly, when she leaves, we can give her a surprise gift. I am sure that makes her happy! If we get permission from our senior crew, we can collect all the souvenirs from first class to economy class and buy a small present for her. I hope our efforts would work!

정말 감동스럽겠는데요! 지금까지 우리는 안대와 뜨거운 차, 카드 쓰는 것에 대해 말했습니다. 마지막으로 그녀가 떠날 때, 우리는 그녀에게 깜짝 선물을 할 수 있습니다. 분명 그녀를 행복하게 만들 겁니다! 선배 승무원에게 허락을 받는다면, 일등석에서 이코노미석까지 모든 기념품들을 챙기고 그녀를 위해 작은 선물을 구입하는 겁니다. 우리의 노력이 효과가 있었으면 좋겠네요!

It is difficult, because every job is necessary. If I have to choose, I think a doctor and a teacher should be the first priority. A doctor would cure people when they are sick, and a teacher can teach children how to live in a new planet. So one is for our body, and the other one is for our soul.

어려운 일이네요. 왜냐하면 모든 직업은 다 필요하니까요. 선택을 해야만 한다면, 저는 의사와 선생님이 첫 번째 라고 생각합니다. 의사는 아플 때 치료해 줄 것이고, 선생님은 새로운 행성에서 어떻게 살아야 하는지를 아이들 에게 가르쳐 줄 수 있습니다. 한 사람은 우리의 몸을 위해, 다른 한 사람은 우리의 영혼을 위한 것이지요.

That is meaningful! I totally agree with you. I would like to add a farmer and a scientist. Because, a farmer will provide us food, and a scientist will develop new technologies for the new planet to make our life easier. So a farmer and a scientist are important jobs as well as a doctor and a teacher.

의미 있는데요! 전적으로 동의합니다. 저는 농부와 과학자를 추가하고 싶습니다. 왜냐하면 농부는 우리에게 음식 을 제공해 주고, 과학자는 새로운 행성에서의 삶을 보다 윤택하게 만들 새로운 기술을 개발할 것입니다. 그래서 농부와 과학자는 의사와 선생님만큼 중요한 직업입니다.

I like both of your opinions. Can I add one more job? What about an architect? He can build houses and buildings which can protect us from unfamiliar weather or unidentified animals. So we decided to take a doctor, a teacher, a farmer, a scientist and an architect to a new planet. Let's have a great life there!

저는 두 의견 다 좋습니다. 제가 직업 하나를 추가해도 되겠습니까? 건축가는 어떻습니까? 건축가는 익숙하지 않은 날씨나 미확인된 동물들로부터 우리를 지켜 줄 집과 빌딩을 만들 수 있습니다. 그래서 우리는 의사, 선생님, 농부, 과학자, 건축가를 새로운 행성으로 데려갈 직업으로 뽑았습니다. 그곳에서 즐거운 인생을 살도록 해요!

11. Find the best person who will appear on ○○ air's commercial advertisement.

○○항공의 광고에 출연할 최상의 인물을 찾아보십시오.

Can I go first? One person comes to my mind. ○○ air is very famous for the go-ahead and young company. So I think Megan Fox is a right person for ○○ air's commercial. Megan Fox is one of the passionate actresses and she represents for the new generation worldwide. She is pregnant now. If we show that we care passengers like Megan Fox cares her baby, that would appeal to young people.

제가 먼저 할까요? 한 사람이 떠오릅니다. ○○항공은 진취적이고 젊은 항공사로 유명합니다. 그래서 메간 폭스가 ○○항공 광고에 적합하다고 생각합니다. 메간 폭스는 열정적인 여배우 가운데 한 사람으로 전 세계적으로 새로운 세대를 대표합니다. 그녀는 현재 임신 중입니다. 메간 폭스가 자신의 아이를 보살피는 것처럼 우리가 승객을 보살핀다는 것을 보여 준다면, 젊은 사람들에게 어필할 수 있을 것입니다.

That should be successful! What about choosing a person in ○○ air? If one of cabin crew in ○○ air appears on the commercial, it would be also very successful. People would feel more familiar with ○○ air, and it could be a chance to introduce the best crew of ○○ air to people. What do you think?

성공적이겠는데요! ○○항공에서 한 사람을 선택하는 것은 어떤가요? ○○항공 승무원 중 한 명이 광고에 나온다면, 매우 성공적일 것입니다. 사람들은 ○○항공에 좀 더 친밀감을 느낄 것이고, 사람들에게 ○○항공 최고의 승무원을 소개할 기회가 될 수도 있습니다. 어떻게 생각하세요?

Wow! Both of opinions are great! I think if we choose one person among the cabin crew of ○○ air, we should have the audition for it, and we can boost loyalty to the company through the process. Also we can gain customer's trust with the commercial. So I think the cabin crew of ○○ air is the best person for the commercial.

와우! 두 가지 의견 모두 대단한데요! 저는 ○○항공 승무원 중 한 명을 선택한다면 오디션이 필요하며, 그 과정을 통해 애사심을 고양시킬 수 있을 것이라고 생각합니다. 또한 광고를 통해 고객의 신뢰를 얻을 수 있게 됩니다. 그래서 ○○항공 승무원이 광고 모델로는 최적이라고 생각합니다.

12. Find 3 countries you would like to save when the world ends.

지구가 멸망할 때 구하고 싶은 나라 3곳을 고르십시오.

That is sad to choose only 3 countries when the world ends. However, if it is our duty, I would like to recommend China, because China is the most populous country in the world. So if we save China, we can save more than 1.3 billion people. What do you think about it?

지구가 멸망할 때 단 3개 나라만 구할 수 있다는 게 슬프네요. 하지만 그것이 우리의 임무라면 저는 중국을 추천합니다. 중국은 세계에서 가장 인구가 많은 나라입니다. 그래서 우리가 중국을 구한다면 13억 명 이상의 사람들을 구할 수 있습니다. 어떻게 생각하세요?

That is a great idea! I would like to add one more country. What about Russia? Russia has the largest territory in the world, so the surviving people can live together and use the land. Also Russia has the largest reserves of the mineral and energy resources, so it should be helpful.

좋은 생각인데요! 나라를 하나 더 추가하고 싶습니다. 러시아는 어떻습니까? 러시아는 세계에서 가장 큰 영토를 가지고 있습니다. 그래서 생존한 사람들이 모여 살며 땅을 활용할 수 있습니다. 또한 러시아는 광물과 에너지 자원 매장량이 최대입니다. 그것 역시 도움이 될 것입니다.

Awesome! China and Russia are the best decision we can make. Lastly, I like to save US. US is the world's number one agricultural state in the world. So people can have food enough. If we can save one more country, I would like to save Korea, because myself and all of you also want to live!

대단한데요! 중국과 러시아가 우리가 할 수 있는 최고의 선택 같습니다. 마지막으로 저는 미국을 살리고 싶습니다. 미국은 세계 제일의 농업국입니다. 그래서 사람들은 음식을 충분히 먹을 수 있습니다. 우리에게 나라 하나를 더 구하라고 한다면, 저는 한국을 살리고 싶네요. 저나 여러분 모두 역시 살고 싶잖아요!

13. Name 3 characteristics which you feel a person must possess to be considered 'educated', and explain why you consider these traits essential.

교육을 잘 받은 사람이라 간주되는 3가지 특징을 말하고, 그런 특징이 꼭 필요하다고 생각하는 이유에 대해 설명하십시오.

Do you mind if I start first? There a lot of good characteristics which we can say 'a well-educated person'. Specially, I would like to highlight 'polite'. Polite person knows how to respect others, and why she has to respect them. A person without any manners must feel hard to keep good relationships with people. So I think 'polite' is very important to say 'a well-educated person'.

제가 먼저 시작해도 되겠습니까? 우리가 '교육을 잘 받은 사람' 이라 말할 수 있는 좋은 특징들은 참 많습니다. 특히 저는 '예의' 를 강조하고 싶습니다. 예의 바른 사람은 다른 사람을 존중하며, 왜 존중해야 하는지 압니다. 예의가 없는 사람은 사람들과의 좋은 관계를 갖는 데 어려움을 느낄 겁니다. 그래서 저는 '예의' 를 '교육을 잘 받은 사람' 이라 말할 수 있는 중요한 부분이라 생각합니다.

You've got a point there! Sometimes I feel bad with people who have no manners. I don't think they are well-educated even though they are highly educated. What about a person who knows what is supposed to do and what is not supposed to do? I think that is also very important, because if we don't know what to do, it makes other people uncomfortable and causes harm to them.

좋은 지적이었어요! 가끔 저는 예의 없는 사람들 때문에 기분이 나쁠 때가 있습니다. 그들이 비록 고학력자임에도 저는 그들이 좋은 교육을 받았다는 생각이 들지 않습니다. 그렇다면 해야할 일과 하면 안 되는 일을 아는 사람은 어떻습니까? 저는 이것 역시 매우 중요하다고 생각합니다. 왜냐하면 우리가 무엇을 해야 하는지 모른다면, 그것은 다른 사람들을 불편하게 하고 피해를 끼칠 수도 있기 때문입니다.

You are right. That can be learned by good education. We can call it 'a staunch character'. Lastly, when I meet people who have good language habits, I feel she is well-educated. I believe the good language habits come from the healthy mind. I think the good education is to make people have the healthy mind.

맞습니다. 그것은 좋은 교육을 통해 습득할 수 있습니다. 우리는 그것을 '견고한 성품' 이라 부를 수 있습니다. 마지막으로 저는 좋은 언어습관을 가진 사람들을 만날 때, 그 사람이 교육을 잘 받았다고 느낍니다. 좋은 언어습관은 건전한 정신에서 온다고 믿습니다. 좋은 교육은 사람들에게 건강한 정신을 갖게 하는 것이라고 생각합니다.

14. What are 3 essential characteristics of an effective leader?

효율적인 리더에게 요구되는 3가지 필수 자질은 무엇입니까?

I have many experiences to work in team. From my experiences, I think an effective leader is a broad-minded person. A broad-minded person can accept the differences, and is ready to understand various ideas and opinions. So I think 'broad-mindedness' is one of essential characteristics of an effective leader.

저는 팀으로 일한 경험이 많습니다. 제 경험에 따르면, 효율적인 리더는 포용력이 큰 사람을 말한다고 봅니다. 포용력이 큰 사람은 차이점을 수용할 수 있고 다양한 생각과 의견을 이해할 준비가 되어 있습니다. 그래서 '포용력' 이 효율적인 리더에게 필수적인 자질 중 하나라고 생각합니다.

I agree with you. Then what about 'calm determination'? I believe the decisive leader can act with determination in any crisises. The leader should lead various people for the same goal, so if she is slow to decide, people might lose the way to go. So 'calm determination' is important to get team members' trust.

동의합니다. 그렇다면 '침착한 결단력' 은 어떤가요? 저는 결단력 있는 리더가 어떤 위기에도 의연히 대처할 수 있다고 생각합니다. 리더는 같은 목표를 위해 다양한 사람들을 이끌어야 합니다. 리더의 결단력이 느리면, 사람들은 가야 할 방향을 잃을지도 모릅니다. 그래서 '침착한 결단력' 은 팀원들의 신뢰를 얻는 데 중요하다고 생각합니다.

You are right. I had the decisive leader at work, and we fully trust him. In my case, I would like to point out 'energetic characteristic'. When the leader is energetic, rest of team members can be motivated and gain strength. So we seems to find 3 characteristics for an effective leader, which are 'broad-mindedness', 'calm determination' and 'energetic characteristic'.

맞습니다. 직장에서 결단력 있는 리더를 만났는데, 저희 모두 그를 전적으로 신뢰했습니다. 제 경우는 '에너지 넘치는 성격' 을 들고 싶습니다. 리더의 에너지가 넘쳐 나면, 나머지 팀원의 사기가 진작되고 힘을 얻게 됩니다. 이렇게 우리는 효율적인 리더에게 요구되는 자질 3가지를 정한 듯합니다. '포용력', '침착한 결단력', '에너지 넘치는 성격' 이 그것입니다.

15. Plan 1 day tour in Seoul for your interviewer.

면접관을 위해 하루 일정으로 서울 관광 계획을 짜 보십시오.

Wow! We have a very interesting but a bit difficult topic today! I think 1 day is not enough to tour in Seoul, but let's do our best! First of all, I think N Seoul Tower should be good for her. There are many things to see, enjoy and eat. N Seoul Tower has a very beautiful view and it was chosen as the best place to go by foreigners.

와우! 오늘 주제는 매우 흥미로우면서도 다소 어렵네요! 저는 서울을 하루에 둘러보기란 충분하지 않다고 생각하지만 최선을 다해 봅시다! 먼저 N서울타워가 좋겠습니다. 보고, 즐기고 먹을 거리가 많습니다. N서울타워에는 아름다운 경치가 있고 외국인들에게 최고의 장소로 뽑힌 바 있습니다.

That is good! Then what about having lunch in N Seoul Tower, and go to Namsangol traditional Korean village? That is very near N Seoul Tower, and she can feel the tradition of Korea. What do you think?

좋은데요! 그러면 N서울타워에서 점심을 먹고 남산골 전통 한옥마을에 가는 건 어떤가요? N서울타워와 가까운데다 면접관은 한국의 전통을 느낄 수 있습니다. 어떻게 생각하세요?

It should be fun! Then why don't we take her to Dongdaemun Market for afternoon and night tour? Dongdaemun Market is very popular for shopping and eating. So she can buy souvenirs and we can have famous street food there. After that, it will be good to go to Korean traditional pub with her at day's end.

재미있겠네요! 그러면 오후와 저녁 투어로 동대문시장에 모시고 가는 건 어떤가요? 동대문시장은 쇼핑과 먹거리로 매우 유명합니다. 면접관은 기념품을 살 수도 있고, 거리음식도 먹을 수 있습니다. 그다음 하루를 마무리하면서 한국 전통 술집에 가는 것도 좋겠습니다.

16. Choose 3 things that you should consider when you buy a present.

선물을 살 때 고려해야 할 3가지 요소를 고르십시오.

Shall I start? In my case, I always consider 'age' first when I buy a present. Even if I prepare the same gift, some of them are happy, and some are not according to their age. So I think we should consider 'age' first when we buy a present.

제가 먼저 할까요? 저는 선물을 살 때 언제나 '나이' 부터 고려합니다. 똑같은 선물을 준비했다 하더라도 나이에 따라 좋아하는 사람과 그렇지 않은 사람이 있습니다. 그래서 선물을 살 때 '나이'를 먼저 고려해야 한다고 생각합니다.

Right. As you said 'age' is one of important things we should consider. I also think 'price' is important as well as 'age'. Because a too much expensive gift can make people feel burdened, and a two-bit gift can make them feel bad.

맞습니다. 말씀하신 대로 '나이'는 고려해야 할 주요 요소 중 하나입니다. 저는 '가격' 역시 '나이' 만큼 중요하다고 생각합니다. 왜냐하면 지나치게 비싼 선물은 사람들이 부담스러워할 수 있고, 조잡한 싸구려 선물은 받는 이를 기분 나쁘게 만들 수 있기 때문입니다.

I agree with both of your opinions. 'Age' and 'price' should be considered first. Then what about 'the relationship with me'? Because I think 'price' could depend on the relationship with me. Also the types of gifts should be different. If I have more intimate relationship with her, I can have more types of gifts to choose.

두 의견 모두에 동의합니다. '나이'와 '가격'은 먼저 고려돼야 합니다. 그렇다면 '나와의 관계'는 어떻습니까? 왜냐하면 '가격'은 나와의 관계에 달려 있다고 생각하기 때문입니다. 선물의 종류 또한 바뀔 수 있습니다. 좀 더 친한 사이라면, 선택할 수 있는 선물의 종류도 보다 늘어날 겁니다.

17. What are 3 most important duties for cabin crew?

승무원에게 가장 중요한 3가지 임무는 무엇입니까?

I think this topic is really important to us, because we want to take the duties as cabin crew. I think one of the most important duites is to offer the service on right time and in a right way to passengers. I believe that is what passengers expect from cabin crew when they travel.

이 주제는 우리에게 정말 중요하다고 생각합니다. 왜냐하면 우리는 승무원으로서 이 임무를 맡고 싶기 때문입니다. 저는 가장 중요한 임무 중 하나가 제시간에, 제대로 된 방식으로 승객들에게 서비스를 제공하는 것이라고 생각합니다. 저는 그것이 여행할 때 승객들이 승무원에게 기대하는 것이라 믿습니다.

That was what I wanted to tell you! If I can add one more idea, I think it is very important to make sure passengers' safety. It is definitely cabin crew's duty to take charge of passengers' safety. If passengers feel unsecured to fly, it means cabin crew doesn't work properly.

제가 하려던 말이었어요! 한 가지 아이디어를 덧붙이자면, 저는 승객들의 안전을 확실하게 하는 것도 매우 중요하다고 생각합니다. 승객들의 안전을 책임지는 것은 승무원의 당연한 임무입니다. 승객들이 비행에 불안을 느낀다면, 이는 승무원이 일을 제대로 하지 못했다는 의미입니다.

As you said, 'service' and 'safety' are the most important duties as cabin crew. Lastly, I think that taking charge of emergency patient is cabin crew's duty as well. I hope all of us can be cabin crew who are responsible for service, safety, and well-handling for emergency patient on board.

말씀하신 대로 '서비스' 와 '안전' 은 승무원에게는 가장 중요한 임무입니다. 마지막으로 저는 응급환자를 책임지는 것 역시 승무원의 임무라고 생각합니다. 저는 우리 모두가 서비스, 안전, 기내의 응급환자를 잘 책임지는 승무원이 될 수 있기를 희망합니다.

18. Choose 2 things you like to change about Korea.

한국에서 바꾸고 싶은 것 2가지를 고르십시오.

I was born and have lived in Korea more than 20 years, so I am so used to living here. Which means, I feel comfortable in Korea, but if I have to choose one, I would like to talk about the rising materialism in society at large. I hope Koreans more focus on humanism because I know that makes us happier.

저는 한국에서 태어나 20년 넘게 살아 왔기에 이곳에 사는 데 매우 익숙합니다. 즉 한국이 편하다는 의미입니다. 하지만 꼭 하나를 고르라면, 저는 사회 전반에 걸쳐 증가하는 물질만능주의에 대해 말하고 싶습니다. 저는 한국인들이 휴머니즘에 좀 더 집중해 주었으면 합니다. 왜냐하면 그것이 우리를 더욱 행복하게 만들어 주는 것을 알기 때문입니다.

I thought about it before. I am also worried about materialism in Korea. What about credentialism? Everyone wants to go to good university without any defining goals. I think it is a waste of time, money and energy. I want Koreans find what they really want instead of just studying for university.

전에 이 문제에 대해 생각해 본 적이 있습니다. 저 역시 한국의 물질만능주의에 대해 걱정합니다. 학력 중심 주의는 어떤가요? 뚜렷한 목표도 없이 모두가 좋은 대학에 가길 원합니다. 저는 그것이 시간, 돈, 에너지의 낭비라고 생각합니다. 저는 한국인들이 대학에 가려고 단지 공부만 하는 대신, 진정 원하는 것을 찾으면 좋겠습니다.

I understand your opinion. When I was in high school, my goal was to go to the reputable university. So when I entered the university, I didn't know what to do and what I want. I underwent trials and errors to find out what I want, what I like and what I can do well. As you said, I hope credentialism will be disappeared soon in Korea.

당신의 생각 잘 알겠습니다. 고등학교 때 제 목표는 평판이 좋은 대학에 가는 것이었습니다. 그래서 대학에 입학했을 때, 저는 해야 할 것과 원하는 바를 알지 못했습니다. 제가 원하고, 좋아하고, 잘하는 것을 찾기 위해 많은 시행착오를 겪었습니다. 말씀하신 대로 저는 한국에서 학력 중심 주의가 곧 사라지기를 바랍니다.

It should be fun! Can I go first? I would like to fix up Indian with Pakistani. Two cultures have a lot in common, so they would go well with each other. If they shorten the time to get used to each other, they can more focus on their job. So I think this couple could be fine.

재미있겠네요! 제가 먼저 할까요? 저는 인도와 파키스탄 사람을 짝지워 주고 싶습니다. 두 문화는 공통점이 많으므로 두 사람은 잘 어울릴 수 있을 겁니다. 서로에게 적응하는 시간이 줄어들면, 일에 더 집중할 수 있을 것입니다. 그래서 전 두 사람이 괜찮은 짝이 되리라 생각합니다.

I agree with you. What about American and French? They also have a lot in common. As you said, they can easily adapt to each other. If we decide two people as roommates, then Korean and Kenyan are left. I don't see many common things between two. What should we do?

동의합니다. 미국인과 프랑스인은 어떤가요? 그들 역시 많은 공통점을 갖습니다. 말씀하셨듯, 서로에게 쉽게 적응할수 있을 겁니다. 두 사람을 룸메이트로 하면 한국인과 케냐인이 남습니다. 이들 둘에게는 공통점이 많다고 생각되지 않는데, 어떻게 할까요?

Well, I think that should be fine. Because everything has the pros and cons, so even though Korean and Kenyan are so different, they can still enjoy their life. They can share the differences, and find common things as time goes by. Even if they have the cultural difference, it could be a good memory later.

글쎄요. 저는 괜찮을 것 같은데요. 왜냐하면 모든 일에는 장단점이 있기에, 한국인과 케냐인이 다르다고 해도 그들은 여전히 자신의 인생을 즐길 수 있을 것입니다. 시간이 흐르면 그들은 차이점을 공유하고, 공통점을 찾을 겁니다. 문화적 차이가 있다 해도, 훗날 좋은 추억이 될 수 있습니다.

It is really difficult to choose just 1 person, because every life is valuable. If I have to choose one, I can say 'a 10 year-old girl with 150 IQ'. I think child is the first priority to be protected in an emergency situation. Also she is very smart, so she can do something important for the world if she survives.

모든 생명은 가치가 있기에 한 사람만 선택하기는 정말 어렵네요. 한 사람을 꼭 골라야 한다면, 저는 '아이큐가 150인 열 살 소녀'가 살아야 한다고 생각합니다. 아이는 위급한 상황에서 보호받아야 할 첫 번째 존재라고 생각합니다. 또한 그녀는 매우 영리하므로, 살아남는다면 세상을 위해 중요한 일을 할 수 있을 거라고 생각합니다.

I think your idea is good, but I have a bit different idea. In my point of view, 'a pregnant woman who contributed a lot to the local community' should survive. First of all, it is the way to save 2 lives. Secondly, she contributed a lot to the local community, so she will help others if she survives. What do you think?

당신의 생각이 좋긴 하지만 저는 조금 달리 생각합니다. 저로서는 '지역사회에 많은 공헌을 한 임신부'를 살려야 한다고 봅니다. 무엇보다 이는 두 생명을 살리는 것입니다. 둘째로, 그녀는 지역사회에 많은 공헌을 했기에, 생존한다면 다른 사람을 돕게 될 겁니다. 어떻게 생각하세요?

Well··· both of opinions are reasonable, and I also think 'a famous religious leader' should survive, because he can save a soul. However, I think the doctor should save 'a pregnant woman who contributed a lot to the local community' first. Because as you said it is the way to save 2 lives.

글쎄요. 두 의견 모두 타당하지만, 저는 '유명한 종교 지도자'가 살아야 한다고 생각합니다. 왜냐하면 그는 영혼을 구할 수 있으니까요. 하지만 저는 의사가 '지역사회에 많은 공헌을 한 임신부'를 먼저 살려야 한다고 생각합니다. 말씀하신 대로 그것은 두 생명을 살리는 길이니까요.

결론 도출 토론 기출문제

1. The boat will sink in a minute, take 5 items when you evacuate.

   배가 곧 가라앉는데, 탈출할 때 가져갈 5가지 아이템을 정하십시오.

2. Set up 10 big issues around the world.

   세계에서 이슈가 되고 있는 것 10가지를 정하십시오.

3. There are only 10 child meals, and you have 20 children on board, what would you do? Have 3 ideas to make all of children satisfied.

   기내에 20명의 아이들과 단 10개의 아동식 밀이 있습니다. 어떻게 하겠습니까? 모든 아이들이 만족할 수 있도록 3가지 아이디어를 내십시오.

4. Make a perfect wedding plan for your best friend.

   친한 친구를 위해 완벽한 웨딩플랜을 만드십시오.

5. There are one blind child and her parents who are planning to travel. Choose the best place to travel, and make a plan for them.

   여행을 계획하는 장님 어린이와 그 부모가 있습니다. 여행 하기에 가장 좋은 장소를 선택하고 그들을 위한 계획을 짜보십시오.

6. Choose 5 tips for college freshman.

   대학 신입생을 위한 5가지 팁을 선택하십시오.

7. Research indicates that you and your friends are likely to have fewer children than your parents and grandparents. Find at least 3 reasons for that.

   당신의 세대는 부모님이나 조부모님 세대보다 아이를 더 적게 갖기를 원하는 경향이 있다는 연구 결과가 있습니다. 적어도 3가지의 그 이유를 찾으십시오.

8. Should prostitution be legalized? Make a decision.

   매춘은 합법화 되어야 합니까? 결정을 내리십시오.

9. What are the 3 essential characteristics of a good discuss?

   토론을 잘하기 위해 꼭 필요한 3가지 성향은 무엇입니까?

10. Which one is more important between achieving honor and being rich? Draw a conclusion.

    명예를 얻는 것과 부를 얻는 것 중 무엇이 더 중요합니까? 결론을 내리십시오.

김유미가 말하는 '나의 스튜어디스 합격 비밀노트'

승무원이 되기로 한 이유

『나는 승무원이다!』에도 밝힌 바 있지만, 승무원은 제 어려서부터의 꿈은 아니었습니다. 대학 시절, 같은 과 친구가 제게 자신의 꿈은 승무원이며, 곧 승무원 학원에 등록하고 정장을 입고 다닐 거란 말을 했을 때도, 저는 '와, 스무살에도 꿈과 목표가 확실한 사람이 있구나' 하고 부러워할 뿐이었습니다. 몇 년 뒤, 캐나다로 어학연수를 갔을 때 만난 한 친구가 '내 꿈은 외국 항공사 승무원이야' 라고 말했을 때도 '와, 외국 항공사에서 한국사람도 채용하는구나. 얼마나 힘들까' 라는 감상으로 끝. 저도 곧 같은 꿈을 꾸게 되리라고는 상상도 하지 못했습니다.

한국에 돌아와 마지막 학기 내내 졸업 후 진로에 대해 심각하게 고민했습니다. 제가 잘하는 것과 하고 싶은 일, 절대 하고 싶지 않은 일을 목록으로 만드니, 그 끝에 '외국 항공사 승무원' 이 놓였습니다. 각 항공사에 대한 정보를 수집한 끝에 '에미레이트항공 승무원' 이 제 꿈이자 목표가 되었습니다.

회사가 원하는 조건을 갖추진 않았지만…

에미레이트항공을 목표로 했지만, 제 조건은 좋은 편이 아니었습니다. 당시 에미레이트항공이 바라는 인재상은 '직장 경력이 많은, 너무 마르지 않은 체구의 자기 주장이 뚜렷한 사람, 적지 않은 나이의 성숙한 사람' 이라 들은 터였습니다. 아직 학생이었던 저는 그 흔한 아르바이트 한 번 제대로 해 본 적 없는, 에미레이트항공 기준으로는 마른 체구의 지원자였습니다. 상담받으러 찾아간 학원에서 "얼굴이 까만 편이니 무조건 화이트닝 관리를 받고, 에미레이트항공보다는 싱가포르나 말레이시아항공을 준비하라"는 말까지 들었습니다. 지금 와 생각하면 어처구니없는 내용의 상담이 아닐 수 없지요.

어학연수 덕분에 영어는 부족하지 않았습니다. 일상 대화에는 큰 어려움이 없었거든요. 승무원 면접은 영어 잘하는 사람을 가려내는 과정이 아닙니다. 하지만 영어를 잘하면 자신의 생각을 영어로 표현하는 데 보다 유리하기는 합니다. 그렇다면 제가 원어민 수준의 영어를 구사했는가 하면, 결코 그렇지 않았다고 강조하고 싶군요.

면접 준비에 착수하다

저는 면접관에게 어필할 수 있는 저만의 매력을 찾기 시작했습니다. 직장 경험이 많은 사람을 선호한다는 말에, 모 호텔 연회부에서 틈틈이 아르바이트를 하기 시작했습니다.(뒤에 적겠지만 이게 제 발목을 잡을 뻔했습니다!). 자신을 분석하고, 에미레이트항공 홈페이지를 살펴본 후 저와 에미레이트항공과의 공통점을 찾았습니다. 바로 'Warm-hearted(마음이 따뜻한)'과 'Open-minded(열린 사고)'였습니다. 에미레이트항공의 다양한 사회 공헌 활동, 특히 아이들을 위한 활동과 전 세계 대부분의 국가에서 승무원을 뽑는다는 사실에 주목했습니다. 제 매력을 'Warm-hearted'와 'Open-minded'로 정한 후, 그 매력을 뒷받침할 재료로 아이들을 대상으로 했던 야학과 고아원 봉사 활동, 국토대장정 참여, 캐나다 어학연수와 유럽 배낭여행, 혼자 떠난 쿠바 여행까지 모든 걸 줄세운 다음, 기출문제를 뽑고 답을 찾기 시작했습니다. 제 매력을 자연스럽게 드러내기 위해 이력과 무관한 질문에도 제 이력을 살짝 언급하는 답변을 만들어 자연스럽게 제 이력으로 관심을 돌리는 전략을 세웠습니다.

이력서에 넣는 사진은 물론 1차부터 최종 면접까지 같은 옷으로 통일했습니다. 쪽머리, 흰색 민소매 셔츠를 검정색 자켓 안에 받쳐 입고 무릎까지 오는 검정색 치마에 커피색 스타킹, 6센티미터 높이의 무늬 없는 검은 구두가 그것입니다. 장신구는 얇은 굵기의 은색 목걸이가 전부였습니다. 화장과 머리는 제가 직접 했지요. 학교 앞 사진관에서 찍은 사진을 제출했습니다. 자신을 가장 돋보이게 할 옷을 입고 면접에 임하는 것은 물론 중요합니다. 하지만 무리해서 면접 때마다 다른 옷을, 무조건 명품을 입고, 때로는 성형수술에 불필요한 치과 시술까지 받아 가며 준비하는 면접에는 반대합니다. 지원하는 항공사의 특성을 고려한 준비는 필요합니다. 하지만 어느 항공사를 지원하든 자신의 현 상황에 맞게 최선을 다하는 편이 낫다고 생각합니다.

드디어 면접일!

제가 응시하던 해는 1년에 한 차례 채용이 일반적이었던 터라 지원자가 많았습니다. 그래서 면접 절차는 지금보다 훨씬 길었지요. 원서 접수 → 항공사 대행사 1차 면접 → 2차 면접 → 현지 면접관 1차 면접 → 2차 면접 → 최종 면접까지 가는 데 5~6개월이 걸렸습니다. 여름에 원서를 넣고 겨울에 합격 발표를 듣는 스케줄이었지요.

항공사 대행사의 1차 면접

에미레이트항공 1차 면접이 곧 제 인생의 1차 면접이었습니다.
5~6명씩 한 조를 이루어 4명 정도의 한국인 면접관 앞에 서서 면접을 치렀습니다. 첫 질문은 "잘하는 요리에 대해 말해 보라"였는데, 라면 말고는 요리를 해 본 적 없는 저는 '라면'을 생각하고 있었습니다. 한데 제 바로 앞 지원자가 라면 얘기를 하더군요. 당황했지만 방법이 없었던 터라 "저 역시 라면에 대해 말씀드리겠다"면서 마요네즈를 넣는다는 식의 황당한 내용을, 그것도 더듬거리며 설명했습니다. 면접이 끝나고 나가려는데, 면접관 한 분이 잠깐 기다리라고 하더니 제 이름을 호명했습니다. 그리고 제게만 다른 질문을 하더군요. "노무현 대통령에 대해 어떻게 생각하는지 말해 보라"는. 준비 과정에서 연습한 질문이라 다행히 술술 말이 나왔고, 제 대답이 끝날 즈음 그 면접관이 제 점수를 다시 적는 걸 보았습니다.

합격비법, 하나 : 그 두 번째 질문을 받을 기회가 없었다면, 저는 아마 1차에서 탈락하지 않았을까요? '운'이 작용했고, 저는 그 기회를 놓치지 않고 잡은 것이죠.

대행사에서의 2차 면접

2차 면접 역시 1차와 비슷한 방식으로 진행됐습니다. 3명의 면접관과 5명 정도로 조를 이룬 지원자가 자리에 앉아 면접을 치렀습니다. 지원자가 통에 든 질문지를 뽑으면 면접관이 그 질문지의 질문과 몇 가지 추가 질문을 하는 방식이었습니다.
질문을 하기 전 면접관이 "Hi! How are you?"라고 인사를 했고, 저는 "I'm fine. How are you?"라고 되물었습니다. 그때 고개를 숙이고 있던 면접관이 처음으로 저를 쳐다보더니 "괜찮지만 허리가 아프다"라고 했습니다. "여행 중 동료와 갈등을 겪은 일"을 묻는 게 제가 뽑은 질문이었습니다. 하지만 제 말이 채 끝나기도 전에 "꼭 외워서 말하는 것 같다"며 면접관이 다른 질문을 하더군요. 말하는 속도가 빠른 저는 영어로도 빨리 말하는 편이라 지적받기도 했는데요. 긴장한 탓에 본래 습관이 튀어나온 것이죠. 하지만 면접관은 두 번째 질문에도 제 말하는 속도가 변함없는 걸 본 후 더 이상 추가 질문을 하지 않았습니다.

합격비법, 둘 : 후에 그 면접관을 우연히 만나게 됐는데, 제가 합격한 이유를 들려주더군요. 제가 "How are you?"라는 질문에 같이 "How are you?"라고 되물은 유일한 지원자였답니다. 질문을 주고받는 것이 아닌, 면접관과 '대화'를 하려고 했기 때문에 플러스 점수를 받을 수 있었고, 또한 질문의 핵심을 정확히 파악하고 질문에 맞는 답변을 했기 때문이라고 했습니다. 제 바로 앞 지원자가 질문의 의도를 파악하지 못하고 엉뚱한 답변을 했는데, 그 때문에 제게 반사이익이 온 게 아닌가 싶었습니다.

현지 면접관과의 1차 면접

본사에서 치러지는 면접은 아침 일찍부터 저녁까지 하루를 통째 사용합니다.
키와 몸무게를 측정하고, 토론을 진행하고, 이력서를 가지고 간단한 스몰 토크를 하고 마지막으로 에세이가 포함된 필기시험을 봤습니다. 에세이와 필기시험 난이도는 상대적이긴 하지만, 그리 어려운 편은 아닙니다. 토익보다도 훨씬 쉬운 수준이며 면접 점수에도 크게 영향을 주지 않으니 부담은 갖지 않아도 됩니다. 면접이 한 단계씩 진행될 때마다 합격과 불합격이 갈렸고, 불합격자는 바로 집으로 돌아갑니다.

토론

'문화 차이'가 토론 주제였습니다. 10명 정도의 인원에게 10분의 시간이 주어졌습니다. 저는 10분을 10명으로 나누어 토론 중간쯤에 1분 안쪽으로 의견을 말했고, 나머지 시간에는 팀원들의 의견에 같이 웃고 호응을 보였습니다. 제 답변은 "남미인 친구가 처음 만날 때 인사 대신 볼에 키스를 해서 놀랐다. 미디어를 통해 알고 있는 사실이긴 했지만 겪어 보니 다르더라"는 진부하지만 무난한 것이었습니다. 그 10명 가운데 2~3명 정도가 합격한 것으로 알고 있습니다. 각각의 탈락 사유는 알 길이 없지만, 불합격한 사람 한 명은 "엄마가 아기를 유모차에 태우고

담배를 피더라"라는 다소 비난 섞인 답변을 했고, "유럽 여행 도중 물을 샀는데 가스 물이라 놀랐다"라는 '문화 차이'와는 상관없는 답변을 한 사람도 있었습니다. 이때 저는 바로 그 말을 하는 지원자 뒤에 서 있던 면접관이 고개를 저으며 종이에 뭔가 기록하는 것을 보고 더욱 긴장하기도 했습니다. 다른 조의 경우, 한 지원자가 발표 내용 중 모르는 단어를 다른 지원자에게 "그게 무슨 뜻이냐"고 물었는데, 제대로 설명하지 못해 질문한 사람과 답변을 못한 지원자 모두 떨어지기도 했습니다.

합격 비법, 셋 : 저는 리더 기질도, 용기도 없어 토론을 자신 있게 이끌어 나가는 스타일이 아니었습니다. 어찌 보면 토론이 끝나면 기억에 남지 않는 그대로 묻히는 지원자였습니다. 하지만 토론 단계를 통과한 것은 '튀지 않아서'였다고 생각합니다. 물론 토론에 따라 튀는 지원자가 유리해지기도 합니다. 하지만 확률만 놓고 보자면, 무난한 지원자의 합격률이 높은 편입니다, 특히 이번 토론은 워낙 지원자가 많아 합격자보다 탈락자가 많을 게 예상되고, 그렇다면 면접관으로서는 누구를 합격시킬 것인가가 아닌, 튀고 부족해 보이는 지원자부터 떨어뜨리는 쪽으로 방향을 잡은 게 아닌가 합니다. 그 결과 평범하고 무난한 제가 합격한 게 아니었을까 생각합니다.

스몰 토크

이력서 기재 사항의 사실 여부를 확인하는 단계로, 지원자가 직접 작성하는 부분이 있어 면접관이 제게 펜과 종이를 줬습니다. 종이에 작성하고 펜을 돌려주면서 별 생각 없이 면접관이 잡기 편하도록 펜 끝이 저를 향하게 해 내밀었는데, 고개를 숙이고 있던 면접관이 펜을 보고는 처음으로 활짝 웃었습니다. 이때의 면접관은 아일랜드인 캐서린과 이집트인 란다였는데, 저와 스몰 토크를 진행한 면접관은 란다였습니다.

합격 비법, 넷 : 아마 란다는 이때 제게서 배려심이나 예의를 본 듯합니다. 그 뒤로 대기실에서도 란다는 눈짓으로 제게 아는 척을 해 왔고, 최종 면접에서도 제가 긴장하고 당황할 때마다 따뜻한 미소로 절 편안하게 해 주었습니다. 곧 나오겠지만, 최종 면접 때 제게 찾아든 가장 큰 위기의 순간에도 란다의 도움이 있었습니다.

토론을 잘하고, 질문에 답변을 잘하는 것만이 면접의 전부가 아닙니다. 대기실에서의 태도나 사소한 행동 하나를 통해서도 점수가 매겨진다는 사실을 잊지 말았으면 좋겠습니다.

현지 면접관과의 2차 면접

지원자가 많아 예정에 없던 2차 면접이 진행되었습니다. 점심시간쯤 시작해 저녁 무렵 끝났을 겁니다. 토론, 적성 검사, 항공사 관련 비디오를 시청한 다음, 최종 면접 대상자는 에미레이트 항공 로고가 찍힌 봉투를 받게 됩니다.

토론

토론을 두 차례 거칩니다. 주제는 1차 때의 자유 토론이 아닌 결론 도출 토론이었고, 면접관이 지원자들의 행동이나 언어를 유심히 관찰하는 게 느껴졌습니다. 저는 첫 번째 토론을 1차 면접 토론과 비슷하게 무난하게 마쳤습니다.

두 번째 토론은 '무인도에 가는데, 얼마의 돈으로 장을 보라' 는 주제였습니다. 앞서 한 지원자의 '채소'를 사 가자는 의견이 나왔고, 얼마 뒤 제가 '과일'을 사자고 말했습니다. 이때 다른 지원자가 "이미 채소를 사기로 했으니 비타민은 섭취할 수 있다. 과일보다 채소의 활용도가 높으니 채소만 샀으면 좋겠다."고 반박 의견을 냈습니다. 저는 곧 "과일이 필요할 것 같았는데, 얘기를 듣고 보니 채소만 사는 것이 낫겠다."고 수긍하고 넘어갔습니다.

합격 비법, 다섯 : 두 번째 토론에서 우리 조는 행운의 조였습니다. 유일무이하게 우리 조는 전원 합격의 영광을 안았거든요. 누구도 비난조의 거친 언어를 사용하지 않았고, 모두 밝은 표정으로 적극적으로 토론에 임했습니다. 토론이 원활하게 잘 끝나 토론 시간이 남았을 때도, 당황하지 않고 다들 "시간이 더 있으니 무인도에서 무엇을 하며 시간을 보낼지"에 대해 의견을 교환했습니다. 반박 의견에 부딪혔어도 저는 불쾌해 하거나 제 주장을 고집하지 않고 바로 상대의 의견을 수용했으며, 상대방 역시 부드럽고 미안한 어조로 다른 의견을 말했습니다. 늘 강조하지만, 토론은 팀워크입니다. 상대방이 잘해야 내 점수도 올라간다는 사실을 잊지 마십시오. 서로 도울 수 있어야 합니다.

최종 면접

최종 면접에서는 캐서린과 란다 2명의 면접관과 지원자 1명이 면접을 치렀습니다. 지원자에 따라 소요된 시간은 달랐지만 평균 30분에서 1시간 정도였습니다. 저 역시 40분 정도 걸린 것 같습니다. 한 명은 질문만 하고 다른 한 명은 지원자가 대답한 모든 내용을 기록합니다. 제 경우에는 질문은 캐서린이, 기록은 란다가 했습니다.

앞서 말했듯 이력서를 위해 급하게 시작한 호텔 아르바이트가 제 발목을 잡았습니다. 예상과 달리 면접의 모든 질문이 호텔 아르바이트에 관한 것이었습니다. 제 유일한 직장 경력이자 서비스 경력이라 그랬던 듯합니다.

뭔가 꼬여 간다는 걸 느낄 때쯤 받은 질문이, "호텔에서 일할 때, 손님에게 고맙다는 말을 들은 적이 있는가"였습니다. 아르바이트를 시작한 지 채 3개월도 안 된 무렵이었습니다. 횟수로 따지면 5일 정도 나가 일한 게 고작. 하지만 '없다'는 말은 곧 '탈락'으로 이어진다는 생각에 억지로 만들어 내기 시작했습니다. 긴장한 채로 거짓말까지 하려니 눈의 초점이 흔들리고, 면접관과 눈을 마주치지 못하고 자꾸 딴 곳을 보며 버벅거리다가 결국 "정말 미안한데, 내가 일을 한 지 3개월밖에 되지 않아 많은 경험이 없다. 사실 고맙다는 말은 들은 적이 없는 것 같다. 다시 한 번 미안하다"고 말했습니다. 무표정한 캐서린과는 달리, 옆에서 제 모든 답변을 기록하던 란다는 고개를 들고 활짝 웃으며 "괜찮아. 그러면 학교 생활하면서 고맙다는 말을 들은 적이 있는지 생각해 줄래"라고 질문을 바꾸었습니다.

아르바이트 경력은 없지만 학창 시절 다양한 활동을 했던 터라 답변이 금방 생각났습니다. 야학에서 봉사 활동을 할 때, 인문계 학교에 진학하고 싶지만 가정형편이 어려워 고민하던 친구의 부모님께 전화를 걸어 상담하고, 장학금을 받을 수 있는 방법을 알려 주어 그 친구와 부모님께 고맙다는 말을 들었다고 하자, 란다가 고개를 끄덕이며 만족해 했습니다. 이후 질문 방향은 제 학교 생활로 바뀌어 모든 질문과 꼬리질문에 무난하게 답할 수 있었습니다.

에미레이트항공은 자기 주장이 뚜렷한 사람을 선호한다는데, 그렇지 못한 제 성격에서 혹시나 나약함을 읽게 될까, 이력서에 국토대장정에 참가해 부산에서 서울까지 걸어왔고, 혼자 쿠바 여행을 갔다는 사실을 기재했는데, 다행히 면접 막바지에 란다가 "쿠바를 다 가 봤구나!" 하고 말을 걸기에 얼른 "혼자 다녀왔다. 여행이 끝나고 더 자신감이 넘치는 나를 발견했다"고 하자 "정말 용감하구나!"라는 반응이 돌아왔습니다.

모든 과정이 끝나고 마지막으로 하고 싶은 말이 없는지 묻는 질문에는 의도적으로 항공사나 면접에 대한 내용을 빼고 "한국에서 즐거운 시간을 보냈으면 좋겠다"고 했습니다. 이 말에 란다가 "한국 들어올 때 공항에서 불쾌한 일이 있었어. 서비스가 좋지 않았지"라며 저를 쳐다봤습니다. 아마도 그게 마지막 관문이었지 싶습니다. 저는 "한국은 서비스업이 발전한 나라로 유명한데 그런 일이 있었구나. 불쾌했겠다. 남은 시간은 즐겁게 보낼 수 있을 거다"라고 했습니다.

 면접을 마치고, 비행이 시작되고, 훗날 학생들을 가르치면서 저는 제가 최종 면접에 합격한 이유를 알게 되었습니다.

첫째, 영어로 치러지는 면접이지만 영어 실력이 중요한 게 아니었습니다.
아일랜드 억양이 강한 캐서린의 발음은 캐나다 영어에만 익숙한 저로서는 알아듣기가 힘들었습니다. 100퍼센트 이해하지 못한 질문에 어림짐작으로 답을 할 수는 없어, 저는 거의 모든 질문을 되물을 수밖에 없었습니다. 면접관이 제 영어 실력을 의심하지 않을까 걱정되긴 했지만 어쩔 수 없었습니다. 그래도 "뭐라고요?"가 아닌 "지금 ~를 물어본 건가요?" "제가 ~라고 이해한 것이 맞는 건가요?"라든가 " ~ 그 단어의 뜻을 모르겠습니다" 등, 제대로 이해하지 못한 부분을 구체적으로 가리켰기에 여러 번 물을 필요는 없었습니다.
면접을 끝내고 먼저 치른 지원자들의 얘기를 들으니, 불안해지더군요. 그들은 질문을 한 번에 알아듣고, 답변도 그럴듯하게 한 것 같았습니다. 심지어 어떤 지원자는 관계자에게 "미리 축하한다"는 말까지 듣고 돌아간 상황이었습니다. 그리고 제게는 "떨어졌다"는 식의 말을 했습니다. 하지만 결과를 보니 떨어진 건 그들이었습니다.
합격한 기쁨도 기쁨이지만, 면접을 잘 봤다는 사람들이 떨어졌다는 게 의아해 관계자에게 물었습니다. 대답은 "질문에 자꾸 엉뚱한 말을 해 면접 내내 힘들었다"는 것.
아시겠죠? 제가 알아듣기 힘든 영어는 남들도 알아듣기 힘듭니다. 면접관은 지원자의 영어 실력이 아닌, 답변을 토대로 지원자의 성향을 파악하고자 했습니다. 질문을 제대로 이해하지 못한 제가 구체적으로 되물었을 때 그들은 아마 제게서 적극성을 보았나 봅니다. 일할 때 확실히 짚고 넘어가는 성격이라 해석했는지도 모르죠.

둘째, 질문에 충실한 대답을 했습니다. 면접을 '면접관이 아닌 내 것으로 만들라' 는 말이 있는데, 저는 그 반대였습니다. 면접관이 제게서 알고 싶어하는 부분을 충실히 채워 주는 게 제일이라고 생각했습니다. 물론 면접을 '내 것' 으로 만들고자 했어도 긴장한 탓에 능력이 받쳐주지 못했겠지만, 면접관이 궁금해 하는 데 대해 충실하게 답하고, 이왕이면 제 매력을 효과적으로 어필하고자 면접관이 관심을 가질 만한 경력에서 답을 찾았습니다.

셋째, 실수를 인정하고 솔직하게 '그런 경험이 없다' 고 답변을 해 다른 기회를 얻은 것입니다. 저와 같은 질문을 받은 다른 지원자는 대뜸 "직장에서보다 학교에서 그런 적이 있다. 학교에서의 일을 '말해도 되는가"라고 물었다가 면접관이 바로 "아니, 직장에서의 경험을 찾아 보라"고 해 답하지 못했다는 얘기도 있었습니다.

아마 그 말이 "나는 그 질문에 대해 학교 생활에서 답을 찾아 외워 왔으니, 그걸로 대답하겠다"라는 투로 들렸거나, 사과나 양해도 구하지 않고 지원자가 질문을 마음대로 바꾸려 드는 태도에 당돌함을 느꼈기 때문일 수도 있습니다.

넷째, '우연'이 절 도왔습니다. 란다가 제게 좋은 인상을 받은 건 순전히 우연이 만든 결과였다고 생각합니다.

저는 면접을 준비하는 학생들에게 질문에 잘 답하고, 토론을 잘하는 것만이 능사가 아니라고 늘 강조합니다. 특히 본사 면접은 하루 종일 진행되는 특성상 대기 시간이 길고, 도중 면접관들과 부딪히는 상황이 벌어지기도 합니다. 쉬는 시간에 일부러 면접관을 찾아가 말을 걸거나, 작은 선물을 준비하라는 게 아닙니다. 승무원의 기본 자질에 걸맞은 마음가짐, 면접관에게 예의를 보이는 것은 중요합니다. 언제든 면접관과 마주칠 수 있으니까요.

끝으로, 면접관은 짧은 시간에 지원자의 성향과 인성을 파악해 내는 그 분야의 전문가입니다. 제가 완벽한 인성을 갖춘 사람이라서 합격했다는 말이 아닙니다. 그랬다면 저는 종교인이 되었겠죠. 학생들을 가르치는 동안 부족한 부분을 열정과 진심으로 채워 합격한 친구들을 많이 봤습니다. 모든 조건이 남들보다 뛰어나면서도 자만과 게으름으로 계속해 미끄러지는 친구들도 봤습니다. 자신이 어떤 부분을 더 준비해야 하는지, 이 항공사에는 자신의 어떤 매력을 어필해야 하는지에 대한 분석 없이, 오늘은 피부과 내일은 성형외과를 전전하며 '왜 저는 계속 떨어질까요' 라고 묻는 학생들도 보았습니다.

비록 짧은 시간이었지만 저는 최선을 다해 면접을 준비했고, 어떤 속임수나 요행을 바라지 않았으며, 같이 스터디한 멤버들이나 토론 팀원들, 같이 면접 본 지원자들 모두에게 좋은 결과가 있기를 진심으로 바라며 면접에 임했습니다. 물론, 기본적인 영어 실력이나 체력 조건 등이 항공사 업무에 적합했다는 것도 중요한 사실입니다. 그럼에도 저는 간절히 원하는 목표가 있다면 진심을 담아 노력하라고 말씀드리고 싶습니다.

여러분의 인생에서 최고와 최선을 선택해 꿈을 이루라고 말씀드리고 싶습니다.

이것은 제가 처음으로 쓴 합격 후기입니다. 합격한 날로부터 글을 쓰는 지금까지 많은 시간이 흘렀지만, 저는 줄곧 제가 합격한 이유를 분석하고 또 분석했습니다. 승무원이 되려는 여러분에게 이 글이 작은 보탬이 된다면 저로서는 더 바랄 게 없겠습니다. 모두에게 행운이 함께하기를!